Por amor a um filho

JEAN
SASSON

Por amor a um filho

A JORNADA DE UMA MULHER AFEGÃ
EM BUSCA DO FILHO PERDIDO

1ª edição

Tradução
Doralice Lima

BestSeller
RIO DE JANEIRO/2014

CIP-BRASIL. CATALOGAÇÃO-NA-FONTE
SINDICATO NACIONAL DOS EDITORES DE LIVROS, RJ

Sasson, Jean, 1947-
S264p Por amor a um filho: a jornada de uma mulher afegã em busca do filho perdido / Jean Sasson; tradução Doralice Lima. – 1. ed. – Rio de Janeiro: Best *Seller*, 2014.

Tradução de: *For the love of a son*
ISBN 978-85-7684-196-8

1. Ficção americana. I. Título.

14-08780 CDD: 813
CDU: 821.111(73)-3

Texto revisado segundo o novo Acordo Ortográfico da Língua Portuguesa.

Título original norte-americano
FOR THE LOVE OF A SON

Capa: Guilherme Peres
Editoração eletrônica: Abreu's System

Direitos exclusivos de publicação em língua portuguesa para o Brasil adquiridos pela
EDITORA BEST SELLER LTDA.
Rua Argentina, 171, parte, São Cristóvão
Rio de Janeiro, RJ – 20921-380
que se reserva a propriedade literária desta tradução

Impresso no Brasil

ISBN 978-85-7684-196-8

De nossa heroína, Maryam Khail

Essas lembranças do Afeganistão são dedicadas a três pessoas que amaram meu país de todo coração: meus queridos pais e Farid, meu "irmão mais velho". Tenho saudade de vocês em todos os dias da minha vida.

Da autora, Jean Sasson

Para cada mulher no Afeganistão que é vítima silenciosa de abusos inacreditáveis da parte de homens que deveriam amá-las e respeitá-las. Com certeza essas mulheres se perguntam se alguém no mundo pensa nelas.
Eu penso.

Um agradecimento especial
a Paul Hams e Alison MacColl

Por trás de cada acontecimento importante em nossas vidas existe uma história. Há alguns anos, quando eu estava divulgando um livro em Londres, tive a sorte de conhecer um homem especial chamado Paul Hams. Paul é o afetuoso marido de Claire e pai dedicado de Robert e Richard. Ele também é um cozinheiro talentoso e dono de um dos tradicionais táxis pretos de Londres. Paul é um excelente motorista que acompanha clientes especiais pela cidade e outras regiões do Reino Unido.

Paul e eu nos entendemos imediatamente. Ele é um hábil motorista que torna a vida em Londres muito mais fácil para quem vem de fora, como é o meu caso. Nós passamos dias divertidos enquanto ele me levava a diversas reuniões de negócios. Ele é um homem interessante com uma família maravilhosa e eu adorava ouvir suas histórias sobre Claire e os meninos. Quando eu tinha algum tempo livre, Paul me levava à Harrods e a outros locais fascinantes para compras, me fazia companhia nas lojas e gentilmente se oferecia para ajudar a carregar as sacolas. Nós nos divertimos muito e passei a apreciar o jovem fantástico que ele é. Mais tarde, ele me levou para conhecer sua casa acolhedora e sua adorável esposa Claire que, tal como marido, fez eu me sentir parte da família.

Uma amizade sólida nasceu e a partir daí, quando tinha a sorte de estar em Londres, uma das minhas cidades favoritas no mundo, nunca chamava outro motorista.

Paul e eu mantivemos contato por e-mail e trocávamos informações sobre nossas famílias. Mais ou menos um ano depois, ele me mandou uma mensagem contando que tinha conhecido uma mulher chamada Alison MacColl quando estava passando férias na Espanha. Essa mulher falou sobre meus livros e disse a Paul que tinha uma amiga maravilhosa, Maryam Totakhail, criada no Afeganistão, cuja história considerava muito comovente. Ela tinha escrito a própria história e até mesmo contratado um editor para lhe dar forma. Contudo, o livro não despertou o interesse de nenhuma editora. Alison disse que era muito decepcionante o fato de que o livro não tenha sido vendido. Ela achava que eu seria a escritora perfeita para realizar o sonho de Maryam. Então Paul surpreendeu Alison com a notícia de que éramos amigos. Ela pediu a ele para entrar em contato comigo, falar sobre a história comovente de Maryam e perguntar se eu consideraria a possibilidade de escrevê-la. Com o cuidado de proteger minha privacidade, Paul disse que me telefonaria para ver o que eu achava da ideia.

Tenho a sorte de receber de cinco a dez solicitações por mês da parte de mulheres que viveram situações dramáticas, histórias que acho que o mundo deveria conhecer. Infelizmente, só consigo escrever um livro por ano, portanto preciso recusar muitas dessas solicitações. Além disso, depois de contar uma história localizada em determinado país, dificilmente volto a escrever sobre a mesma região. Quando Paul entrou em contato comigo, eu já tinha escrito livros sobre a princesa Sultana, da Arábia Saudita, sobre Mayada, do Iraque, e sobre Joanna, do Curdistão iraquiano. Há muitos anos desejava relatar histórias passadas no Líbano, Afeganistão, Iêmen, Paquistão, Índia e Tailândia, mas até aquele momento a lua e as estrelas não tinham entrado num alinhamento que me permitisse escrever um livro sobre o pano de fundo daqueles países.

Confiando completamente na opinião de Paul, depois que ele me falou sobre o entusiasmo de Alison com a história dramática de sua amiga, eu o autorizei a passar para ela meu endereço eletrônico pessoal.

Logo tive notícias de Alison, que escreveu uma carta emocionada sobre Maryam. As duas eram grandes amigas e Alison só queria dar o pontapé inicial no projeto, que até aquele momento não tinha alcançado sucesso. Depois de falar com Alison, concordei em conversar com Maryam. Para mim, é importante conhecer as pessoas sobre quem escrevo para sentir em profundidade suas emoções. Infelizmente, às vezes não surge uma ligação de coração para coração e preciso deixar de lado um projeto promissor. Portanto, até conhecer Maryam eu não podia saber se a história dela seria meu próximo projeto. Nós conversamos muitas vezes e ouvi a narrativa dos fatos dos próprios lábios dela, porque não queria ler o relato previamente escrito. Logo me senti ligada a Maryam e sua vida familiar, portanto pedi que ela fosse a Londres para conhecer meu editor e a Nova York para conhecer meu agente literário. Para quem tem a curiosidade de saber se minhas heroínas e meus heróis existem de fato, gostaria de acrescentar que jamais escrevi sobre um personagem que eu não tenha conhecido ou que não tenha pelo menos conversado com meu editor e meu agente literário. Isso vale para a princesa Sultana e também para Mayada, Joanna, Omar e Najwa Bin Laden e Maryam. Os editores geralmente conversam ou pelo menos conhecem todos os personagens de meus livros.

Meu editor se apaixonou pela bela e dramática Maryam, achando que a história dela merecia ser contada.

Tendo recebido sinal verde, notifiquei Maryam e Alison, que ficaram em êxtase. Pude ver que a alegria de Alison era comparável ao entusiasmo de Maryam. Eu sabia que minha heroína tinha muita sorte por contar com uma amiga tão leal.

Nunca teria escrito este livro se Paul Hams não tivesse conhecido Alison MacColl. Fico muito satisfeita e feliz por agradecer aos dois pelo papel que desempenharam ao chamar minha atenção para essa importante história.

Maryam sente exatamente o mesmo.

Obrigada Paul! Obrigada Alison!

Nota da autora

O coração das trevas bate no Afeganistão. Quando os homens são os únicos detentores de todos os privilégios, nem a riqueza, a beleza, a inteligência, a educação, a força ou a família podem competir com o gênero. Os únicos aliados das mulheres são as orações e a esperança. Os homens que fazem parte das vidas delas podem casá-las com um ancião, tirar seus filhos ou até mesmo matá-las. As mulheres vivem sabendo que ninguém virá em seu socorro. A liberação feminina não faz parte da cultura local.

Essa é história de Maryam Khail, uma bela afegã nascida em uma das famílias mais influentes de seu país, uma família rica e poderosa. Apesar da beleza, da educação e da força de Maryam, ela foi por fim alcançada pelo mal que espreita cada lar no Afeganistão.

Essa é a história de Maryam. Reze para que essa nunca venha a ser a sua história.

Jean Sasson

Prólogo

No Afeganistão, as meninas podem sonhar, mas só os sonhos dos meninos se tornam realidade. Os meninos são donos do próprio mundo, enquanto as meninas basicamente são servas obrigadas a agradar aos homens de suas famílias. Embora se espere que os meninos afegãos tratem as mulheres com dureza, meu coração se comoveu enquanto eu observava as garotinhas entrando timidamente na escola de Share-i-Now, em Cabul, em seu primeiro dia no jardim de infância.

Levantei os ombros, estufei o peito e puxei minha mãe pela mão enquanto passava, cheio de presunção, pelas criaturas tímidas que se aninhavam, com medo, nas saias das irmãs mais velhas e das mães.

Sentia a importância do momento porque tudo o que estava usando era novo: a camisa branca com colarinho alto, o short cinzento e os mocassins pretos. Olhei para baixo para conferir se a poeira de Cabul não tinha encoberto o brilho de meus sapatos, tão polidos que eu podia ver meu reflexo. Eu vestia roupas caras porque as famílias afegãs gastam até o último centavo para dar tudo de melhor aos filhos, embora em nossa casa não fosse preciso fazer sacrifícios, porque tínhamos uma vida confortável.

Era o ano de 1966 e eu tinha cinco anos. No Afeganistão, os meninos e as meninas são separados na puberdade, mas enquanto pequenos podem se associar. Dessa forma, eu estaria na mesma sala de aula com garotas da minha idade, embora, como menino, eu fosse considerado mais importante.

Entramos na sala em fila e minha mãe e eu escolhemos uma carteira na área em que todos os meninos estavam se reunindo. Minha mãe se abaixou para beijar minha bochecha, mas eu me afastei certo de que era adulto demais para demonstrações públicas de afeto. Ela acariciou minha cabeça recém-raspada, a moda aprovada para um garoto pequeno. Lançou um último olhar antes de se afastar, relutante de deixar seu único filho, Yousef Agha Khail. Aquele foi o momento mais feliz de minha curta vida, porque eu sabia que estava a caminho de me tornar um homem, como sempre desejei.

Olhei em torno. As meninas estavam se reunindo de um lado da sala e os meninos do outro. Pouco acostumadas a ficar longe das mães, as garotinhas pareciam paralisadas de ansiedade e mantinham as cabeças baixas enquanto os meninos se sentavam com a cabeça erguida, cheios de autoconfiança. Olhei para trás e vi minha mãe parada à porta. Fiz para ela um aceno rápido, numa demonstração de sangue frio.

Lembro-me de que naqueles primeiros meses no jardim de infância eu brinquei, assumindo a posição de garoto mais ousado, e trabalhei arduamente nas lições, porque se esperava muito dos meninos. A vida escolar correu sempre igual até o dia terrível em que minha velha babá, que todos chamávamos de Muma, inadvertidamente vestiu em mim um short com um fecho difícil de abrir.

Agora já sou capaz de perdoar aquele erro elementar, porque Muma era tão velha que seu cabelo tinha a cor da neve das montanhas, mesmo que, às vezes, o tingisse com henna. Ela era natural de Pansher, uma região do Afeganistão onde as mulheres têm fama de produzir mais leite do que o necessário para seus filhos. Por essa razão, muitas famílias cultas contratavam pansheris como amas de leite. Muma foi ama de leite na família de minha mãe por muitos anos. Quando minha mãe ficou grávida pela primeira vez, minha avó Hassen mandou Muma cuidar dela. Quando minha irmã Nadia nasceu, ficou evidente que o leite da babá já tinha secado há muito tempo, mas apesar disso minha mãe manteve a fiel serva a seu lado.

Naquela manhã, quando senti vontade de ir ao banheiro, descobri que meus dedinhos não conseguiam abrir o fecho do short. O responsável pelo banheiro dos meninos se ofereceu para me ajudar, mas eu tinha um segredo que não queria revelar, por isso o afastei. No entanto, logo fiquei desesperado porque corria o risco de urinar na roupa. Minha proverbial autoconfiança desapareceu, substituída por soluços de ansiedade. Nesse momento, o inspetor segurou minha mão e me levou de volta à professora na sala de aula. Quando minha professora se abaixou para ajudar, tentei fugir de suas mãos curiosas.

Minha imensa ansiedade aumentou o volume de meus gritos, fazendo minha professora, surpresa, mandar o inspetor procurar minha irmã mais velha. Nadia entrou correndo na sala e desabotoou o cós de minhas calças. Minha irmã não estava pensando com clareza porque, em vez de parar por aí, abaixou meu short diante da turma inteira.

Todo mundo soltou uma exclamação.

Olhei para baixo, ofegante. Meu segredo estava exposto. Yousef Khail não era um menino! Yousef Khail era uma menina!

Horrorizada, puxei as calças para cima e corri para o banheiro dos meninos, onde finalmente me aliviei. Depois disso, fiquei andando pelo corredor da escola, envergonhada demais para encarar a professora e os colegas, mas logo me mandaram voltar para a sala de aula. Quando entrei, meus intrigados colegas me encararam. Ouvi alguns deles rirem, portanto fui depressa para meu lugar e me sentei com a cabeça baixa, subitamente igual às menininhas que eu tinha tratado com tanto desprezo. Em alguns instantes, fui transformada de garoto popular em menina humilhada.

Minha professora foi caridosa e não comentou o fato de a turma ter subitamente ganhado mais uma aluna. Aquele dia humilhante finalmente acabou e corri para a porta da escola, esperando ansiosa a chegada de minha babá. Só queria levar minha vergonha para casa.

A casa de minha família no subúrbio de Share-i-Now era tão perto da escola que Muma me levava a pé pela manhã e me buscava à tarde. Dei um suspiro de alívio quando vi a figura familiar se aproximando, mas minha professora veio recebê-la e a levou para o escritório da diretora. Vi isso acontecer desalentada, vermelha de vergonha e com o coração acelerado.

Senti imensa falta de minha mãe, que estava fora do país em tratamento de saúde. Naquela época, a maioria dos afegãos de certo nível cultural e com boas conexões se tratava fora do país. Meu pai tinha recentemente levado minha mãe para Moscou para cuidar de uma tireoide ativa demais. Minha mãe era tão esperta e ousada que seria capaz de convencer a diretora de que tudo não passava de um mal-entendido e que seu filho mais novo era realmente um menino, mas eu sabia que a pobre babá nunca teria coragem de mentir para uma autoridade. Eu me encolhi. Minha babá ia contar aos professores toda a verdade, explicar por que a filha de um proeminente pashtun afegão, Ajab Khail, se fazia passar por menino.

A reunião ocorreu exatamente como eu temia. Em pouco tempo, a diretora foi informada da história da minha vida: eu queria tanto ser um menino que interpretei esse papel durante toda a vida, recusando-me a brincar com meninas e reagindo com fúria se alguém se recusasse a aceitar minha condição masculina.

A diretora mandou uma professora me buscar. Meu coração bateu acelerado quando eu soube que os professores da escola estavam à minha espera. Eu tremia. Parti do princípio de que seria castigada por viver uma mentira e então minha humilhação seria completa. Por incrível que pareça, quando a porta foi aberta, vi muitos rostos olharem para mim e todos sorriam. Respirei aliviada. Será que Muma tinha conseguido convencê-los do impossível, de que eu realmente era um menino e os acontecimentos do dia não passaram de um terrível mal-entendido?

A bondosa diretora tocou meus ombros suavemente e me levou para a frente da sala, anunciando:

— Esse é um dia muito especial para todos nós. Hoje é oficialmente o dia em que nosso aluno Yousef se transformou em Maryam. — ela deu um sorriso triunfante. — Por favor, deixem-me lhes apresentar Maryam Khail.

Fiquei tão chocada que não pude dizer nada. Perplexa, cocei minha cabeça raspada. Todos os professores pareciam achar muita graça e começaram a me cumprimentar. A diretora então me deu de presente o uniforme feminino da escola, afirmando que eu era a menina mais preciosa, uma garota linda e especial em todos os aspectos. Fiquei assustada quando outra professora entrou rapidamente na sala e me entregou um grande buquê de flores coloridas. A diretora até mesmo chamou o fotógrafo da escola, que fez uma grande encenação e tirou a fotografia oficial. Apesar da celebração sincera e da bondade dos professores, eu estava entorpecida de infelicidade. Olhava as roupas em minhas mãos. Agora eu teria que usar o uniforme que detestava, um horrível vestido preto que ia até abaixo dos joelhos, com meias pretas e lenço branco. Os meninos podiam usar qualquer combinação de short ou calças compridas com uma camisa limpa, mas todas as meninas da escola eram obrigadas a usar uniforme. Era impossível brincar livremente naqueles trajes, pedalar uma bicicleta ou patinar, porque seria um escândalo se a menina caísse e expusesse as pernas ou a calcinha.

Mais uma vez, meu futuro como menina afegã se apresentou diante de mim. Agora eu teria que ser subserviente para com os meninos enquanto eles ocupavam o centro do palco. Tópicos de estudo interessantes seriam oferecidos aos colegas do sexo masculino enquanto eu, juntamente com as outras meninas, aprenderia a costurar em linha reta ou a preparar grandes refeições para os homens da família. Não demoraria muito para vir a menstruação e logo eu estaria contemplando no espelho um rosto maduro. Então eu teria que abandonar minha família para me casar e ir para uma casa estranha, servir à mãe do meu novo marido.

Eu ainda estava muda quando Muma, muito quieta, me levou embora. Minhas pernas e pés se arrastavam ao peso do meu desespero. Eu realmente senti que tinha vivido o último dia feliz da minha vida, e cada momento eu desfrutara como Yousef. Não tinha o menor desejo de ser Maryam, pois ao longo dos anos ouvi muitos parentes depreciarem o gênero feminino.

Fui a segunda e última filha de meus pais, Ajab Khail e Sharifa Hassen. Depois que minha irmã Nadia nasceu, a família e os amigos estavam ansiosos por um filho para meus pais porque no Afeganistão ninguém respeita uma mãe ou um pai que só tem filhas. Portanto, no momento em que fiz minha ruidosa entrada no mundo, decepcionei muita gente. Embora eu não fosse o menino que eles esperavam, fui motivo de muita emoção porque cheguei ao mundo de forma espetacular.

Nasci numa hora tardia de uma noite de sexta, no dia 16 de dezembro de 1960. Na manhã daquele mesmo dia minha mãe tinha passado pelo último exame pré-natal. Ela disse ao médico que sentia tanto desconforto que com certeza a criança ia nascer logo, mas o médico discordou e a mandou relaxar porque, na opinião especializada dele, o segundo filho dela levaria ainda uns dez dias para nascer. Poucas horas depois mostrei que o médico estava errado quando acordei minha mãe nas primeiras horas da noite. Eu estava pronta para sair e criar minha dose de problemas no mundo.

O Afeganistão é assolado por invernos longos e brutais, e naquela noite de dezembro a neve já alcançava trinta centímetros e esperava-se ainda mais. Minha mãe tinha programado dar à luz no hospital, portanto precisava de transporte. Na época em que nasci, poucas casas do Afeganistão tinham telefone, portanto meu pai teve que ir até a rua principal para usar um telefone público. Ele chamou o serviço de ambulância, pedindo que eles viessem sem demora porque sua esposa precisava ir para o hospital.

No entanto, nada tem pressa no Afeganistão. Meu pobre pai esperou pelo menos duas horas na neve, no local combinado, para poder levar o motorista da ambulância até a porta de nossa casa. Ele demorou tanto que as contrações de minha mãe ficaram mais frequentes e mais fortes. Para acalmá-la, a babá Muma e minha avó Mayana Khail, a mãe de meu pai que morava conosco, se alternaram na tarefa de massagear as costas da grávida. Finalmente, as três mulheres ouviram a sirene da ambulância e minha avó embrulhou cuidadosamente minha mãe num pesado casaco de inverno. Elas correram para a porta da casa.

Depois de uma contração especialmente poderosa, minha mãe caiu sentada no degrau de cima da varanda. Quando ela se sentou, eu saí. Graças a Deus, Muma era uma parteira competente. Ela correu para me segurar enquanto eu saía porque eu decolei de cima daquele degrau alto. Talvez o ar gelado tenha me deixado mais alerta do que a maioria dos recém-nascidos, porque mais tarde Muma contou que eu tinha os olhos brilhantes e animados desde o primeiro momento.

Contaram-me que desde cedo fui uma criança caprichosa e difícil, nem um pouco a menina obediente que se espera de uma filha muçulmana. Talvez minha atitude tenha sido causada pelo fato de que, sempre que minha família se reunia para alguma celebração, eu era recebida por tias, tios e primos com comentários humilhantes como "pena que ela não seja um menino". Meus pais eram mais modernos e inteligentes que a maioria e desautorizavam esses comentários agressivos com a afirmativa de que "Maryam é nosso menino", mas meus sentimentos pela condição feminina foram prejudicados para sempre.

No início me sentia culpada por meu sexo, mas depois comecei a ficar zangada comigo mesma por não ser o garoto que queria ser. Detestava a tal ponto ser uma menina que pensei que poderia, com força de vontade, virar menino. Eu desprezava as garotas da minha idade e brincava com os primos ou com os meninos da vizinhança. Meus pais aceitaram minha atitude e deixaram que eu só usasse roupas masculinas e cortasse meu cabelo espesso bem curto. Eles não fizeram qualquer objeção quando mais tarde insisti em ter a cabeça raspada. Eu colecionava miniaturas de automóveis e ao longo dos anos fiquei muito hábil em soltar pipas, um brinquedo favorito dos meninos afegãos. Também andava de patins e pedalava bicicletas masculinas. Eu achava que valia tanto quanto qualquer menino.

Conseguia esconder meu gênero tão bem que logo todos os vizinhos e parentes pareceram ter esquecido que eu não era o que fingia ser. Como uma idiota, achava que podia manter aquela farsa, mas a realidade me apanhou rápida e dolorosamente quando, sem pensar, minha irmã expôs meu segredo. A escola tinha se tornado a parte mais importante de meu pequeno mundo e nunca mais eu seria aceita como menino naquele espaço tão importante fora de minha casa e da vizinhança.

Pouco tempo antes meus pais tiveram que viajar para fora do Afeganistão em busca de tratamento médico para minha mãe. Eu estava sempre preocupada com ela e os acontecimentos daquele dia me fizeram sentir ainda mais a ausência de meus pais. Eles eram maravilhosamente avançados, muito diferentes da maioria dos adultos afegãos, e eu desejava ansiosamente uma intervenção miraculosa da parte deles. Os dois eram muito instruídos, prontos a aceitar ideias novas, me adoravam e raramente deixavam de apoiar o comportamento excêntrico da filha mais nova. Eu acreditava que meus pais podiam me proteger do meu destino, mas naturalmente era jovem demais para perceber todas as implicações de ser uma mulher no Afeganistão. Aprendi que até mesmo a rainha podia ser morta por um capricho do rei, seu marido, ou mesmo do pai, de um irmão ou de um primo. Se isso acontecesse, ninguém se ergueria em defesa dela. Todos aceitariam qualquer desculpa esfarrapada que a família oferecesse, porque se um homem acha que precisa matar uma mulher de sua família, todos partirão do princípio de que a culpa foi da mulher. A única pergunta feita será "que pecado ela terá cometido para obrigar seus pobres parentes a matá-la?"

Comecei a andar mais depressa quando vi minha casa. Eu só queria me refugiar num cantinho.

Naquela época eu não sabia que vivíamos no bairro mais elegante de Cabul, a capital do Afeganistão. A cidade é muito antiga, com mais de 3 mil anos de idade, situada nas impressionantes montanhas Hindu Kush e às margens do rio Cabul. Na minha juventude, minha cidade era o coração econômico e cultural do nordeste do Afeganistão. Naquele tempo, Cabul era uma cidade bonita e todas as crianças decoravam poemas em louvor à sua beleza, sendo o mais popular de autoria do poeta persa Saibi Tabrizi, intitulado "Cabul".

Cabul
A linda cidade de Cabul usa uma saia escarpada de montanhas.
Até a rosa inveja seus espinhos que lembram cílios.
A poeira flutuante de Cabul fere docemente meus olhos,
mas amo a cidade, pois dessa poeira nascem a sabedoria e o amor.
Minha canção louva suas águas cintilantes,
suas flores de tons vibrantes e suas belas árvores.
Os homens preferem Cabul ao Paraíso
pois suas montanhas nos aproximam das delícias do céu.
Cada rua de Cabul fascina os olhos.

Caravanas do Egito passam pelas vielas dos bazares.
Atrás de seus muros, centenas de sóis adoráveis se escondem
e ninguém sabe quantas luas brilham em seus telhados.
O riso matinal de Cabul é alegre como as flores,
suas noites escuras brilham como cabelos lustrosos.
Seus rouxinóis melodiosos cantam notas apaixonadas,
canções ardentes como folhas em chamas.
Até o Paraíso tem ciúmes de Cabul.

Todo mundo achava Cabul esplêndida naqueles tempos, sem imaginar as guerras horrorosas à espreita no futuro sombrio de meu país, guerras que transformariam em poeira cada edifício da cidade.

Apesar de vivermos numa área abastada, a casa de minha família não era suntuosa — era um edifício modesto de um só andar. Tinha uma pequena sala de estar, uma segunda sala de reunião familiar e uma cozinha pequena, mas adequada. O ambiente mais espaçoso da casa era o quarto de meus pais, tão grande que comportava quatro camas. Nadia e eu dormíamos em duas camas americanas colocadas em um canto do quarto, enquanto as camas mais largas de meus pais ficavam no fundo do cômodo. A cama de meu pai era a mais bonita, muito distinta, feita de madeira cara, tendo sido um presente de um general inglês que viveu no Afeganistão. Meu pai também tinha uma antiga mesa de cabeceira, presente de um marajá da Índia. Em meu país, a madeira sempre foi valiosa porque na maior parte do Afeganistão as árvores são escassas.

Lembro-me de como gostava de ir para a cama de minha mãe dormir algumas horas e depois, inquieta, sair para a de meu pai buscando mais algumas horas de sono. Aqueles eram tempos inocentes e puros. Havia um segundo quarto, muito pequeno, onde dormia minha avó Mayana, mas ela era triste e solitária e nós a víamos menos do que deveríamos.

No momento exato em que Muma e eu íamos entrar no jardim, vi minha avó passeando por lá, com a cabeça baixa, uma mulher velha imersa nos próprios pensamentos. Reduzi a velocidade e segurei a mão da babá, puxando-a para trás. Minha avó era doce como o mel, mas era a última pessoa que eu queria ver naquela hora porque ela tinha a aura mais deprimente que eu conhecia. Uma vez meu pai disse que todo o sofrimento por que ela passou na vida moldou em seu rosto uma máscara de tristeza eterna.

Andei a passo de tartaruga, esperando que ela desaparecesse em seu quartinho, seu porto seguro, o lugar que ela raramente deixava. Naquele momento, ela levantou os olhos e me viu, mas seus olhos continuaram inexpressivos e os lábios dela não formaram um sorriso. Eu também não sorri para ela. Depois daquele dia horrível não queria ser lembrada de que o passado dela poderia vir a ser o meu futuro.

Segundo as lendas da família, a avó Mayana tinha sido uma das jovens mais bonitas do Afeganistão. No entanto, tal como acontece a qualquer mulher afegã, mesmo uma beleza célebre não foi capaz de salvá-la do mal que assola aquele país.

Capítulo 1

Houve um tempo em que os sonhos adolescentes de minha avó tinham grande potencial. Embora a família dela tivesse parcos bens terrenos, mesmo os pobres no Afeganistão sonham com casebres limpos, um quarto de carneiro para servir em alguma festividade, um casamento razoável e muitos filhos.

O pai de Mayana era um lavrador pobre de Sayid Karam, distrito da província de Paktia, região que fica a uns cem quilômetros de Cabul e é habitada por membros da tribo Khail. Montanhosa e agreste, com poucas árvores ou outras espécies de vegetação, a área tem um clima seco que torna difícil para qualquer agricultor conseguir colher o suficiente para sustentar a família.

Apesar do clima rigoroso que agravava as dificuldades do trabalho no campo, o pai de Mayana não era infeliz, porque tinha uma esposa muito trabalhadora e filhos amados. A família era conhecida por gerar filhos bonitos e filhas atraentes, mas nenhuma delas era tão sedutora quanto Mayana. Ela era tão bonita que mesmo as outras mulheres sentiam seu fascínio e sussurravam elogios à sua beleza refinada, com suas covinhas, lábios cheios e sensuais e grandes olhos escuros e dançantes.

Não era costume manter um registro do nascimento das filhas, mas a família acredita que a avó Mayana tenha nascido em 1897, quando a vida no Afeganistão era relativamente tranquila. Durante a juventude da avó, o país vivia num isolamento quase completo, mantido tanto pelos governantes, que não confiavam nos países vizinhos, quanto pela dificuldade de acesso à região, totalmente cercada por montanhas imponentes. Nessa época, a população do país chegava a 6 milhões de cidadãos, sendo composta principalmente de tribos fanáticas que guerreavam entre si e também combatiam qualquer estrangeiro desavisado que cruzasse suas fronteiras. Interessados no potencial estratégico do Afeganistão como amortecedor dos choques entre a Rússia e os interesses britânicos na Ásia, os ingleses tentaram ocupar o país, mas as derrotas e retiradas deixaram para trás trilhas de ossos britânicos desbotados pelo inclemente sol afegão.

Em cada passo da fronteira, guardada por soldados, via-se a advertência "Entrada Proibida". Ao longo das antigas trilhas das caravanas, as mesmas usadas por Alexandre, o Grande, e Gengis Khan, estavam espalhadas torres de vigia. O país não tinha ferrovias ou telégrafo. As mercadorias circulavam no lombo de animais, em caravanas de burros, cavalos, camelos e até mesmo elefantes.

A crueldade era parte integrante da cultura. O Estado sancionava punições que iam desde atirar os prisioneiros de canhões até decapitá-los ou enterrá-los vivos, cegá-los ou apedrejá-los. Talvez a punição mais cruel fosse a morte por inanição, quando os ladrões eram aprisionados em jaulas de metal. Essas gaiolas eram penduradas nos centros das cidades em postes muito altos para evitar que os amigos dos prisioneiros lhes fornecessem veneno ou alimentos. Da privação de água e alimentos resulta uma morte horrível. Dependendo da época do ano, os mais afortunados morriam antes por insolação ou hipotermia.

A autoridade do monarca jamais era contestada, mas os membros da realeza tinham para com seus pares um comportamento tão brutal quanto o adotado para com os súditos. Muitos herdeiros reais eram deliberadamente cegados porque no Afeganistão nenhum portador de deficiência física podia ocupar uma posição elevada.

Em 1913, minha avó devia ter uns 16 anos. Nessa época, o Amir do Afeganistão enfrentava muitos problemas com foras da lei, bandos de renegados que saqueavam o norte do país e se asilavam no vale de Khost, na província de Paktia. Esse também foi o ano em que foi descoberta em Cabul uma conspiração contra o Amir. Os insurgentes foram descobertos e apedrejados ou apunhalados, de modo que nada resultou da conspiração. Essas notícias causaram grande alvoroço na região, mas a vovó provavelmente não percebeu a comoção porque as questões políticas eram assunto exclusivo dos homens. Com certeza, os suspiros de Mayana tinham por único motivo o casamento próximo.

A beleza de minha avó, sua face rosada e olhos brilhantes devem ter atraído muitos pretendentes, mas seu casamento foi arranjado quando ela nasceu. Mayana estava destinada a se casar com um primo em primeiro grau, um rapaz muito amável, filho do tio paterno da garota. Todos estavam felizes com o arranjo, já que a cultura afegã favorece o casamento entre primos, mas a beleza excepcional de Mayana causou um desvio inesperado em seu destino.

As leis do país, amparadas pela cultura tribal do Afeganistão, obrigavam as mulheres a usarem o rosto coberto em público, mas a família de minha avó permitia que as mulheres corressem de uma casa de parentes para outra sem cobrir o rosto, já que essas casas eram muito próximas. Mesmo assim, elas se vestiam com muito recato, usando mantos para cobrir o corpo e lenços para esconder os cabelos.

Certo dia do ano de 1913, quando minha avó saiu da casa do pai para visitar uma tia, quis o destino que Ahmed Khail Khan, o chefe da tribo Khail, passasse a cavalo pelo local.

A beleza clássica de Mayana deixou Ahmed Khail tão apaixonado que mais tarde ele afirmou ter ficado sem palavras. Acostumado a ver todos os seus desejos satisfeitos, o Khan imediatamente decidiu que a bela mulher da aldeia seria sua quarta esposa. Ahmed Khail Khan já havia se casado seis vezes, mas naquele dia específico tinha apenas três esposas, portanto não precisaria se divorciar de ninguém para tomar uma quarta mulher. Ele não era apenas o homem mais poderoso do clã; também era um muçulmano sunita do grupo étnico pashtun, e sua religião islâmica autorizava quatro esposas.

Apesar do grande desejo que sentia, Ahmed Khail manteve a compostura e não disse nada no momento, mas observou o local de modo a poder enviar um emissário para arranjar um casamento. No dia seguinte, o representante do Khan veio à casa de Mayana, trazendo ricos presentes. O homem entregou aqueles tesouros ao atônito pai da bela e ao mesmo tempo pediu a mão da filha mais bonita do lavrador para Ahmed Khail, o líder da tribo Khail.

O pai de Mayana era um homem honrado. Apesar de se ver tentado pela grande riqueza e pelo prestígio que aquele parentesco traria à sua família, recusou a oferta do Khan. E respondeu suavemente:

— Nossa casa está profundamente honrada — respondeu com delicadeza —, mas não podemos aceitar esses presentes magníficos, nem o pedido de casamento. Ao nascer, minha filha foi prometida a meu sobrinho e deve se casar com ele muito em breve.

O emissário emudeceu. Ninguém jamais havia recusado um pedido do poderoso Ahmed Khail Khan. O homem ficou trêmulo, temendo pela própria vida quando voltasse com os presentes rejeitados, em vez de retornar com a promessa de uma linda noiva. Ele partiu, relutante, e se preparou para o que viria. A noiva que Ahmed Khan tanto desejava estava prometida para outro homem.

Como esperado, o Khan teve um incontrolável acesso de fúria. Ao seu redor, todos ficaram imóveis, com medo de chamar atenção para a própria presença.

— Quem é esse lavrador sem um tostão que ousa dizer não ao chefe de sua tribo? — perguntou, agitando os braços e gritando cada vez mais alto. — Onde encontro esse noivo infeliz que pretende se apropriar dessa beleza?

Enquanto a família de Mayana levava adiante os planos para o casamento, um projeto pavoroso já estava encaminhado. Mayana jamais se casaria com o prometido, o único homem que ela desejava ter como marido e pai de seus filhos.

Dois dias depois que o emissário do Khan se retirou frustrado da morada do lavrador, um cavaleiro passou a galope pela porta da casa e atirou um grande saco de aniagem esfrangalhado. O pai de Mayana cortou o tecido e recuou, horrorizado, dentro do saco encontrou o corpo mutilado de seu sobrinho morto. Todos entenderam que a sinistra mensagem devia vir diretamente do governante da tribo Khail: ninguém podia recusar um pedido do Khan. O assassinato era um lembrete implacável de que Ahmed Khail detinha um poder irrecusável sobre os membros de sua tribo. Para evitar mais derramamento de sangue, a família apavorada mandou ao chefe da tribo o recado de que a jovem Mayana lhe seria entregue em poucos dias.

Como de hábito, Ahmed Khail conseguiu o que queria.

Dessa forma, minha avó Mayana tornou-se uma "noiva-presente", destino de tantas mulheres belas do Afeganistão que são dadas ao homem que tenha mais influência e riqueza.

Minha avó raramente me falou de sua juventude ou dos primeiros tempos de seu casamento. Apesar de gostar muito de mim e de minha irmã, ela era melancolicamente lacônica com respeito à história de sua vida e sua natureza estoica desestimulava a curiosidade das netas. Eu queria conhecer detalhes de sua juventude, mas nunca tive coragem de perguntar se ela amava o desventurado primo com quem achava que se casaria e se sofreu com a morte violenta dele.

Aqueles que conheciam minha avó guardavam silêncio. Eu tinha 10 ou 11 anos quando ouvi os primeiros fatos sobre sua história. Ninguém em minha família ousava falar abertamente sobre o casamento dela, pois todos temiam que alguma palavra infeliz chegasse aos ouvidos do Khan, causando a condenação de todos. No entanto, quando fiquei mais velha, meus pais e outros membros da família às vezes deixavam escapar pequenas histórias sobre a vida de Mayana como a esposa de Ahmed Khail. Lembro-me de chorar porque as histórias eram muito tristes. Ao ver minhas lágrimas, minha avó advertia:

— Não falem dessas coisas deprimentes na frente da criança!

Mas a família continuava a comentar.

Eu sabia que o casamento de qualquer moça devia ser motivo de celebração, mas minha avó estava sendo entregue a alguém que não conhecia. As mulheres da família vestiram a assustada Mayana em seu vestido de noiva. Em seguida, ela foi colocada sobre um cavalo lindamente ornado cuja crina e cauda foram entrelaçadas com fitas de cores vivas. Minha avó foi conduzida até a casa grandiosa do Khan, a dez quilômetros de distância.

Enquanto Ahmed Khail esperava impaciente pela noiva, suas três esposas sofriam acessos de ciúme. Pelas fofocas domésticas ficaram sabendo que o marido estava extremamente excitado com a perspectiva de receber a belíssima filha de um lavrador ignorante. Elas se sentiam superiores a uma garota tão humilde, mas não eram as únicas furiosas com a situação. Shair, o filho adulto de Ahmed Khan, o herdeiro do título e da fortuna do pai, também estava atormentado pela ideia de que uma jovem noiva trazia consigo a possibilidade de irmãos. Se a jovem noiva desse um filho ao Khan, talvez Shair tivesse que compartilhar a herança. Por causa disso, muita gente ressentida esperava para ver pela primeira vez a inculta filha de um humilde lavrador.

Percorrer a cavalo dez quilômetros pelas estradas poeirentas e esburacadas do Afeganistão era uma longa viagem, mas toda a família de Mayana fez a excursão até a casa do Khan. Alguns parentes estavam em trajes de luto, mas outros decidiram tirar o maior proveito da situação. Afinal, uma parenta agora faria parte da família mais influente do distrito. Talvez sobrassem benefícios financeiros para todos eles.

A casa do chefe da tribo era na realidade uma aldeia fortificada. O forte, ou *galah*, era intencionalmente isolado, situado numa elevação para evitar ataques-surpresa. Na época, os membros das tribos rivais que viviam nas províncias adjacentes eram uma ameaça constante. A *galah* era autossuficiente, cercada por muitos hectares de pasto, pois um homem rico como o Khan geralmente possuía muitos cavalos, ovelhas e cabras. Também havia terra reservada para os campos de milho, trigo e outras plantações.

No alto de uma colina, a *galah* foi construída sobre um alicerce da pedra cinzenta característica do Afeganistão. As espessas paredes de alvenaria montadas sobre o alicerce atingiam uma altura de mais de quatro metros. Nos quatro cantos da fortificação elevavam-se altos parapeitos defensivos. As janelas do forte foram projetadas para observação e defesa, com aberturas estreitas pelas quais os guerreiros podiam lançar flechas ou atirar.

Vinda da casa de um simples camponês, qualquer mulher do séquito da noiva teria ficado intimidada diante dessa visão. As mulheres raramente viajavam para longe de casa e poucas já haviam testemunhado uma exibição de riqueza e poder comparável ao gigantesco forte que a bela Mayana passaria a chamar de lar.

Um grupo de homens fortes esperava para abrir o imenso portão de madeira da *galah*. Uma vez dentro da fortificação, o séquito da noiva chegou a um amplo pátio central, circundado por outro muro de proteção. Sobre a muralha externa havia apartamentos projetados especificamente para os convidados do sexo masculino, que jamais seriam admitidos no interior da habitação privada de Ahmed Khail, onde viviam as esposas do Khan.

Minha avó e as mulheres da família dela foram escoltadas até os cômodos particulares do Khan. A ala pessoal do chefe da tribo tinha amplas janelas, para que ele pudesse observar as atividades diárias de seus serviçais. Suas esposas e seus filhos viviam numa ala separada e restrita cujos cômodos eram isolados, com as janelas cobertas pelas tradicionais treliças muçulmanas de madeira. A brisa fresca circulava através das treliças. As mulheres e os filhos podiam observar por elas a vida da qual não podiam fazer parte, evitando ao mesmo tempo a curiosidade de estranhos que quisessem ver o interior.

Os servos domésticos e parte da criação ficavam acomodados junto aos aposentos familiares, onde também estava o principal reservatório de água da *galah*, um poço profundo que fornecia água limpa, algo raro no Afeganistão para quem não vive perto de um regato.

Ninguém lembra exatamente o que aconteceu em seguida, mas todos acham que o casamento foi realizado assim que Mayana entrou na casa do Khan. Como os hábitos do chefe tribal eram muito tradicionais, durante a cerimônia os homens ficaram separados das mulheres.

A avó Mayana provavelmente conheceu as outras três esposas mais velhas durante a festividade de casamento. Para essas mulheres, a inclusão de uma jovem tão pouco sofisticada em seu círculo restrito era uma ferida no orgulho. Embora a jovem noiva tenha sido criticada mesmo antes de chegar, o ódio das rivais cresceu ainda mais quando sua beleza foi revelada. A visão do rosto adorável de Mayana mostrou às mulheres mais velhas porque o marido delas quis aquela jovem em seu harém. Mayana não podia saber que havia sido trazida para o meio de tanto ressentimento venenoso. Ela estava habituada a certo grau de camaradagem entre as mulheres de sua família. Só Ahmed Khail Khan estava ansioso pela chegada da jovem. Cheio de desejo, ele sonhava com os prazeres sexuais que desfrutaria com uma noiva jovem, bonita e obediente.

Profundamente impressionado com a combinação de beleza e doçura da noiva, logo o Khan anunciou publicamente que Mayana era sua esposa favorita. Embora não fosse homem de se preocupar com os sentimentos das esposas, ele cobriu de atenções a jovem noiva. Dessa forma, a união foi feliz.

O Khan estava tão contente com a jovem noiva que ficou furioso ao saber que o ciúme das três esposas mais velhas estava deixando Mayana infeliz. Ele visitou o harém e comunicou a todas as mulheres que não toleraria aquele comportamento.

— Se vocês estão querendo um castigo, logo terão esse desejo atendido! — ameaçou. — Ordeno a todos os que vivem em minha casa que considerem minha esposa Mayana a senhora da *galah*. Façam tudo o que ela quiser!

Ele saiu batendo os pés, cada movimento uma expressão de fúria.

Cientes de que o Khan não fazia promessas vãs, as três mulheres tentaram reprimir o ciúme e a raiva. Contudo, a cada dia o favoritismo de Ahmed Khail ficava mais evidente, criando mais amargura, o que alimentava o vulcão de ódio contra a nova senhora da *galah*.

Evidentemente, o homem manteve o interesse sexual pela jovem esposa porque ela deu à luz três vezes em três anos. Essas três crianças eram meninas, de nomes Peekai, Zerlasht e Noor. O fato de Mayana ter três meninas deixava deliciados as esposas ciumentas e os filhos mais velhos do Khan. Naquele tempo, ninguém sabia o que a ciência nos informa hoje, ou seja, que o pai é o responsável pelo sexo da criança. Portanto, a culpa recaía sobre as mulheres. As esposas que não tinham filhos homens eram censuradas e humilhadas. Naquele período, uma das esposas mais velhas do Khan teve um filho chamado Shahmast, deixando ainda mais felizes as rivais de Mayana, já que só ela era conhecida como "mãe de filhas", um epíteto terrível numa cultura que só valoriza as crianças do sexo masculino.

Em 1917, durante a Primeira Guerra Mundial, agentes alemães começaram a fomentar uma revolta no Afeganistão na tentativa de levar o governante do país a apoiar a causa alemã contra a Rússia. No entanto, o sábio Amir permaneceu firmemente neutro no conflito. No mesmo ano, o status de minha avó ganhou força quando ela, a esposa favorita, deu ao Khan o filho tão esperado. Essa criança foi meu pai, Ajab Khail. Os serviçais e os soldados da *galah* celebraram com entusiasmo o acontecimento. No entanto, os cumprimentos das três mulheres mais velhas e de Shair, o herdeiro do chefe tribal, foram restritos.

Durante os dois primeiros anos de vida meu pai floresceu, pois recebia entusiástico e abundante amor da parte da mãe, do pai, das três irmãs mais velhas e dos serviçais. No entanto, essa felicidade não durou muito.

Desde tempos imemoriais, o povo afegão foi atormentado e afligido por rebeliões e guerras. As facções rivais com frequência travavam lutas internas que eram violentas, mas em geral de curta duração. Outras guerras ocasionadas por forças externas aumentavam o caos. Foi o que aconteceu em 1919, quando novas tensões causaram um conflito com o Império Britânico. Meu pai tinha dois anos de idade. Os problemas começaram quando Amir Habibullah, o rei do Afeganistão e hábil reformador que manteve o país em paz durante muitos anos, foi assassinado. Após a morte do rei, seu filho Amir Amanullah ascendeu ao trono. Menos capacitado que o pai na arte de manter boas relações com nações poderosas, logo o novo rei foi envolvido numa disputa frívola com os britânicos. O jovem inexperiente logo optou por uma solução militar. Ele acreditava que a recente guerra mundial que devastara a Europa tivesse enfraquecido os ingleses e que o poderio militar do Afeganistão fosse suficiente para derrotar a Índia britânica.

Uma convocação às armas varreu o Afeganistão e Ahmed Khail, o Khan da tribo Khail, marido de Mayana e pai de meu pai, reuniu centenas de guerreiros de sua tribo. Shair, seu herdeiro, era general nas forças armadas afegãs e comandava o próprio exército. Dessa forma, o líder e o herdeiro da tribo foram à guerra, deixando para trás mulheres e servos ansiosos.

Apesar de mal equipada, a força de combate afegã se compunha de guerreiros obstinados. No dia 3 de maio de 1919, as tropas afegãs abriram caminho pela fronteira com a Índia e ocuparam a aldeia de Bagh.

Os ingleses reagiram com poderio maior e violentos combates se seguiram. Os soldados britânicos, bem equipados e treinados, rapidamente levaram a melhor e expulsaram os invasores afegãos do território indiano. A aviação militar era um recurso novo e excelente, graças ao qual os britânicos ganharam um alcance para além das fronteiras e ameaçaram até mesmo o castelo do Amir quando bombardearam as cercanias de Cabul.

Na confusão da batalha, meu avô Ahmed Khail foi atingido no olho esquerdo, o que se revelou um ferimento fatal. O trágico é que sua morte não aconteceu no momento em que a bala alcançou o cérebro. Sua agonia foi dolorosamente lenta. Shair mandou o pai ferido cruzar o famoso Passo Khyber para buscar tratamento com um médico britânico que vivia onde hoje é o Paquistão. No entanto, a difícil viagem a cavalo só aumentou o sofrimento de meu avô. Ele morreu durante a viagem.

Depois que o avô Khail exalou o último suspiro, seus homens deram meia-volta e fizeram a triste jornada de volta à província de Paktia, até a *galah*, onde as esposas e filhos do patriarca ficaram entristecidos com a notícia de sua morte. Embora a guerra tenha sido encerrada com uma vitória tática para os britânicos, o rei Amanullah conseguiu negociar um tratado de paz que pelo menos deixou aos afegãos o direito de conduzir a própria política externa na condição de estado independente.

Essa reviravolta não favoreceu a situação de minha família. A avó Mayana teve uma vida feliz com Ahmed Khail. A afeição genuína do chefe tribal pela esposa mais jovem e pelos quatro filhos dela era tão evidente que ofendeu as famílias anteriores. Assim que Shair assumiu o comando da tribo Khail, minha avó passou a viver sob as ordens de um enteado que a detestou desde que ela pisou pela primeira vez o solo da *galah*. A beleza dela não podia salvá-la agora, nem sua anterior posição de poder como esposa favorita do Khan. Sem a proteção do marido ela estava impotente e tudo que podia fazer era rezar e esperar pelo melhor, pois esse é o único recurso de uma mulher no Afeganistão.

Capítulo 2

Meu avô era imensamente rico. De acordo com a lei islâmica, quando morre o pai da família, seus bens são divididos entre as mulheres e os filhos. Contudo, os filhos homens recebem o dobro do que cabe às esposas e filhas. Quando o Khan morreu, somente Shair tinha chegado à idade adulta, portanto foi encarregado de zelar pelos direitos dos irmãos mais novos. Pela Chariá, a lei islâmica, as esposas devem receber sua parte da herança por ocasião da morte do marido, mas no Afeganistão quando se trata do direito das mulheres os homens costumam contrariar a lei e raramente permitem que as viúvas e órfãos administrem o próprio dinheiro. Dessa forma, Shair assumiu o controle da riqueza da família assim que soube da morte do pai. Seus desejos, decisões e comandos passaram a ter valor de lei para todos os membros da tribo Khail.

A vida de minha avó e de seus quatro filhos foi imediatamente transformada. Shair Khan elevou as próprias esposas à posição que anteriormente pertencia às mulheres do pai. Em sua nova situação, as esposas do novo Khan ficaram insaciáveis em sua ambição. A avó Mayana e as filhas dela foram convocadas por Shair. Secamente, ele ordenou que elas lhe entregassem todo o ouro e as joias que possuíam, colocando os ornamentos nos braços e nos pescoços das próprias esposas. De surpresa ele deu uma ordem chocante: a partir daquele momento minha avó passava a ser uma serva e devia assumir os mesmos deveres dos outros serviçais.

Em um único dia minha avó deixou de ser a senhora da *galah* e se tornou uma humilde serva, encarregada de lavar, cozinhar, esfregar os pisos, ordenhar as vacas ou cumprir qualquer tarefa que o enteado ou as mulheres dele ordenassem. Tarefas humilhantes eram maliciosamente empilhadas sobre seus ombros e as esposas e filhas de Shair consideravam um ótimo divertimento imaginar novas humilhações para a mulher que um dia foi superior a todas elas.

Embora ainda fosse pequeno, meu pai não foi poupado. Foi dito a ele que esquecesse as brincadeiras e passasse a ganhar seu sustento. Toda vez que Shair saísse da *galah*, meu pai Ajab teria que subir ao topo da torre de pedra e ficar de vigia para anunciar o retorno do irmão mais velho. Ele precisava manter os olhos na estrada, buscando ver a poeira levantada pelos cascos dos cavalos. Assim que avistasse a comitiva do irmão, teria que correr tão rápido quanto lhe permitissem as perninhas do topo da torre até o portão principal. Ele estava encarregado de receber o chapéu e a arma do Khan.

Muitas vezes, Shair ficava ausente até muito tarde. Meu pai era pequeno demais para ficar acordado até a madrugada, portanto na primeira noite dormiu profundamente quando estava de vigia. Acordou assustado quando o irmão o levantou pelos braços e esbofeteou seu rosto. O Khan avisou:

— Se você voltar a dormir, Ajab, vai pagar caro.

Depois desse dia, meu pai criou pavor a ousar adormecer. Além do risco de ser castigado pelo irmão mais velho, outros perigos ameaçavam uma criança pequena. O Afeganistão tem grande quantidade de cobras venenosas, escorpiões e tarântulas, portanto meu pai passou a maior parte da infância com medo de ser atacado por uma dessas criaturas mortais enquanto tentava não adormecer. Anos mais tarde ele me contou que o terror fazia com que falasse sozinho, saltasse de um pé para o outro e até mesmo se beliscasse para se manter acordado.

Em seguida, Shair ordenou que a família se mudasse. O rei do Afeganistão acabara de presenteá-lo com alguns hectares nos arredores de Cabul. Nessa terra, Shair construiu uma *galah* muito maior. O projeto básico seguia o modelo da antiga fortaleza do seu pai, mas o interior era muito mais moderno e decorado como um palácio luxuoso, incluindo todas as características necessárias para uma vida diária independente de qualquer cidade ou aldeia. Embora a nova *galah* fosse inegavelmente luxuosa, minha avó e seus filhos perderam o lar que conheciam e com que estavam habituados. A tristeza abateu a família inteira, mas a situação ainda piorou quando minha avó e minhas tias foram submetidas a restrições ainda mais severas.

Os pobres afegãos aprendiam a se satisfazer com alimentos simples como um pão grosseiro e algumas frutas e legumes, mas os ricos estavam habituados a uma dieta que incluía aves, carne de cordeiro, arroz e doces especiais. A família do chefe da tribo Khail só comia os alimentos mais refinados, mas Shair ordenou que minha avó e os filhos dela só recebessem o suficiente para permanecerem vivos. Eles tinham direito a chá, mas não recebiam açúcar para adoçá-lo. Recebiam pão, mas não tinham geleia ou manteiga para passar nele. As filhas famintas de minha avó pediam pequenos pedaços de queijo, qualquer coisa que pudesse aliviar a monotonia de sua dieta escassa, mas esses pedidos eram ignorados. Quando foi informado de que elas tinham fome e pediam mais comida, Shair Khan retrucou: "Que lambam os dedos."

A visão de suas filhinhas chorando, pedindo alguma coisa doce para comer, partia o coração de minha avó. Ela tinha medo de que Shair decidisse separá-la dos filhos e sabia que não seria capaz de suportar ser afastada deles e não poder mais dar-lhes amor e reconfortá-los.

Mayana ainda não tinha 30 anos e era uma mulher jovem e ainda fisicamente atraente, apesar de ter dado à luz quatro filhos e de todos os traumas que vinha suportando. Shair convocou-a à sua presença e ela ficou trêmula de medo diante da perspectiva desse encontro, pois a aversão dele por ela parecia crescer a cada dia. Quando se viu diante do enteado, o rosto dele ficou contorcido de ódio. Com a voz cheia de desprezo, ele anunciou:

— Mayana, um velho de um lugar longe da *galah* ofereceu muito dinheiro pelo seu dote. Muito em breve você vai se casar.

A avó Mayana sentiu que ia desmaiar. Ela sabia o que um casamento como esse representaria para sua família. Os costumes exigiam que os filhos dela permanecessem sob o controle do Khan se ela tornasse a se casar. Ela iria desaparecer da *galah* e nunca mais teria permissão para ver as filhas e o filho. Ela se tornaria propriedade de um homem que nunca vira, forçada a dar filhos a ele. Sabendo que qualquer protesto só fortaleceria a decisão do enteado, Mayana ficou em silêncio, olhando para baixo, como convinha a uma mulher obediente. Finalmente, foi dispensada.

Depois dessa convocação, minha avó tomou uma decisão difícil: preferia morrer jovem a passar pela dor de ter os filhos arrancados de seus braços e de ser entregue a outro homem, um homem a quem a lei dava o direito de abusar sexualmente de qualquer parte de seu corpo, que poderia espancá-la diariamente e que com certeza iria mantê-la afastada dos filhos. Se ia desaparecer da vida de suas crias, preferia uma sepultura tranquila a uma vida infernal. Uma das servas mais amigas conseguiu um pouco de arsênico para minha avó, somente o suficiente para encher uma caixinha de rapé. Se necessário, ela poderia se suicidar instantaneamente.

Contudo, alguns anos se passaram e o casamento não tornou a ser mencionado. Em 1922, o Amir fez uma convocação aos homens afegãos, solicitando que eles cumprissem seus deveres cívicos e pedindo às famílias instruídas que mandassem os filhos jovens ao exterior para serem educados. Os jovens afegãos teriam a oportunidade de viver num mundo diferente de seus pequenos recantos e dessa forma criariam um futuro movimento em favor da mudança. Embora nosso país estivesse começando a despertar, dando pequenos passos em direção à modernidade, na *galah* os hábitos continuavam arcaicos, fato que ficou evidente para minha avó quando Shair tentou matar meu pai, o único filho dela.

O Khan tinha instituído uma regra férrea: como sinal de respeito, meu pai era obrigado a tirar o chapéu toda vez que o encontrasse. Um dia, meu pai esqueceu que estava usando chapéu e correu para fora para receber o irmão. A visão daquele acessório proibido precipitou Shair num de seus famosos ataques de fúria e ele comandou o cavalo a avançar e pisotear meu pai. O menino cobriu a cabeça com as mãos e esperou pelos golpes inevitáveis dos cascos do cavalo, porém aquele cavalo tinha por ele uma afeição especial. O animal empinou e ficou saltando sobre as patas traseiras, com as patas dianteiras no ar, recusando-se a pisotear o garotinho. Assim que voltou a si, meu pai viu sua chance e fugiu a toda velocidade, procurando um cantinho onde pudesse se esconder até que Shair esquecesse a raiva.

Em 1923, alguns meses depois desse incidente, Shair determinou que meu pai fosse enviado a uma escola militar. Minha avó ficou arrasada — o filho tinha apenas 6 anos, era jovem demais para receber treinamento militar. O Khan desautorizou a preocupação dela, afirmando que meu pai precisava ser transformado num homem. A despedida foi rápida porque Mayana só foi informada dessa decisão no último momento. Dessa forma, sem poder fazer nada, ela viu o corpinho do filho ser colocado sobre um cavalo e levado para fora da *galah*.

Embora a academia militar ficasse a apenas dezesseis quilômetros de distância, a viagem a cavalo pelas estradas esburacadas do Afeganistão era longa. Só ocasionalmente Ajab podia visitar a casa da família, mas ficava tão ocupado com tarefas determinadas pelo irmão mais velho que raramente via a mãe. A única alegria de meu pai por ficar longe de casa era o fato de não sofrer os efeitos da maldade do Khan. No entanto, em pouco tempo isso também deixou de acontecer porque Shair foi nomeado diretor da escola militar. Não havia como evitar o irmão cruel.

Em 1929, quando meu pai tinha 12 anos, o Afeganistão passava por grandes transformações. Amir Amanullah tornara-se um líder progressista e promoveu reformas em favor da educação feminina, do uso de vestimentas europeias e do estabelecimento de relações comerciais com empresas estrangeiras. Isso causou inquietação nas tribos, que não suportavam qualquer iniciativa de mudança. Os religiosos afegãos e os líderes tribais ficaram especialmente revoltados quando souberam que a rainha, a única esposa de Amanullah, havia circulado com o rosto descoberto durante uma viagem à Europa. Antes que o ano terminasse, o Amir foi obrigado a promulgar decretos cancelando as reformas, mas já havia perdido o apoio dos clérigos e dos líderes tribais. Quando o rei foi obrigado a abdicar, o Afeganistão perdeu um reformador inteligente que teria promovido em meu país mudanças muito necessárias.

Durante esse ano de tumulto nacional, meu pai soube que sua mãe estava gravemente doente com uma gripe, portanto, fez algo inédito: solicitou uma entrevista pessoal com o irmão, o diretor da escola. Quando foi admitido à presença de Shair, meu pai perguntou:

— Meu irmão, posso ter permissão para visitar minha mãe? Soube que ela está muito doente.

Shair não disse sim nem não. Em vez disso, respondeu bruscamente:

— Volte a meu escritório no final do dia.

Meu pai teve esperança. Talvez Shair tivesse mudado e o autorizasse a visitar a mãe. No entanto, quando voltou mais tarde ao escritório, o irmão o esperava; e o esbofeteou várias vezes e o atirou ao chão.

— Essa é sua resposta: *NÃO*! — gritou. — *Você pensou que ia receber tratamento especial por ser meu irmão*? Fique sabendo, Ajab, que você não é mais importante que qualquer outro aluno dessa escola. Você só vai poder ver sua mãe quando o ano letivo acabar.

Shair deveria ter sido o protetor do irmão, mas estava decidido a prejudicá-lo. Meu pai estava constantemente à espera do próximo ataque, sem saber quando ou como o irmão voltaria a agredi-lo. Outro incidente mais sério aconteceu alguns anos depois. Ajab estava inocentemente passando pelo escritório do irmão quando, sem qualquer motivo, Shair saiu da sala e o empurrou violentamente. Meu pai estava no alto de uma longa escadaria. Apanhado de surpresa, precipitou-se de cabeça, em queda livre.

Naquele exato momento, o príncipe Daoud, jovem membro da família real, passava por ali. Muito surpreso, o príncipe estendeu os braços e segurou meu pai, evitando que ele se ferisse. Shair fingiu não ter nada a ver com a queda de meu pai, mas o príncipe percebeu que alguma coisa estava muito errada. No entanto, na época ele também era apenas um menino e não tinha o poder que viria a ter mais tarde, portanto também não podia contrariar o poderoso Khan.

Enquanto meu pai procurava ficar longe das vistas do irmão, Mayana mergulhava cada vez mais dentro de si mesma, vivendo apenas para as filhas. As meninas estavam se tornando mais bonitas a cada dia e ela aguardava angustiada o que o futuro pudesse trazer. No Afeganistão, as moças bonitas são casadas bem jovens com quem oferecer o maior dote.

Peekai, a mais velha, tinha olhos azuis muito claros e cabelos pretos. Seu rosto era tão perfeito e seus cílios tão longos que, quando dormia, algumas serviçais se juntavam em torno da cama para admirar-lhe a beleza. Zerlasht, a filha do meio, tinha olhos muito verdes e cabelos louros. A mais jovem, Noor, tinha olhos azuis e cabelos castanhos. Todas as meninas eram de uma beleza exótica, embora Peekai fosse a mais adorável. A fama de sua beleza correu pela região, levando o rei do Afeganistão a perguntar a idade dela e sugerir a possibilidade de um noivado, mas Shair mentiu ao rei, afirmando que ela ainda não tinha idade para se casar. Ele não queria que uma de suas detestadas meias-irmãs se casasse com um membro de uma família influente e se visse em posição de proteger a mãe e as irmãs contra sua brutalidade.

Já se haviam passado vários anos desde que Shair ameaçou casar Mayana. Ela estava quase convencida de que ele havia esquecido o assunto, quando foi novamente convocada à presença dele.

— Chegou o dia — declarou o Khan. — Seu casamento foi arranjado. Seu marido é velho, mas tem bastante dinheiro, e isso é o que importa.

Totalmente decidida, Mayana pegou o veneno que ainda carregava na caixa de rapé. Assim que perceberam sua intenção, os guardas e os serviçais saltaram sobre ela, tentando arrancar de suas mãos a caixinha de arsênico. Mas Mayana estava resoluta e não entregou o veneno, retorcendo-se, gritando e lutando com todas as forças. No entanto, acabou por ser dominada pelos homens, que arrancaram a substância de suas delicadas mãos.

Com o rosto vermelho de raiva, Shair gritou:

— Que ela seja trancada no quarto!

Aterrorizada, minha avó foi arrastada e, conforme as ordens do Khan, trancada no quarto, com guardas postados diante da porta e das janelas.

O fato de Mayana ter tentado se matar para evitar o casamento com um velho foi considerado um grave ato de rebelião. Shair jurou que não aceitaria um motim dentro da própria casa. Furioso, decidiu que minha avó fosse apedrejada como castigo pela desobediência.

Lentamente, os servos se reuniram para cumprir a sentença do Khan. Grandes pilhas de pedras foram formadas no pátio.

Havia um velho serviçal que ainda lamentava a morte do amo anterior, Ahmed Khan, e não aprovava a crueldade do filho. Ele serviu fielmente a Mayana nos dias em que ela era a senhora da *galah* e desejou fazer alguma coisa para salvar a vida da mulher bondosa e inocente a quem seu antigo senhor tanto amou. Esse servo acreditava que somente Ajab, na época um adolescente, poderia salvar a mãe. Ele saiu da *galah* e viajou muitas horas por trilhas acidentadas e estradas esburacadas de terra. Tarde da noite, chegou à escola militar e pediu a Ajab que viesse depressa, se quisesse salvar a mãe de uma morte horrível por apedrejamento. Chocado com as palavras assustadoras do servo, meu pai montou num cavalo e saiu a toda velocidade em direção à *galah*. Ele sabia exatamente como seria a morte da mãe se não chegasse a tempo. Durante a longa cavalgada, em sua imaginação a cena macabra que temia estava se desenrolando naquele exato momento.

Ninguém pode negar que das diversas penas de morte, o apedrejamento é uma das mais terríveis. No Afeganistão, sob a lei islâmica Chariá, essa é uma forma de punição sancionada legalmente em caso de adultério. Contudo, é a única pena capital que exige quatro acusadores. Todos eles devem afirmar que viram os acusados praticarem o ato sexual. Mas Shair fazia a própria lei e estava determinado a punir a desobediência de Mayana.

O método aprovado para um apedrejamento preconiza que seja cavado um buraco profundo no chão. As mãos da mulher "transgressora" devem ser amarradas e ela deve ser colocada dentro do buraco. A vítima é enterrada para que não possa lutar; só ficam visíveis a cabeça e o tronco, da cintura para cima.

Uma autoridade do sexo masculino assume o papel de animador do ritual, estimulando um grupo de executores, quase sempre somente homens, a se reunir em torno de uma pilha de pedras. Não é ilegal apedrejar uma mulher até a morte. No entanto, é proibido matá-la imediatamente. As pedras são selecionadas de modo a ferir, mas não causar uma morte rápida e piedosa. Os executores são estimulados a evitar ferimentos letais na cabeça, pelo menos até que a vítima tenha sofrido bastante. A agonia ideal para uma pecadora deve durar pelo menos uma hora.

A carne humana não consegue resistir às pedras mais pesadas. Depois de duas horas sendo atingida por pequenas pedras, a carne humana se transforma numa massa sanguinolenta. As pedrinhas abrem pequenos ferimentos e logo a visão da vítima é bloqueada pelo sangue. A pele macia do rosto da mulher é retalhada em tiras. Os gritos de angústia da vítima pedindo perdão, combinados com os gritos dos animadores do ritual levam os executores a um estado frenético, que oblitera qualquer ligação pessoal com a vítima e reduz a pobre mulher à condição de objeto de pecado e ódio. Quando a morte se aproxima, o tecido macio do rosto já foi substituído por sangue e coágulos. No entanto, com frequência a vítima ainda está consciente. Quando a voz do animador começa a ficar cansada e os braços dos executores ficam pesados, estes começam a escolher pedras maiores e finalmente dão o golpe mortal.

Quando meu pai avistou a *galah*, o sol começava a se levantar.

Ele ouviu as lamentações das irmãs. Acreditando que a mãe já estivesse morta sob uma barragem de rochas, saltou do cavalo ainda em movimento. Quando viu a pilha de pedras, suspirou de alívio, mas nesse momento avistou a mãe sendo trazida para o centro do pátio. Em choque, Mayana olhava o buraco no chão, à espera de seu corpo, e não viu o filho.

Sabendo que não tinha muito tempo, meu pai atravessou correndo a multidão, entrou na *galah* e, aos gritos, chamou o irmão. Ao ver Shair, meu pai caiu de joelhos e implorou:

— Meu irmão! Não mate minha mãe. Eu vou levá-la e levar minhas irmãs para longe da *galah* e você não nos verá nunca mais. Jamais voltarei aqui ou à escola. Eu lhe dou toda a minha herança, meu irmão. Apenas deixe minha mãe viver. Você não pode matá-la. Perante Alá você não tem o direito de matá-la por um motivo desses.

Sem esperar a resposta do irmão, meu pai correu para o pátio, abraçou a mãe e gritou para as irmãs:

— Venham para cá, minhas irmãs! Vamos levar nossa mãe e deixar a *galah* para sempre.

Os servos e os guardas ficaram imóveis com as pedras nas mãos. Eles não queriam executar Mayana. Todo o ódio por ela e pelos filhos vinha da família do chefe e não da parte dos empregados. Com as irmãs reunidas em torno da mãe, Ajab avançou rapidamente para o portão. Subitamente, o principal servo de Shair surgiu, vindo dos aposentos do amo.

— Espere, Khan sahib! — gritou o servo. — O Khan disse que você deve ficar. Ele vai honrar seu pedido pela vida de sua mãe e dá a palavra de honra de que ela não será obrigada a se casar com outro homem.

Ajab parou, sabendo que agora não poderia ignorar a ordem do irmão. Sair da fortaleza traria a garantia de morte para todos os membros de sua família. O irmão não poderia tolerar tamanha insubordinação, pois isso abalaria seu prestígio, o que ele jamais poderia permitir. A única vantagem conquistada por Ajab era a palavra empenhada por Shair por intermédio de seu servo de confiança, que anunciara a decisão do amo em voz alta, para que todos pudessem ouvir. Faltar à palavra dada faria Shair ser objeto de grande vergonha.

Ajab esperou por Shair beijando o rosto da mãe, procurando consolá-la e pedindo-lhe que não se preocupasse. Quando Shair Khan finalmente saiu de seus aposentos e fuzilou o irmão com os olhos, Ajab aproximou-se dele e beijou-lhe as mãos.

— Obrigado por sua caridade, meu irmão!

Para salvar a honra diante das testemunhas, tudo foi perdoado e Shair convidou o irmão a entrar em seus aposentos. Mais tarde, o Khan ordenou que seu motorista levasse o irmão de volta à escola militar em seu carro.

Meu pai não teve escolha senão deixar a mãe e as irmãs na *galah* e voltar para escola, sabendo que precisaria de instrução para conseguir um bom emprego e cuidar delas. Suas três lindas irmãs já tinham idade para se casar, mas por estranho que pareça, Shair não tinha feito qualquer tentativa de encontrar maridos para elas. Meu pai só podia concluir que o irmão não queria deixar as jovens escaparem de seu controle.

Ajab muitas vezes disse que apesar do medo e da pouca idade, naquele dia, ao salvar a mãe de uma morte cruel por apedrejamento, ele se tornou um homem.

Capítulo 3

Os anos se passaram sem grandes mudanças. A avó Mayana e as três filhas dela continuavam a viver sob o domínio do cruel Shair Khan, enquanto meu pai se dedicava aos estudos. Ele era um jovem de maneiras incomumente graves, preocupado com as responsabilidades à sua espera. Seu único objetivo na vida era se formar, conseguir um emprego e voltar para a *galah* para proteger a mãe e as irmãs.

Depois de se formar com honras na escola militar, Ajab foi matriculado numa academia militar britânica no norte da Índia, região que hoje faz parte do Paquistão. Na época, a Índia era colônia britânica e quase todos os alunos da academia eram ingleses. Poucos estudantes indianos eram aceitos e todos pertenciam às famílias mais influentes da colônia.

Os métodos pedagógicos dos britânicos eram muito diferentes do que meu pai conheceu no Afeganistão. Os cursos eram mais difíceis e a disciplina mais rigorosa. No entanto, ele gostava da nova escola porque sabia que estava recebendo uma educação excelente, que lhe abriria muitas portas.

Ele fez algumas descobertas. Apesar de tantos anos de ocupação britânica na Índia, os soldados ingleses eram racistas com relação aos rapazes indianos. Embora os tratassem com cordialidade durante os eventos escolares, os ingleses não mantinham com eles qualquer convívio fora do ambiente universitário. Meu pai percebeu que o problema não era a cor da pele dos indianos, porque os mesmos estudantes ingleses não tinham preconceito contra ele, um rapaz afegão de pele escura. Na verdade, meu pai muitas vezes era convidado a acompanhar os estudantes ingleses nos passeios de fim de semana em uma popular área de lazer britânica. Os mesmos estudantes procuravam dissuadir qualquer cidadão indiano de frequentar o parque, mas convidavam meu pai para acompanhá-los e até mesmo o estimulavam a cortejar as damas inglesas que estivessem passeando por lá.

Apesar de sua aplicação nos estudos, meu pai se habituou a essas atividades sociais e ficou tão ocupado que pela primeira vez na vida negligenciou a família no Afeganistão, esquecendo-se de escrever para a mãe ou para o irmão. A falta de comunicação fez Shair Khan viajar até a academia militar para ver pessoalmente como estava meu pai. Quando chegou lá, soube pelo diretor que Ajab estava na Cachemira para um curto período de férias. Shair ficou furioso e saiu da escola decidido a encontrar o irmão delinquente. Depois de alguns dias de buscas, ele encontrou meu pai namorando uma dama, passeando de barco com ela em um pequeno lago.

Shair era um homem vigoroso, de voz forte. Ele gritou de modo que meu pai pudesse escutá-lo do outro lado do lago:

— Ajab, venha para a margem agora mesmo!

Alarmado, meu pai rapidamente mudou de curso e veio até o irmão, que o esperava impaciente à beira d'água. O coração de meu pai batia com força, pois ele temia ser espancado, mas também estava preocupado com o risco de alguma punição para sua mãe ou suas irmãs. Quando chegou à margem, o furioso Shair exclamou com ironia:

— Vejo que você está bem!

Meu pai ficou com a boca seca e a língua paralisada. Bruscamente, Shair virou as costas e se afastou. Ele deixou o balneário sem dirigir outra palavra ao irmão.

Nunca mais meu pai tornou a deixar Shair sem informações de seus passos, mas sempre se perguntou por que o irmão fez uma viagem tão longa somente para vê-lo. Ele abrigou a ideia improvável de que talvez com o passar dos anos alguma afeição por ele tivesse deixado raízes no frio coração do Khan.

O mundo em torno de nossas fronteiras passou por grandes mudanças durante a Segunda Guerra Mundial, mas o Afeganistão permaneceu neutro. No entanto, quando a guerra terminou, muitas mudanças afetaram nosso pequeno canto do planeta. Para começar, em 1946 o país foi formalmente recebido como membro das Nações Unidas. Em 1947 teve fim o domínio britânico sobre a Índia. A Lei de Independência Indiana, promulgada pelo parlamento inglês em 18 de julho daquele ano, criou dois domínios: o Paquistão e a União Indiana. No Paquistão, os muçulmanos do subcontinente finalmente realizaram o sonho de ter um estado muçulmano independente. Contudo, o Afeganistão, um país muçulmano, foi o único membro da ONU a votar contra a criação da nação islâmica por se preocupar com a questão dos direitos de autodeterminação dos afegãos residentes na região então conhecida como província da Fronteira Noroeste.

Enquanto isso, meu pai se formou na academia militar da Índia com notas tão boas que foi selecionado para receber uma bolsa de estudos para os Estados Unidos. No entanto, para sua tristeza, outro aluno da academia, um príncipe filhinho de papai, reivindicou a bolsa, e as credenciais de Ajab foram desprezadas. No entanto, logo surgiu uma segunda bolsa de estudos para uma academia militar inglesa em Londres e meu pai foi agraciado com o prêmio.

Shair manifestou grande orgulho do irmão mais jovem e concordou com a viagem de meu pai para continuar sua educação. Ajab tinha ouvido histórias emocionantes sobre a Inglaterra, contadas pelos colegas ingleses, portanto estava ansioso para chegar à grande metrópole londrina.

Assim, em 1947, meu pai deu um adeus emocionado à mãe e às três irmãs dele. Mesmo depois de tantos anos, as três mulheres continuavam a ser maltratadas pelas esposas de Shair e proibidas de tomar parte na vida normal da família. Meu pai jurou melhorar a vida delas quando voltasse ao Afeganistão. Ele teria mais formação e mais conhecimento de outros lugares que a maioria dos homens do país, inclusive seu irmão mais velho, Shair, o líder da tribo Khail.

Embora a Segunda Guerra Mundial já tivesse acabado havia algum tempo, Londres ainda não se recuperara dos ataques alemães e o ar da metrópole estava constantemente poluído pela poeira das obras de reconstrução. Os pulmões de meu pai não reagiram bem ao clima úmido e à poeira em suspensão no ar. Em pouco tempo já não conseguia mais respirar.

Tudo que ele não desejava era interromper os estudos. Ele adorava Londres e a academia. Seus contemporâneos eram jovens amáveis de algumas das famílias reais mais famosas do mundo. Meu pai sabia que os colegas de hoje seriam os futuros líderes dos próprios países.

No entanto, como sua saúde continuava a piorar, os médicos ingleses afirmaram que seus pulmões estavam fracos e seria necessário um clima melhor para sua recuperação. Eles recomendaram uma estadia e um tratamento na Suíça, portanto meu pai pediu uma licença temporária na academia militar. Chegando ao novo país, foi informado de que sua saúde estava seriamente comprometida. Pensando que só passaria algumas semanas no hospital, ele ficou chocado ao saber que precisaria passar quinze meses em tratamento médico. Apesar da doença, ele foi aconselhado a fazer caminhadas e respirar o ar puro das montanhas e logo aprendeu a amar o país e seus habitantes. Mais tarde ele nos contou que aqueles quinze meses foram o melhor tempo de sua vida.

Quando melhorou, Ajab voltou aos estudos em Londres, onde se formou com honras. Naquele tempo, porém, as comunicações eram tão complicadas que o contato com a família no Afeganistão era esporádico, sendo trocadas apenas algumas cartas por ano.

Em 1953, o Afeganistão ainda estava em conflito com o Paquistão. Em setembro daquele ano, Mohamed Daoud Khan, o sobrinho do rei, foi alçado à posição de primeiro-ministro. Ele era o colega que anos antes salvou a vida de meu pai quando Shair o atirou escada abaixo na escola militar. Foi também em 1953 que meu pai completou os estudos e recebeu de Shair Khan ordens para voltar ao Afeganistão.

Os anos que meu pai passou na Europa foram tão idílicos que a ideia de voltar à vida difícil que conhecera no Afeganistão encheu seu coração de tristeza. Ele teve um grande impulso de permanecer na Inglaterra, mas sabia que precisava voltar para a família.

Mesmo quando embarcou na viagem de volta, meu pai não tinha ideia de que o mal que o rondava no Afeganistão estivera ativamente privando-o daqueles a quem amava. Sua chegada não foi uma reunião feliz, pois a morte fizera sua colheita. Quando seus pés tocaram o solo afegão, ele foi informado de que, dos seus cinco irmãos, apenas um ainda estava vivo: Shair, o mais velho. Seu meio-irmão Shahmast, um jovem de bons sentimentos, recentemente diplomado numa escola de medicina da Turquia, foi vitimado por uma epidemia de febre poucos dias depois de se formar. As três lindas irmãs de meu pai também haviam falecido recentemente. Às vésperas de morrer, estavam todas gozando de boa saúde. As montanhas do Afeganistão ecoavam o rumor de que as três belas filhas de Khail haviam sido envenenadas antes que chegassem à idade de tomar posse de sua herança. Poucos ousavam questionar essas mortes porque elas eram apenas mulheres, não eram importantes e só contavam com o amor da mãe e do irmão.

Só Shair Khan e Ajab estavam vivos para dividir a grande riqueza de meu avô. Shair disse a meu pai que todas as irmãs dele haviam morrido de tuberculose. Ele foi obrigado a aceitar como verdade essa versão — em 1953, o Afeganistão não contava com métodos científicos capazes de provar uma teoria diferente. Qualquer acusação de ação criminosa seria punida com rigor.

Apesar disso, meu pai acreditava que seria a próxima vítima de Shair, portanto decidiu tomar a iniciativa e dizer ao irmão:

— Eu não me importo com o dinheiro. Você pode tomar posse e controlar todos os bens de nosso pai. Eu preciso de pouco. Basta que me dê uma pequena pensão até que eu consiga um emprego público. Eu estou abrindo mão de meus direitos.

Sempre achei que essas sábias palavras salvaram a vida de meu pai. Contudo, ele disse a verdade, porque não era o tipo de pessoa que deseja mais do que o necessário para a sobrevivência básica. A principal preocupação dele era o estado mental da mãe. Por todas as dificuldades que enfrentaram juntas, Mayana e as filhas eram mais unidas do que costumam ser as relações maternas comuns. Sua posição humilde na *galah* fez com que elas buscassem conforto umas nas outras. As quatro tinham sido inseparáveis, chegando a dormir abraçadas na mesma cama toda noite.

Mayana sentia a culpa do sobrevivente. Detestava o fato de ainda estar viva quando as crias apodreciam na sepultura. Sofria pela perda das três filhas amadas, que não tiveram um único momento de felicidade desde que o pai morrera. As vidas delas foram ceifadas no ápice, quando deveriam estar acarinhando os próprios filhos e filhas. Agora, elas haviam partido para sempre e a mãe sofria a perda a tal ponto que Ajab temia por sua sanidade.

Capítulo 4

Quando voltou ao Afeganistão, meu pai foi acolhido pelas camadas mais altas da sociedade do país. No entanto, estranhamente, pouco interesse ele tinha pelas honrarias, preferindo viver um estilo de vida tranquilo. Instalou-se na *galah*, prestando todo apoio possível à mãe. A carreira tomava o resto de sua atenção. O fato de conhecer vários idiomas, ter um alto nível de escolaridade e ter vivido em muitos países logo resultou em sua indicação para um alto cargo no serviço de inteligência das forças armadas afegãs. Seu ramo de atividade governamental ficou cada vez mais ativo durante o ano de 1953, quando o Paquistão bombardeou as aldeias tribais da região de Afridi, gerando tensão entre os governos de Karachi e Cabul. Parecia que os dois vizinhos muçulmanos jamais conviveriam em paz. Houve uma iniciativa de aliança entre o Afeganistão e a Rússia, sendo assinado um protocolo em Cabul. O governo afegão ficou entusiasmado porque esse ato sinalizava uma parcialidade dos soviéticos em favor do Afeganistão e em detrimento do Paquistão.

Ocorreram outras mudanças notáveis, aos poucos o governo afegão despertava após anos de isolamento, empregando trabalhadores nas tarefas de melhoria dos transportes, em projetos de irrigação e na exploração de petróleo.

Na vida pessoal, meu pai vivia cercado por sugestões de casamento. Em geral, os afegãos preferem se casar jovens, mas meu pai continuava solteiro apesar de estar próximo da meia-idade. Em 1953, ele tinha 36 anos e toda a família pensava que era hora de casá-lo. Shair achava que essa tarefa era sua e anunciou que a educação superior de meu pai seria vantajosa quando fosse hora de negociar uma noiva de uma família influente. Ele afirmava que iria conseguir a melhor esposa para o irmão.

No entanto, meu pai tinha ideias próprias sobre o tipo de mulher com quem desejava se casar. Depois de anos de residência na Europa, ele descobrira que preferia a companhia de mulheres cultas que pudessem ser amigas de um homem, além de serem parceiras românticas. Ele apreciava o costume dos homens ingleses que preferiam o amor às expectativas da família e concluíra que precisava se casar com uma mulher capaz de compartilhar com ele todos os aspectos da vida. Naturalmente, ele precisaria da permissão do irmão mais velho para se casar com uma mulher com tais características, portanto reuniu coragem e abordou Shair:

— Meu irmão, decidi me casar com uma mulher instruída, que possa ser minha companheira na vida.

Shair ficou assombrado. Ele considerava as mulheres criaturas apenas um pouco superiores aos animais de carga, criadas unicamente com a finalidade de dar prazer ao homem e servir de vaso para produzir seus filhos. Ele jamais ouvira um homem falar dessa forma sobre as mulheres. Seu próprio pai, Ahmed Khan, ao longo da vida desposou sete mulheres que não tiveram outro papel senão servi-lo e lhe dar filhos. É verdade que o pai de Shair mostrara uma surpreendente parcialidade por Mayana, mas o filho mais velho nunca respeitou essa exibição de amor do pai pela esposa mais jovem e sempre viu essa devoção como uma afronta à condição masculina.

As ideias de Shair não eram incomuns. A maioria dos homens no Afeganistão desprezava e maltratava as mulheres e quase todas as afegãs viviam num estado de submissão próximo da escravidão. Ouvir o próprio irmão falar de tratar uma mulher como igual era algo quase insuportável para Shair. Pela primeira vez, ele lamentou ter mandado Ajab para a Europa. O Khan era tão avesso a essa ideia que, depois de pensar um pouco, começou a gritar:

— Não admito que você corrompa nossa linhagem casando-se com uma mulher instruída! Você acha que vai se casar com uma mulher que só fale farsi? Você pensa que pode se casar com uma mulher que queira trabalhar fora de casa? Você acha que vai trazer para a família uma mulher que se mostre para outros homens? Não! Não! NÃO!

Meu pai manteve uma calma e uma determinação recém-adquiridas. Embora fosse difícil superar o medo de Shair e os hábitos da infância, sua educação e suas experiências lhe davam autoconfiança suficiente para desafiar o irmão em algumas questões. Ele pigarreou e falou tranquilamente:

— Se você não permitir que eu me case com a mulher que quero, então não vou me casar. Não vou levar adiante a linhagem dos Khail. Nossa família vai diminuir. Durante toda a minha vida obedeci a você, mas não vou me casar com uma mulher que não respeito. Não vou me casar com uma mulher que eu não ame.

Shair engasgou, trêmulo de incredulidade, e acenou a meu pai mandando que se retirasse. Ele acreditava que o irmão mais novo logo mudaria de ideia, pois era impossível que um homem não quisesse filhos, mas esperou em vão. Ajab continuou a levar uma vida de solteiro por mais três anos, parecendo contente em seguir a carreira militar e passar o tempo com seus amigos homens.

Ele era considerado tão bom partido que a maioria dos amigos desejava vê-lo casado com alguém de suas famílias. Seu melhor amigo, Rahim, era mais persistente que a maioria:

— Ajab, tenho uma prima que além de instruída e inteligente, também é bonita. Ela é tão esperta que conseguiu entrar para a faculdade de medicina, apesar de preferir ser professora. Ela tem formação universitária e agora tem um bom emprego como professora numa escola feminina.

Rahim hesitou...

— Ela é muito diferente, Ajab. Ela não fala pashto, fala farsi. Ela tem uma carreira e, quando puder, vai parar de usar o véu.

Meu pai escutou atentamente. Na época, poucas mulheres no Afeganistão eram instruídas acima do nível mais básico. A maioria das garotas era retirada da escola depois da sexta série, para se casar. A prima de Rahim parecia completamente diferente. Meu pai ficou muito impressionado com o fato de que ela tivesse coragem de mostrar o rosto porque em 1956 ainda era ilegal para uma mulher afegã ser vista sem o véu.

Rahim hesitou novamente. Havia mais um detalhe que ele precisava contar a meu pai. Finalmente, ele disse:

— Ela é da tribo tajique.

Meu pai ficou boquiaberto e incrédulo:

— Uma tajique? Rahim, você quer que meu irmão me mate com as próprias mãos? Ele jamais vai permitir que eu me case com uma mulher tajique.

Os pashtuns e os tajiques eram os dois grupos tribais mais importantes do Afeganistão e sempre foram rivais. Durante a longa história do país, não era fato raro ver os dois poderosos grupos étnicos partirem para o conflito armado.

Nossa tribo pashtun é o grupo étnico mais numeroso e poderoso do Afeganistão e dominou o governo na maior parte da história do país. Embora a região de origem da tribo esteja situada ao sul da cordilheira Hindu Kush, os pashtuns estão espalhados por todo o território. Em geral são agricultores, mas alguns são nômades que vivem em tendas feitas da pele das cabras pretas.

Os tajiques são o segundo grupo étnico mais numeroso, vivendo principalmente no vale de Panjshir, ao norte de Cabul, mas também em Parwan e Badakhshan, províncias a nordeste da capital. Alguns tajiques também cultivam a terra, mas a maioria se dedica à criação de ovelhas e cabras.

Os pashtuns e os tajiques tinham estilos de vida e culturas próprias, definidas por um código não escrito. Os fatores geográficos foram muito importantes para a preservação da diversidade entre as duas tribos. Os dois grupos nem sequer falam a mesma língua: os pashtuns falam pashto, enquanto os tajiques falam a língua persa dari, ou farsi. Enquanto os pashtuns evitam qualquer contato com o povo tajique, estes são mais tolerantes para com os outros grupos étnicos. Por aceitarem melhor a diversidade e a mudança, os tajiques têm mais facilidade para a vida urbana, em comparação com os pashtuns.

Com certeza nenhuma tribo era tão intolerante quanto o clã de meu pai e quanto mais intolerante é um grupo, mais unificado ele se torna. Os homens pashtuns têm uma necessidade absoluta de dominar e de defender o que conhecem. Se qualquer um deles é ferido em sua honra, espera-se que ele procure se vingar por meio de retaliação física ou pela exigência de uma compensação na forma de dinheiro ou bens. Às vezes o código de comportamento de um homem da tribo entra em conflito com a interpretação rígida da lei islâmica. Quando isso acontece, o homem prefere "agir pashto", privilegiando o estilo tribal sobre o código religioso. Para um homem dessa tribo, nada é mais importante que "agir pashto", não importa quem seja prejudicado.

Meu pai era um homem raro no Afeganistão, pois fazia oposição aos códigos ancestrais da tribo, talvez por ter testemunhado pessoalmente as dores terríveis que essa ignorância e inflexibilidade podiam causar. Ainda assim, ele não queria entrar em guerra com o irmão para se casar com uma mulher tajique.

— Vamos esquecer o assunto, Rahim — decidiu meu pai. — Já tenho problemas suficientes. Meu irmão nunca vai deixar que eu me case com uma mulher instruída, mesmo que seja pashtun. Ele jamais aceitaria uma tajique. Certamente mandaria me matar.

Rahim sabia que meu pai estava com a razão.

— Bem, ela é apenas metade tajique — tentou justificar a ideia —, mas essa é a metade que conta. O pai dela é tajique. A mãe é pashtun.

Os dois sabiam que no Afeganistão a família mais importante é a do homem.

— Ouça o que digo! Vamos esquecer o assunto, Rahim — insistiu meu pai.

Mas Rahim estava certo de que a prima dele era a parceira ideal para meu pai e continuou a tentar convencê-lo. Por fim, depois de muita persuasão, meu pai concordou:

— Está bem. Eu vou vê-la. Mas não quero me encontrar com ela. Só quero dar uma olhada.

Meu pai sabia que não podia casar com uma mulher da tribo tajique, mas não queria ofender o amigo. Ele detestava qualquer preconceito étnico ou racial. Não tinha nada contra os tajiques e na verdade muitos de seus amigos pertenciam àquela etnia. O problema era a tensão que reinava entre as duas tribos. Ele simplesmente não tinha energia para a guerra doméstica que teria que enfrentar para se casar com uma mulher de outra etnia. Mesmo assim, que mal havia em dar uma olhada?

Anos mais tarde, meu pai brincava com minha mãe:

— Vi que Rahim não ia parar de elogiar a prima enquanto eu não fosse pelo menos vê-la. Meu plano era dar uma olhada rápida, me desculpar e ir embora alegando que a prima dele era alta demais ou baixa demais, muito gorda ou muito magra.

Então meus pais se entreolhavam, rindo do que eles dois sabiam.

Os dois amigos partiram de automóvel para Cabul, para aquela única e predestinada espiadinha. Durante a viagem, Rahim avisou:

— Ajab, preciso avisar, essa minha prima não tem igual. Você vai ser atingido por um raio e vai se apaixonar.

Meu pai desmentiu o amigo com pragas amigáveis. Ele não podia acreditar que tinha concordado em viajar pela péssima estrada que ligava a *galah* dos Khail à capital, Cabul, somente para olhar uma garota com quem jamais poderia se casar.

Quando chegaram à capital, meu pai parou o carro em frente ao portão da escola. Antes que pudesse relaxar por um momento, Rahim gritou, excitado:

— Olha lá! Olha lá! Olha ela no alto da escada!

Meu pai suspirou, irritado, e inclinou o corpo para olhar rapidamente a mulher apontada por Rahim e então piscou e semicerrou os olhos. O que percebeu primeiro foi o moderno casaco verde que ela usava, uma roupa inusitada para qualquer mulher que vivesse no Afeganistão. Em seguida, viu que ela era alta e magra. Então notou as pernas bonitas. Elas estavam expostas do joelho para baixo e eram perfeitas, com tornozelos delicados. Era uma mulher tão elegante que usava meias de seda e salto alto. Isso era altamente incomum num país em que os corpos femininos quase sempre estavam cobertos pela burca. Quando a mulher se aproximou, meu pai pode ver seu rosto porque ela só prendeu o véu quando deixou o terreno da escola. Era bonita, com a pele clara e os olhos extremamente escuros que combinavam com os brilhantes cabelos castanhos.

De repente, uma olhadinha foi suficiente.

Meu pai prendeu a respiração, em pânico por se ver fascinado pela mulher na escada. Ela estava conversando com outra professora e as duas riam audivelmente. A bela também tinha um ótimo senso de humor, pensou consigo mesmo.

Ajab era um homem para quem a felicidade fora escassa e a tristeza abundante. Acreditava já ter passado por tudo, mas subitamente se sentiu renovado, alarmado com a intensidade da atração que sentia por uma mulher com quem nunca havia se encontrado. Não acreditava em amor à primeira vista porque seu nível de instrução e sofisticação não autorizava uma ideia como essa. No entanto, estava tentando controlar um impulso imperioso de ir imediatamente até a prima de Rahim. Nunca na vida tinha desejado tanto alguma coisa. Queria olhar de frente o rosto dela e descobrir o que ela pensava sobre todos os assuntos.

Meu pai era um homem vivido que havia conhecido e namorado diversas mulheres nos anos em que viveu na Europa. Mas ele já não estava mais lá. Não estava mais vivendo numa sociedade descontraída em que os homens e as mulheres podiam socializar sem problemas. No Afeganistão, um encontro sem compromissos com uma bela professora seria motivo de escândalo, capaz de fazer com que os homens da família dela partissem para uma retaliação violenta.

A frustração tomou conta dele. Não sabia o que fazer. Sabia que no Afeganistão era considerado um excelente partido, em posição de ter praticamente qualquer mulher de uma boa família pashtun. Agora, ele desejava uma mulher que não podia ter.

Aquela mulher era Sharifa Hassen. Pertencia a uma família rica e de grande prestígio em Cabul. Na verdade, o pai dela tinha influência sobre a família real e durante algum tempo foi um dos principais conselheiros do rei anterior. A família dela parecia moderna e feliz em comparação com a conservadora família de meu pai. Ela era uma moça incomumente ambiciosa. Tinha sido uma das primeiras mulheres aceitas na escola de medicina, embora tenha preferido uma carreira na educação. Depois de se formar, adiou o casamento para assumir o cargo de professora de história e geografia na prestigiosa escola secundária Malalai, uma instituição criada especialmente para garotas no início da década de 1920, com a cooperação dos franceses. Foi assim que meu pai viu minha mãe pela primeira vez.

— Arranje o casamento — ele disse com a voz embargada.

Apesar de triunfante por estar certo, Rahim não disse nada enquanto os dois homens se afastavam da escola.

Durante a longa viagem de volta à *galah*, as emoções de meu pai iam da euforia ao terror, como numa montanha-russa. Ele estava cheio de energia por ter decidido se casar com Sharifa Hassen, mas estava paralisado de medo porque sabia que seu inflexível irmão faria uma oposição impiedosa a uma união que associasse a família Khail, pashtun, com uma mulher instruída da tribo tajique. Na mente preconceituosa de Shair, aquela era uma combinação impensável. Na verdade, era muito possível que Shair Khan matasse o irmão para evitar aquele escândalo.

Na semana seguinte, meu pai visitou a família de Sharifa, apesar de não pedir a mão dela em casamento. Ficou impressionado com os homens da família Hassen, constatando que eles eram inteligentes e ponderados e que sentia com eles uma conexão que não podia sentir com o próprio irmão, que era ignorante e cruel.

Meu pai sabia que não podia adiar por muito tempo a confrontação com o irmão. Não era adequado que ele continuasse a visitar a família da moça sem manifestar suas intenções, portanto reuniu coragem para visitar Shair. Ele ficou de pé tranquilamente sobre um dos exuberantes tapetes tribais da suíte principal da *galah*, esperando que o irmão acabasse de examinar alguns papéis. Finalmente, Shair levantou os olhos frios e fixou em meu pai um olhar antipático. Impaciente como sempre, gritou:

— O que você quer?

Meu pai sabia que se hesitasse perderia a coragem.

— Meu irmão, encontrei a mulher com quem quero me casar. Ela é como você descreveu. Só fala farsi. É instruída. Trabalha como professora. Mostra o rosto para pessoas que não são da própria família. — hesitante, acrescentou a pior parte da informação — Ela pertence à tribo tajique. O pai dela tem fortes ligações com a família real.

Então, meu pai fez algo inusitado: mentiu.

— Já falei com o pai dela.

Ajab viu o rosto de Shair Khan refletir uma ira descomunal. O Khan ficou pálido, depois vermelho e novamente empalideceu. Seus olhos escuros cintilavam de ódio. Ele fechou as mãos antes de se levantar.

Meu pai se preparou para o pior.

Shair pigarreou enquanto saía de trás da grande escrivaninha e caminhava a passos lentos, com os olhos raiados de sangue. Seu rosto furioso parou a alguns centímetros do rosto de meu pai. Os dois meios-irmãos se encararam por um tempo que pareceu interminável, mas, para surpresa de meu pai, Shair Khan baixou os olhos primeiro e, aos berros, ordenou que seu servo especial fosse buscar sua principal esposa, Nina, e sua filha favorita, Seema. Os dois irmãos ficaram em silêncio até que as duas mulheres chegassem. Furioso, Shair rosnou:

— Meu irmão Ajab assumiu o meu posto como chefe da família. Sem minha autorização, ele pediu em casamento uma mulher indigna de ser sua esposa.

As duas mulheres ficaram petrificadas, pois jamais em suas vidas tinham ouvido falar de tamanha insolência. Elas provavelmente pensaram ter sido chamadas por Shair para que pudessem planejar o funeral de meu pai. Homens da tribo pashtun já tinham sido mandados para o túmulo por ofensas muito menos graves.

— Como meu irmão tomou a iniciativa de uma tarefa que não é sua, estou numa situação impossível. Nossa honra está em jogo, portanto a família tem que dar andamento ao processo, mas eu me recuso a me envolver. Em vez disso, você e você — indicou Nina e depois Seema — terão que procurar a família da mulher para completar os arranjos obrigatórios.

Nina e Seema ficaram assustadas com a responsabilidade. Um casamento importante como aquele normalmente era arranjado pelo chefe da tribo, mas Shair estava delegando a missão às mulheres. Elas sabiam que seriam censuradas se o Khan não aprovasse o resultado de sua atuação.

Assustadas, as duas se esgueiraram para fora da sala e meu pai as acompanhou. A pesada porta de madeira foi fechada com estrondo atrás deles.

Os lábios e as mãos de Nina estavam trêmulos quando ela interpelou meu pai:

— Ajab, quem é essa mulher?

— O nome dela é Sharifa Hassen. A família dela é muito conhecida em Cabul.

Nina ficou rubra.

— Você é um criador de caso, Ajab! — acusou, com a voz esganiçada. — E agora nos envolveu no problema! Como você pôde agir sem o conhecimento do seu irmão numa questão tão importante?

Meu pai deu de ombros. Como um homem pode explicar o amor?

Na vida adulta, meu pai raramente sentiu medo. Ele estava quase vacinado contra as ameaças e os atos do irmão. Contudo, nesse caso estava apreensivo porque tinha mentido. Ele ainda não havia pedido ao pai de Sharifa Hassen a mão da filha em casamento. Meu pai sabia que o nome Khail seria desonrado se ele pedisse a mão de uma mulher e fosse recusado. Shair era muito cioso de sua honra. O artifício de meu pai permitiu que sua meta fosse alcançada, mas as consequências seriam terríveis se a mentira fosse descoberta.

No entanto, meu pai sabia que de um jeito ou de outro ele iria se casar com Sharifa Hassen, mesmo que tivesse que pegar a moça e Mayana e fugir com elas do Afeganistão.

Nina e Seema fizeram o necessário para localizar o pai da professora Sharifa. Uma reunião foi organizada. Sem dar indícios de conhecer as intenções de meu pai, a família Hassen sabia muito bem que ele não os visitara sem um objetivo. Eles sabiam que o herdeiro dos Khail tinha interesse por uma das filhas dos Hassen, mas não sabiam por qual delas.

Logo eles ficaram sabendo, quando receberam a visita da esposa e da filha de Shair. A família Hassen reagiu com uma hospitalidade extravagante, oferecendo um grande bufê de doces e frutas. As famílias trocaram amabilidades antes de chegar ao assunto do dia. No Afeganistão, o casamento é considerado um assunto importante demais para ser tratado apenas pelo noivo e pela noiva, já que representa uma aliança importante quando se trata de famílias muito ricas.

Nina foi a primeira a falar, afirmando que ela e a filha vinham em nome da família Khail pedir permissão para que o irmão mais novo do Khan se casasse com Sharifa, a filha do Sheik Hassen.

O Sheik sorriu com gentileza.

— Terei muito prazer em receber Shair Khan para discutir a questão — respondeu.

Essa era a resposta que Nina temia. Para um pai de família o fato de que o representante masculino da família do noivo não aparecesse pessoalmente para apresentar a proposta de casamento constituía um grande insulto. Nina pigarreou e prosseguiu:

— Nós estamos aqui por essa razão, Sheik Hassen, para negociar o contrato de casamento. Meu marido, Shair Khan, está nesse momento envolvido em questões muito importantes que o impedem de procurá-lo.

O Sheik Hassen estava espantando demais para falar. Uma proposta como essa era como uma cusparada no rosto.

No entanto, ele se conteve porque Nina era apenas uma mulher cumprindo as ordens do marido.

— Senhora, por favor, diga a seu marido que quando ele estiver livre de compromissos ficarei muito feliz em recebê-lo em minha casa. Podemos completar os arranjos nessa ocasião.

A intenção dele era clara: não permitiria que o casamento se realizasse sem que tivesse conversado com o chefe da família Khail.

Relutantes, Nina e Seema voltaram para *galah* assustadas por trazerem as más notícias.

A situação de meu pai não era boa porque, além de ter uma posição de prestígio e de estar habituado a ser tratado com respeito, o Sheik também tinha muito respeito ao protocolo. Por outro lado, para sorte de meu pai ninguém mencionou a alegação de que ele já havia pedido a mão de Sharifa Hassen. A mentira não foi revelada, o que evitou um choque violento entre Shair Khan e meu pai.

Nina e Seema não foram punidas por terem falhado em sua missão. Apesar de irritado com a notícia, Shair estava secretamente encantado. Quando se recusou a cumprir os mais básicos requisitos do protocolo de casamento, ele garantiu uma resposta negativa da família da noiva escolhida por meu pai. Agora podia seguir adiante com o que acreditava ser um casamento mais adequado para o irmão mais novo.

Shair convocou meu pai. Com uma falsa expressão de tristeza, perguntou delicadamente:

— Você já soube que o Sheik Hassen não concordou com o casamento? — suspirando, fez um gesto de resignação. — Não posso fazer mais nada, mas não se preocupe, meu irmão, escolhi uma garota de nossa tribo para você, uma bonita filha de um respeitado general. Essa união vai trazer grandes vantagens para nossa família.

Percebendo a expressão de preocupação de meu pai, prosseguiu:

— Essa garota atende às suas expectativas, Ajab. Ela sabe ler e até sabe escrever um pouco. Mas seu único interesse é ser uma esposa obediente e uma boa mãe.

Shair Khan estava tão deliciado que sorriu, fato raramente visto por meu pai.

Ajab não ficou feliz. Há dias ele esperava receber a notícia de que a data de seu casamento fora marcada e a linda mulher por quem se apaixonara à primeira vista seria sua esposa. Caminhando devagar, ele voltou para seus aposentos, onde encontrou a mãe à sua espera. Com lágrimas nos olhos, ele contou a Mayana o que acontecera. Mayana não suportou vê-lo tão triste, pois Ajab era o único filho que lhe restava. Ela não tinha sido capaz de ajudar as filhas, mas decidiu arriscar a vida pela cria que ainda sobrava. Para ela a felicidade dele era mais importante que a própria vida.

Sem medir as consequências de seus atos, ela se apressou a procurar o Khan, o homem que desgraçou as vidas dela e de suas filhas. Mayana não tinha solicitado uma entrevista e sabia que só de olhar-lhe o rosto Shair era tomado de uma fúria assassina, mas entrou corajosamente na ala de uso privado do Khan, proibida para ela. Sua aparição inesperada deixou espantados todos os que ali estavam.

Sem dizer uma palavra, ela tirou o chador, o manto negro que lhe cobria todo o corpo, e depositou-o aos pés do Khan. Exclamações de espanto ecoaram por toda a sala.

A sociedade afegã possui certos códigos de comportamento. Colocar o chador diante de alguém dessa maneira representa total submissão da parte da mulher. No desespero de proteger e promover a felicidade do filho, minha avó invocou *nang* (solidariedade), *namuz* (honra) e *ghairat* (defesa da honra a qualquer preço).

Com essa atitude, uma mulher afegã expõe sua vulnerabilidade. Embora possa matar a mulher, se quiser, somente um homem sem honra faria isso. Ele é livre para se recusar a dar atenção à ela, para virar-lhe as costas e recusar-se a aceitar a oferenda de paz, mas em nossa cultura o homem que age dessa forma fica desacreditado.

Ninguém falou. Ninguém se moveu. O Khan nunca esperou que sua odiada madrasta usasse contra ele o código ancestral para evitar que ele a prejudicasse ou se recusasse a conceder o desejo do filho dela. Shair Khan ficou sentado, imóvel, e o silêncio era tão grande que parecia ter um som próprio.

Mais tarde, minha avó disse ao filho que contraiu o corpo à espera das pancadas que achou que viriam, mas o enteado não fez nada. Por fim, Shair Khan ficou de pé, inclinou-se e apanhou no chão o chador, que colocou sobre os ombros e a cabeça inclinada de minha avó.

— Você pode ir — disse em voz baixa.

Meu pai e minha avó esperaram juntos e ficaram exultantes quando Shair Khan chamou o irmão para acompanhá-lo numa visita ao Sheik Hassen, em Cabul. Eles precisavam negociar um contrato de casamento que envolvia altos interesses.

No entanto, outros obstáculos estavam reservados a meu pai. As diferenças entre as duas tribos, pashtun e tajique, iriam causar problemas. Para os pashtuns e principalmente para a família Khail, líder da tribo, o valor do dote oferecido à família da noiva deveria estar de acordo com as posses e a posição social do Khan da tribo. Shair Khan era um dos líderes tribais mais importantes de toda a região, portanto o dote oferecido à família de minha mãe foi considerável.

Para a tribo tajique, a situação era diferente. Eles seguiam o ensinamento do profeta Maomé, para quem o valor do dote deveria ser modesto. Um dote muito vultoso constituía uma insinuação de que o pai estava vendendo a filha para quem pagasse mais. O Sheik Hassen se recusou a aceitar mais que trinta afeganis, caso contrário estaria ofendendo a si mesmo e à filha.

Daí surgiu um impasse porque os dois homens eram orgulhosos e estavam decididos a proteger a própria honra, além de serem habituados a ter seus desejos obedecidos. Nenhum dos dois estava preparado para fazer concessões na questão do dote.

Justo quando tudo indicava que as negociações seriam malsucedidas, Shair Khan, impaciente, levantou-se e pediu licença para sair, mandando que a mulher e a filha negociassem o valor do dote.

As mulheres concordaram com o dote de trinta afeganis.

O Sheik Hassen saiu vitorioso e a data do casamento foi marcada. Dentro de poucos meses, Ajab Khail, um solteirão de 39 anos, finalmente se casaria. No dia do casamento a noiva, Sharifa Hassen, teria 27 anos, ou seja, seria considerada uma solteirona pelos padrões afegãos.

Meu pai estava visivelmente feliz por se casar com a mulher que escolheu, mas minha mãe estava menos satisfeita. A mãe dela, uma mulher instruída, lhe transmitira as próprias ideias nada favoráveis sobre a instituição do casamento. Desde criança minha mãe tinha consciência da crueldade onipresente que mantinha as mulheres indefesas frente ao poder masculino. Ela sabia que para uma mulher afegã o casamento significava uma submissão total ao marido. Se Ajab Khail revelasse uma natureza diferente depois do casamento, ninguém poderia defendê-la. Ela seria propriedade do marido.

A oposição de minha mãe ao casamento causou tensão até mesmo dentro de sua família. Ela discutiu com os três irmãos, que estavam muito felizes com essa inesperada oportunidade de associar a família Hassen à poderosa família Khail. Os irmãos alegavam que Ajab Khail era o candidato ideal para ela. A sua vida seria diferente da de outras mulheres casadas. Ajab era muito educado e sofisticado e eles tinham recebido de Rahim a informação privilegiada de que ele queria uma mulher instruída que pudesse viver um casamento entre iguais.

Apesar disso, minha mãe estava hesitante. As irmãs brincavam com ela, dizendo-lhe que uma conservadora família da tribo pashtun certamente exigiria que ela usasse um véu tradicional, abandonasse o emprego e falasse pashto, um idioma que minha mãe desconhecia. Portanto, quando meu pai acompanhou Nina e Seema para combinar os detalhes finais do casamento, o irmão mais novo de minha mãe, Walid, pegou a irmã pelo braço e a levou para espiar o noivo por um buraco de fechadura. Minha mãe disse que embora o homem que queria se casar com ela fosse bonito e parecesse elegante no uniforme militar, ela ainda não estava convencida. Pelo contrário, estava muito infeliz, pois vivia uma vida de sonho para uma afegã. Dentro dos muros da casa dos Hassen as mulheres eram consideradas seres humanos com aspirações e desejos e ela temia perder tudo isso depois do casamento.

Contudo, o pai havia prometido a mão dela a Ajab, portanto não havia nada que ela pudesse fazer. No Afeganistão, mesmo uma família progressista esperava que toda mulher se casasse com *alguém*. Minha mãe já era considerada muito velha pela maioria dos homens afegãos que procuravam uma esposa. Ela se sentia impotente diante da irresistível oposição a seu desejo de ficar solteira e por fim foi obrigada a concordar com o casamento.

Dessa forma, o grande dia chegou. Era 1957, um ano fatídico. Nesse ano, o Afeganistão e a União Soviética assinaram um pacto e "técnicos" soviéticos começaram a chover sobre o Afeganistão. O governo da URSS mandou para meu país mais de 25 milhões de dólares em equipamentos militares.

Apesar disso, meus pais não estavam preocupados com a crescente ameaça soviética porque estavam ocupados demais com o próprio casamento.

As duas famílias concordaram em realizar a cerimônia na *galah*. A família Khail aguardava a chegada da família Hassen com os homens reunidos numa área e as mulheres em outra, pois eles acreditavam em casamentos com segregação de sexo. Quando a comitiva de carros tão esperada finalmente chegou à fortaleza dos Khail, a família Hassen emergiu dos veículos. Subitamente, uma música em alto volume despejou-se sobre o portão e os muros. As mulheres Khail acorreram em massa às janelas de seus apartamentos, enquanto os homens reunidos no pátio se entreolhavam, surpresos. O que estava acontecendo? Alguém estava cantando? Eles estavam ouvindo *música*?!

Shair Khan achava que tinha controle sobre todos os aspectos do casamento a ser realizado em sua casa. Apesar de ter autorizado música e dança mais tarde, de acordo com suas instruções os festejos seriam segregados: os homens dançariam com homens e as mulheres dançariam com mulheres. Ele jamais imaginou que a família da noiva fosse trazer músicos, cantores e dançarinos.

A alegria dos Hassen era tão ruidosa que até os animais ficaram inquietos. Os porteiros de Shair abriram o portão da *galah* e os entusiasmados visitantes dançaram para dentro do pátio. Os tambores ressoavam e os címbalos tiniam enquanto as mulheres acompanhavam o ritmo da música agitando seus finos véus e meneando os quadris.

A família Khail ficou horrorizada: Ajab estava se casando numa família que deixava as mulheres descobrirem o rosto e se entregarem apaixonadamente à dança! E rebolavam os quadris na frente de homens que não conheciam!

De repente, soaram tiros. Os músicos abandonaram os instrumentos, os cantores emudeceram e os dançarinos ficaram paralisados. Gritos reverberaram pela multidão como choques elétricos e diversas pessoas foram pisoteadas enquanto tentavam se proteger do que acharam que fosse uma emboscada.

Os convidados trêmulos viram um homem furioso correndo pelo pátio com uma arma na mão. Um dos homens da família Hassen reconheceu o atirador e gritou:

— É o Shair Khail, o irmão mais velho do noivo! *Abaixem-se*! *Ele vai matar a todos*!

De fato, Shair estava furioso. Os convidados não tinham respeito por sua família e seus costumes tradicionais.

De dentro da multidão, alguém gritou que ali a música e a dança eram proibidas quando estavam presentes homens e mulheres. Alguns dos convidados mais lúcidos começaram a separar os homens das mulheres, mandando que elas fossem para a área da casa reservada para o contingente feminino. Lá elas iriam festejar o casamento juntamente com as senhoras da família Khail, enquanto os homens festejariam no pátio. Os homens também seriam brindados com danças, porém executadas por homens vestidos de mulheres. No mundo de Shair Khan, essa era a maneira correta de realizar um casamento.

A cerimônia foi realizada sem maiores problemas e meu pai finalmente se casou com a mulher que escolheu. Minha mãe logo descobriu que os irmãos dela tinham razão: o marido era diferente dos outros homens afegãos. Ele estava realmente interessado em vê-la como uma parceira com os mesmos direitos. Os dois passavam muito tempo juntos, desfrutando a companhia um do outro. E minha mãe se deu conta de que quase tinha perdido a oportunidade de se casar com o único homem no país capaz de tratá-la com respeito e deixá-la feliz.

A família de meu pai estava menos comovida com a união.

Minha mãe era a mulher mais instruída a fazer parte da família Khail até então e isso só poderia trazer problemas. Esperava-se que meus pais vivessem na *galah* e eles fizeram isso, mudando-se para um grande apartamento acima do portão principal, antes reservado para hóspedes.

É muito raro que um casal afegão viaje em lua de mel. Os casais costumam entrar imediatamente na vida de casados, portanto depois de dez dias meu pai reassumiu seus deveres de militar e minha mãe retomou a carreira na escola secundária Malalai.

Shair Khan fumegava de ódio com a insolência de uma mulher de sua *galah* que ousava desafiá-lo saindo para trabalhar e ganhando o próprio dinheiro. Como chefe da tribo, ele a proibiu de sair de casa sem estar coberta por uma burca bege, um traje pavoroso que minha mãe detestava. A burca cobria-lhe o corpo do alto da cabeça até a ponta dos pés.

Uma pequena rede bordada sobre o rosto era a única janela pela qual ela podia ver o mundo exterior. Acostumada a usar roupas ocidentais modernas, minha mãe considerava o código ancestral de vestuário um atentado à sua dignidade. Os piores medos dela estavam se tornando realidade. O marido era evoluído, gentil e amoroso, mas incapaz de protegê-la completamente do irmão mais tradicional.

Sua prisão se tornou mais restritiva quando Shair descobriu que ela estava grávida. A indignação dele por ver uma mulher grávida sair de casa foi tanta que minha mãe acabou por ser obrigada a pedir demissão da escola feminina e permanecer confinada dentro dos muros da fortaleza.

As coisas não iam bem.

Minha mãe estava ocupada com a gravidez e não reclamou muito no início. A mãe dela também estava tão preocupada com o bem-estar da filha que mandou a babá Muma viver e cuidar dela durante a gravidez e depois ajudá-la a cuidar do bebê. Muma era a companheira ideal para minha mãe e se ajustou sem dificuldade aos hábitos de nossa família.

Todas as famílias afegãs rezam por um primogênito do sexo masculino, portanto houve choro e ranger de dentes quando minha irmã Nadia nasceu, em 21 de março de 1958. Shair, que tinha nove filhos e três filhas, ficou tão irado com a notícia que se recusou a parabenizar meus pais e tomar conhecimento da criança.

O restante da família foi igualmente desagradável com minha mãe, tratando-a como tratou minha avó Mayana e suas três filhas. Embora não tenha sido forçada a fazer trabalhos domésticos, minha mãe era continuamente tratada com desdém. Felizmente ela era uma mulher decidida e capaz de ficar indiferente à desconsideração da família do marido. Ela se mantinha ocupada com a pequena Nadia. A avó

Mayana era doce como um anjo e fazia todo o possível para ajudar a nora. As quatro mulheres que faziam parte da vida de meu pai — a esposa, a mãe, a filha e a bondosa babá — sempre faziam de tudo para amparar-se mutuamente.

No entanto, depois do nascimento de Nadia, Shair Khan ficou ainda mais avesso a meu pai, afirmando que o nascimento de uma filha inútil havia destruído o relacionamento deles. As esposas, filhas e servos de Shair sentiram essa mudança e seguiram o exemplo do líder, manifestando ainda mais hostilidade.

As servas da *galah* eram responsáveis por lavar todas as roupas da família Khail. De repente, as roupas de minha mãe passaram a voltar para ela danificadas, com buracos e rasgões. Minha mãe possuía roupas europeias de alto preço e estava decidida a descobrir o responsável pelos danos. Um dia, ela resolveu esconder-se num canto do pátio enquanto as empregadas lavavam as roupas. Então ela viu dois dos filhos de Shair aproximarem-se das cestas de roupas e ordenarem às servas atemorizadas que identificassem as roupas de Sharifa. Eles então pegaram facas e começaram a retalhar as peças.

Meu pai ficou furioso quando descobriu o que estava acontecendo, mas sabia que confrontar o irmão com uma acusação aos filhos dele só resultaria em violência. A partir desse momento, minha mãe começou a guardar a roupa suja e mandar lavá-la na casa da própria mãe. Naquela época, ninguém sabia que a saúde de minha avó materna estava piorando e que Sharifa só tinha alguns anos para desfrutar da presença da própria mãe.

Mais tarde, ela viu indícios ainda mais críticos de que estava sendo perseguida: descobriu diversas bonecas cravadas de alfinetes escondidas nos cantos de seu apartamento.

A religião muçulmana proíbe qualquer prática de magia negra, mas sabe-se que algumas muçulmanas se arriscam a tentar a comunicação com os espíritos das trevas. Certamente alguém na casa de Shair Khan estava praticando esse ritual para assustá-la.

Era evidente que meus pais não eram bem-vindos na família dele! Meu pai perdeu tanto peso que começou a parecer esquelético. Eles sabiam que o motivo daquela perda de peso era a situação doméstica e a única solução seria mudar-se para fora da *galah*.

Apesar de tantos maus-tratos sofridos da parte de Shair e das mulheres e filhos dele, quando meu pai disse ao irmão que ia se mudar com a família para uma casa particular em Cabul, Shair foi agressivamente contrário à ideia:

— Você vai ser um renegado! Ninguém vai respeitá-lo! Eu nunca vou deixar um pária desfrutar da riqueza de meu pai!

Mas Ajab estava certo de que a vida dele e a da filha corriam perigo nas mãos de Shair. Ele acreditava firmemente que o Khan já havia assassinado todos os outros irmãos para herdar sozinho a riqueza de Ahmed Khan. Meu pai decidiu que, mesmo que o irmão não encontrasse uma forma de matá-lo, preferia ser um pobre feliz a ser um rico desgraçado. Naquela noite ele deixou a *galah* levando a esposa, a mãe, a filha e Muma.

A família Hassen era o oposto do clã Khail. Eles eram intelectuais, tendo criado sete filhas para se tornarem instruídas e competentes, em pé de igualdade com os três filhos. Eles também ajudavam uns aos outros nas horas de necessidade. Quando tomaram conhecimento do dilema de meus pais, reuniram-se para ajudá-los a encontrar em Cabul uma casa modesta, mas confortável. Eles também prestaram ajuda financeira, porque o soldo de meu pai só custeava para a família uma vida frugal. Nesse novo arranjo, meus pais se tornaram excepcionalmente unidos, desfrutando a vida longe da atmosfera tensa da *galah*. Meu pai costumava dizer que a amargura mata a felicidade de qualquer pessoa.

Minha mãe comentava que o momento mais feliz da vida dela foi o dia em que ela e meu pai se mudaram da *galah*, para longe da virulenta família do marido. Ao fugir da influência letal de Shair Khan, minha mãe conquistou uma rara vitória sobre a misoginia perversa que envolvia a *galah* e todos os seus moradores.

Capítulo 5

Meu pai era elegante, alto e bonito, um homem culto dotado de talento para a conversação inteligente. Ele tinha a pele clara, uma fenda no queixo e olhos grandes e expressivos de um castanho dourado. Lembro-me de que ele costumava caminhar com as mãos nos bolsos, com um sorriso gentil no rosto. Suas roupas eram imaculadas e ele geralmente usava uma camisa branca engomada e calças bege ou cinzentas. Levava o vestuário tão a sério que as mulheres da família dividiam as tarefas necessárias para mantê-lo com a aparência impecável.

Desde muito pequena fui encarregada de limpar e engraxar os sapatos dele. Apesar de detestar a maioria das tarefas que me eram atribuídas, nunca senti desagrado por esse dever. Passava longas horas carinhosamente limpando e polindo seus sapatos com pedacinhos de pano. Com as mãos e os braços cansados, eu esfregava até que os calçados de couro em estilo europeu ficassem brilhantes.

Quando ele voltava do trabalho, eu estava à sua espera na entrada da casa. Outra responsabilidade que eu adorava era recebê-lo com um beijo, ajudá-lo a descalçar os sapatos e as meias e lhe entregar o kurta, o tradicional pijama indiano, recém-passado a ferro. Quando ele tirava as roupas de trabalho, eu as pendurava cuidadosamente num cabide.

Eu era recompensada com um sorriso doce e expressões de carinho:

— Venha cá, Maryam! Você é meu coração!

Ele me abraçava com força e com suas grandes mãos segurava meu rostinho para depositar um beijo em minha bochecha. Abraçando-me, ele chamava minha irmã:

— Nadia, venha — abraçando-a também. — Você é meu fígado!

Fecho os olhos e torno a vê-lo, envolvendo-me com um braço e Nadia com o outro, a exclamar orgulhosamente para quem estivesse por perto:

— Eis meu coração! Eis meu fígado!

Embora eu achasse que meu pai gostava mais de mim, ele amava as duas filhas mais do que a própria vida. Sempre me perguntei se a incapacidade de evitar que suas queridas e lindas irmãs tivessem uma vida infeliz e uma sepultura precoce não teria contribuído para o intenso amor que ele tinha por nós.

Meu pai era diferente de todos os outros homens afegãos. Ele criava em nossa casa um clima ameno, jamais criticando ou elevando a voz para as mulheres que viviam sob seu teto. Ele era indiferente ao fato de não ter um filho. A maioria dos afegãos menospreza as filhas, afirmando que "o nascimento de uma garota é uma praga mandada diretamente por Deus!" Por outro lado, os filhos homens são recebidos como pequenos deuses. Apesar de os amigos e outros membros da família lamentarem que ele não tivesse um filho, meu pai repudiava quem fosse bastante tolo para mencionar o assunto. Com um grande sorriso, ele afirmava que suas filhas eram seu coração e seu fígado e que ele não seria capaz de sobreviver nem um momento sem nós.

Essa era uma atitude inédita no Afeganistão.

Até minha mãe sofria muito por não poder dar mais filhos a meu pai e chegou mesmo a tentar convencê-lo a ter uma segunda esposa, numa atitude totalmente contrária à sua maneira de ser. Eu me lembro de algumas dessas conversas estranhas em que minha mãe pedia que ele tornasse a se casar, procurando tentá-lo com a ideia de que outra mulher poderia lhe dar um filho. Por mais inteligente e instruída que fosse, minha mãe não conseguia fugir às expectativas culturais dominantes no Afeganistão. Ela tinha vergonha de só ter dado a ele filhas mulheres. Também tinha a simplória convicção de que a vinda de um menino para meu pai faria Shair Khan se tornar o irmão carinhoso que nunca foi.

Em vez de ficar feliz por ter se casado com alguém capaz de aceitar que outra mulher fosse objeto do afeto dele, meu pai ficava horrorizado com a sugestão.

— Minha querida esposa — exclamava —, formar um harém é primitivismo demais para um homem educado.

Com o coração aos saltos eu o ouvia dizer à minha mãe que ela não era apenas sua primeira esposa, mas também seria a última. Ele declarava que jamais poderia amar outra mulher como a amava. Para ele, o assunto estava encerrado.

Eu amava demais meu pai. Ficava imensamente feliz ao ouvi-lo dizer que estava satisfeito com sua pequena família de mulheres. Se fosse obrigada a dividi-lo com outra família, teria ficado imensamente enciumada.

Minha mãe era diferente dele em todos os aspectos. Enquanto meu pai ria sempre, ela franzia as sobrancelhas. Com o tempo, o rosto dela adquiriu uma gravidade severa. Minhas amigas de infância temiam minha mãe e sempre se preocupavam em ter o melhor comportamento quando ela estava por perto. Apesar de ter sido leniente com a teimosia e as travessuras das filhas enquanto éramos pequenas, essa tolerância foi ficando cada vez mais reduzida à medida que deixávamos para trás a primeira infância. Ela amava as duas filhas, mas podia ser severa e se zangar com facilidade.

Enquanto eu era muito pequena, fui horrivelmente mimada, mas quando entrei na adolescência, a expectativa de minha mãe sobre a minha maneira de me conduzir passou por grandes ajustes. Cada vez que eu a desapontava, ela me congelava com um olhar severo, passando a não tomar conhecimento da minha presença e se recusando a falar comigo até eu me desculpar adequadamente, em geral por meio de uma longa carta em que eu manifestava remorso por minhas deficiências e pela tristeza que lhe havia causado. Só então ela me procurava, me envolvia num abraço muito esperado e exclamava:

— Vem cá, Maryam querida! Tua mãe te ama.

Com quase 1,70 metro, minha mãe era uma mulher alta para aquela época. Seu cabelo era castanho-avermelhado e tão fino que ela sempre fazia um coque para cobrir o alto da cabeça. Seu humor sempre melhorava quando a família e os amigos elogiavam sua aparência. Muitos diziam que ela lembrava Sophia Loren, a sensual estrela do cinema italiano. Minha mãe nunca ficava acordada até tarde porque uma vez leu que Sophia Loren atribuía a própria beleza ao fato de dormir muito. Portanto, toda noite às exatas 9 horas, minha mãe dizia:

— Agora preciso dar boa-noite a todos. Sophia dorme muito e eu também preciso dormir bastante.

Ela acordava cedo diariamente, para fazer exercícios físicos:

— Apesar de ter seios grandes, Sophia tem uma silhueta fina —dizia ela.

Lembro que ela costumava colocar sobre o estômago a xícara de chá matinal, afirmando que o calor era bom para a barriga. Depois de aquecer o abdome, ela o massageava com as mãos. Mais tarde, eu a via selecionar diversas frutas e legumes, cortá-los e passar no rosto e no pescoço o suco dos vegetais.

— Filhas, ouçam o que diz sua mãe. O rosto de uma mulher também precisa comer.

Para mim, aquela ideia era lógica, embora eu nunca tenha me lembrado de perguntar se Sophia Loren também alimentava o rosto.

Seu desejo de emular a estrela de cinema também influenciava sua escolha de maquiagem e roupas. Minha mãe afirmava que Sophia jamais aparecia em público sem usar maquiagem completa e belas roupas. Portanto, ela era muito exigente com a aparência e nunca saía de casa sem usar pó no rosto e sem cuidar de depilar as sobrancelhas de acordo com a moda e de pintar os lábios cuidadosamente com sua cor favorita de batom rosado. Ela se recusava a usar sapatos baixos e sempre saía de casa com meias de seda e salto alto.

Minha avó materna morreu um ou dois anos antes do meu nascimento, portanto não tenho certeza, mas acho que minha mãe herdou dela essa maneira de ser. Nunca soube como morreu a mãe de minha mãe, mas acho que foi de velhice. Anos mais tarde fiquei sabendo que ela detestava o marido, apesar dos longos anos de casamento e das constantes tentativas que ele fez para conquistá-la. Era muito evidente que o avô Hassen adorava sua mulher inteligente e poderosa, portanto fiquei chocada quando soube da relação de amor e ódio entre os dois. Cresci acreditando que embora a família de meu pai fosse vítima de infelicidade, a família de minha mãe era feliz. Agora sei que embaixo de todo teto se escondem segredos.

Minha mãe uma vez me disse que o ódio de minha avó pelo marido era causado pelo fato de, aos 13 anos, ter sido forçada a se casar com um homem que não conhecia. Ela passou a maior parte da juventude grávida e deu à luz dez filhos — sete meninas e três meninos. Durante essas gestações seguidas, ela manteve a curiosidade sobre o mundo exterior e sempre gostou de estudar e aprender. Como era muito inteligente e cultivava avidamente o hábito da leitura, não era uma mulher afegã tradicional. Acima de tudo, exigiu que as filhas fossem instruídas e caminhava pela casa repetindo seu mantra: "Os melhores amigos que temos na vida são os livros. Nossos melhores amigos são os livros." Contudo, seu intelecto superior era uma faca de dois gumes. Ser mulher no Afeganistão é uma condição extremamente limitante. Apesar de pertencer a uma família mais moderna que a maioria, o conhecimento das coisas só a tornava mais consciente das injustiças.

Seu marido, meu avô materno, era um homem alto e bonito que ocupou algumas das posições mais elevadas no governo afegão. Ele era muito amigo de Habibullah Khan, um dos reis mais bem-sucedidos do país. Ouvi muitas histórias sobre a vida emocionante do avô Hassen como confidente do homem mais poderoso do país.

Meu avô Hassen foi muito amigo do jovem príncipe Habibullah antes que este se tornasse rei. Quando Rahman Khan, o pai do príncipe Habibullah, morreu de causas naturais em 1901, o jovem herdeiro subiu ao trono e meu avô assumiu sem esforço o papel de braço direito. Aquela foi uma das raras vezes na história do Afeganistão em que um rei ascendeu ao trono sem que houvesse caos. Para variar, o povo afegão teve a sorte de ser governado por alguém preparado para o cargo. Rahman Khan treinou bem o filho em todos os ramos da administração do país, portanto Habibullah estava pronto para reinar quando chegou a hora. Durante o reinado de Habibullah, o avô Hassen foi nomeado embaixador do Afeganistão na Rússia. Essa elevada posição exigia que ele se mudasse para o país vizinho, mas, para espanto de todos, meu avô se recusou a sair de Cabul. De alguma maneira, ele convenceu o rei de que poderia servir melhor ao Afeganistão se permanecesse no país e desempenhou seu papel de embaixador na Rússia sem se mudar para lá.

Sob o domínio do rei Habibullah, o país conseguiu viver dezoito anos sem grandes dramas políticos, mas os bons tempos não duram para sempre. Em fevereiro de 1919, o rei e um grupo de seus homens de confiança, inclusive meu avô, estavam no palácio Ghalat-ul-Seraj, em Jalalabad, caçando faisões. Naquela noite, o rei foi morto a tiros enquanto dormia.

No mundo inteiro especulou-se sobre quem seria o mandante do assassinato do rei. Os jornais londrinos publicaram a hipótese de que o assassinato fora ordenado por Lênin da Rússia: "Sabe-se que Lênin e seus aliados consideram muito importante a propaganda soviética na Índia britânica. Até o momento esses esforços foram contrariados porque o Amir do Afeganistão não permite a passagem dos emissários russos, tal como durante a guerra impediu a circulação de emissários alemães."

A morte do rei causou grande interesse político no restante do mundo, principalmente na Inglaterra, Rússia e Índia, mas para meu avô e para o povo do Afeganistão o fato representou uma devastadora perda pessoal. Os piores medos dos afegãos se tornaram realidade quando o novo governante foi atormentado por conflitos. De toda parte, surgiam críticas ao novo rei. Como nada fortalece tanto um governo quanto uma declaração de guerra, dentro de quatro meses o Afeganistão estava combatendo os ingleses. Essa guerra teve grande impacto sobre a família de meu pai, pois nela meu avô Ahmed Khan perdeu a vida.

Quando eu nasci, meu avô Hassen já estava perdendo a memória e não podia me contar os casos emocionantes de sua vida a serviço do rei. Eu me lembro de entrar sorrateiramente no quarto dele com meus primos. Ele nos recebia com grande prazer, acreditando que éramos velhos amigos seus. Alegremente, ele descrevia os uniformes vermelhos dos policiais, revelando o papel de destaque que exercera na escolha dos trajes singulares da guarda real. Falava sem cessar sobre os esquemas governamentais que foram tão importantes no governo do rei Habibullah. Nós nos divertíamos muito quando ele gritava para servos imaginários:

— Selem meu cavalo! Vou caçar com o rei!

Meus primos e eu entrávamos na brincadeira, fingindo colocar uma sela sobre uma cadeira e ajudando meu avô a ficar de pé. Diversas vezes, ele nos chocou com instruções para prepará-lo para uma visita secreta:

— Depressa, depressa! Laila, a dançarina, está me esperando.

Ele estalava os lábios na jovial expectativa de visitar aquela corista!

Mais tarde, perguntei à minha mãe quem era aquela Laila que ia dançar para o avô Hassen. Minha mãe mandou que me calasse. Tempos depois, descobri que Laila era uma dançarina de striptease que chamou a atenção de meu avô. Talvez a moça fosse uma das razões pelas quais minha avó Hassen detestava tanto o marido.

Contudo, quando meus primos e eu éramos pequenos, a excitada revelação de meu avô nos fascinava. Nós ríamos com ele e quase sempre um de nossos pais ou alguma babá escutava o tumulto e nos chamava para fora do quarto, antes de devolver o avô Hassen para suas almofadas.

Como lamento não tê-lo conhecido quando ainda era lúcido!

Também lamento a perda de meu avô paterno que jamais conheci. Se ele tivesse sobrevivido, eu teria conhecido três lindas tias e uma avó feliz, e não aquela senhora debilitada por uma vida de sofrimento.

Eu ouvia dizer que a avó Mayana tinha sido extremamente bonita, mas as tribulações da vida destruíram aquela beleza. Aos meus olhos infantis, a mulher que vivia conosco parecia velha, murcha e até mesmo repulsiva. Eu me sentava, olhava fixamente para ela e tentava imaginar a célebre bela cujo rosto fizera um homem poderoso ficar sem palavras, mas não conseguia ver em minha avó nenhum traço de sedução.

Minha avó era tão tímida e quieta que raramente percebíamos sua presença, embora tenha vivido na casa de meu pai desde que deixou a *galah*. Quando criança, eu acreditava que o sofrimento era o motivo pelo qual ela raramente saía de seu pequeno quarto e não participava de fato da vida familiar. Ela só fazia as refeições conosco quando tínhamos visitas. Jamais questionei o motivo de sua ausência constante, porém depois da morte de minha mãe perguntei a meu pai porque a avó ficava longe de nós. Fiquei em choque quando ele me disse que minha mãe proibia a avó Mayana de participar da vida familiar.

Então me lembrei da alegria que iluminava o rosto dela quando eu entrava em seu quarto para me sentar e conversar. O tempo que passava com ela sempre era curto porque ela me beijava o rosto, dizendo:

— Vá para junto de sua mãe. Nós não devemos deixá-la triste.

Agora sei por que ela não me animava a prolongar minha visita e sofro quando lembro que ela jamais pedia nada para si, nem mesmo um prato favorito.

A vida de minha avó foi fadada ao sofrimento desde o momento em que o Khan viu sua beleza e exigiu que ela fosse sua. A triste verdade é que minha avó teria sido muito mais feliz se tivesse nascido sem beleza ou até mesmo feia.

Minha irmã Nadia herdou a beleza da avó Mayana e era tida como uma das garotas mais lindas de Cabul. Ela era alta, com belos cabelos longos que emolduravam seu rosto perfeito, com grandes olhos sensuais e nariz delicado. Todos admiravam sua beleza incomum. Nadia não era apenas muito bonita; também era muito inteligente, sempre se destacando na escola pelas excelentes notas.

Ela tinha quase 3 anos quando nasci. Até então desfrutava da condição de filha única, sendo então o foco da atenção da família. Quando nasci, ela sofreu os tormentos do ciúme. Uma vez ordenou à minha mãe que se livrasse daquele bebê; minha mãe achou graça e não deu atenção à expressão de ciúme da filha mais velha. Afinal, ela não tinha nem 4 anos quando isso aconteceu. Porém um dia minha mãe precisou ir ao banheiro e pediu a Nadia que tomasse conta da irmã adormecida. Quando voltou, ficou feliz ao ver que eu não estava chorando, porque fui uma criança difícil. Ela percebeu que minha irmã estava excepcionalmente feliz, saltitando, rindo e pulando num pé e noutro.

Minha mãe pediu silêncio:

— Sua irmã está dormindo.

Nadia riu e respondeu:

— Ela não está dormindo, está *morta*.

Em pânico, minha mãe correu para o quarto e descobriu que Nadia havia empilhado travesseiros e cobertores sobre meu corpo e minha cabeça. Quando ela atirou para o chão os objetos, eu estava sufocando. Desde então e até que eu tivesse idade para me defender, minha mãe não me perdeu de vista.

Felizmente, quando comecei a andar, Nadia se tornou minha protetora, mas quando alcancei a adolescência, o ciúme dela tornou a superar o amor fraternal. Ela passou a ser controladora e exigente. Quando eu a irritava, ela não hesitava em arranhar meu rosto ou me bater. Essa agressão continuou até ela fazer 18 anos. Então, durante algum tempo fomos muito próximas, mas nosso relacionamento tornou a deteriorar quando ficamos adultas.

A vida com minha família era muito complicada.

Muitas vezes me perguntei se meus pais se arrependeram de ter tido uma segunda filha. Eu era tão teimosa que sempre havia confusão em nossa casa. Minha obstinação começou cedo e de forma natural. Por alguma razão, eu só aceitava tomar leite ou suco que viesse numa mamadeira. Nada mais servia. Segundo minha mãe, eu fechava a boca e ficava com a testa franzida e os membros rígidos, recusando qualquer tentativa de me alimentar até que o bico de borracha fosse colocado no recipiente de vidro. Minha mãe desesperada, minha avó e a babá Muma inventavam todo tipo de artifício, mas eu mostrava claramente que estava disposta a morrer de fome, portanto elas acabavam por desistir.

Quando completei 1 ano, a situação piorou. Depois de tomar a última gota de leite ou suco, me inclinava para trás e atirava a mamadeira contra a parede, onde ela se estilhaçava. Parecia sentir o mais profundo prazer ao ouvir o som do vidro quebrado, enquanto minha mãe e minha irmã gritavam e a pobre Muma corria para recolher os cacos da mamadeira. Apesar das reprimendas e das palmadas, nunca me corrigi. Sem saber o que fazer, minha mãe passou pimenta no bico da mamadeira e ficou olhando, incrédula, meu rosto ficar vermelho e eu preferir o ardor da pimenta nos lábios a desistir de tomar o leite naquele recipiente.

Então o preço das mamadeiras subiu muito. Elas eram importadas e logo minha mãe estava gastando a maior parte do dinheiro da casa comprando aquele artigo de alto valor. Por fim, uma das seis irmãs de minha mãe interveio. Ela chegou à nossa casa, me deu uma mamadeira e afirmou com a maior seriedade:

— Maryam, essa é a última mamadeira do Afeganistão. O rei decretou que os bebês não podem mais usar mamadeiras, portanto, se você quebrar essa, vai ficar sem nenhuma.

A família inteira ficou reunida a meu redor, esperando minha reação. No Afeganistão até mesmo as criancinhas mais novas respeitavam o rei. Talvez o irritante problema finalmente fosse encontrar uma solução. Peguei a mamadeira e bebi até a última gota de leite. Em seguida parei, lancei um olhar complacente sobre a plateia e atirei a mamadeira contra a grande lareira de pedra, afastando-me com um ar de satisfação.

Fico surpresa por meus pais não terem me batido naquela ocasião. De alguma maneira eles continuaram a me fornecer mamadeiras até o feliz dia em que superei aquela dependência.

Eu tinha outro hábito irritante. No Afeganistão, a família se reúne no chão da sala de estar para a refeição da noite. Essas horas de convívio constituíam o ponto alto da vida social da família afegã. Cobria-se o chão com uma grande toalha limpa, cercada de almofadas. A refeição era colocada sobre a toalha por nosso empregado do sexo masculino e todo mundo se servia com a mão direita, como é costume em nossa cultura. Quando todos estavam satisfeitos, o mesmo empregado trazia uma jarra de água, uma bacia, sabão e a toalhas de mão limpas dobradas sobre o braço, para que todos lavassem as mãos. O empregado ia de um em um, começando pelo mais velho da família e finalmente chegando a mim, a mais nova.

Esse ritual de lavar as mãos leva apenas alguns minutos, mas eu tinha o maior prazer em prolongar a cerimônia, mantendo reféns os familiares e convidados, porque ninguém pode deixar o círculo familiar até que todos tenham terminado. Eu insistia em afirmar que minhas mãos ainda não estavam limpas ou que o sabão não servia. Minha pobre família esperava impaciente enquanto o empregado entrava e saía, enchendo a jarra ou esvaziando a bacia.

Mantive esse hábito de criança mimada até o dia em que meu pai nos levou para uma reunião de família na casa de Shair Khan. Embora meus pais já não vivessem na *galah* nos arredores de Cabul, meu pai não cortou totalmente as relações com o irmão mais velho. Nossa pequena família ainda voltava à fortaleza para diversos eventos familiares. Lembro-me de que estávamos reunidos para uma grande refeição. Quando todos terminaram, comecei minha rotina de lavar diversas vezes as mãos. Como sempre, minha própria família esperou pelo fim do ritual. A família de meu pai não teve a mesma paciência. Olhares furiosos pesaram sobre mim. As tias e primos suspiravam e rosnavam questionamentos.

O irascível irmão de meu pai, Shair Khan, logo perdeu a paciência. Ele não era o tipo de homem que se curva aos caprichos de uma criança, principalmente do sexo feminino. Enquanto eu estava alegremente sentada, desfrutando de meu pequeno ritual, de repente vi diante de mim a figura gigantesca de meu tio me encarando com raiva. Com as mãozinhas cheias de espuma, fiquei congelada, olhando para o que me parecia ser o monstro mais aterrorizante. Ele tinha olhos hipnóticos, um longo nariz reto e lábios finos. Sua voz poderosa trovejou:

— Você, filha de Satã! Acabou! A partir de agora você só vai lavar as mãos uma vez, senão — ele inclinou ameaçadoramente o corpo — vai ficar sem os dedos, garotinha!

Shair era muito convincente. Acreditei que ele fosse perfeitamente capaz de cortar meus dedos com sua espada cerimonial. Fiquei tão apavorada que me curei imediatamente de meu irritante vício de lavar as mãos. Apesar de meus pais não acreditarem na prática de ameaçar os filhos, estou certa de que daquela vez eles ficaram muito gratos a Shair Khan. A infância infeliz de meu pai, cheia de medo, ameaças e espancamentos tornou difícil para ele até mesmo censurar as filhas, mesmo quando teria sido necessário fazê-lo. A sensibilidade de meus pais sem dúvida os fez tolerantes demais quando se tratava de disciplinar as duas filhas teimosas enquanto eram pequenas, embora minha mãe tenha se tornado mais rígida quando chegamos à adolescência.

E naturalmente havia ainda outra questão: eu queria ser vista como um menino, o que criou sucessivos dramas até que fui forçada a parar com a brincadeira. Eu realmente não sei como meus pais me aguentaram. Em retrospecto, sei que fui uma das garotas mais sortudas do Afeganistão, uma terra em que as mulheres nascem para se sentir indesejáveis. Apesar de nossa família ter sua cota de histórias de terror relacionadas com as mulheres, até a adolescência tive a sorte de viver dentro de uma bolha de inocência.

Poucas meninas afegãs foram tão afortunadas!

Nasci em 1960, apenas um ano depois do movimento de emancipação feminina que aboliu o véu e o chador. Três anos antes, pela primeira vez a rádio Afeganistão transmitiu anunciantes do sexo feminino. Durante a semana da independência de 1959, as esposas e filhas da família real e as esposas de outros dignitários do governo mostraram os rostos em público, assinalando uma nova era para as mulheres afegãs. Os mulás protestaram violentamente, mas o primeiro-ministro Mohammed Daoud, o velho amigo de meu pai dos tempos de escola, mandou prendê-los.

Os anos 1960 foram uma época muito especial. Em todo o mundo as pessoas começaram a lutar pelos direitos humanos e civis e as mulheres ganharam novos espaços de liberdade. No entanto, meu país era tão atrasado em tudo o que se refere às mulheres que continuou séculos atrás da maioria dos países. O Afeganistão continuava predominantemente feudal. Apesar de surgir um movimento de industrialização, a maioria das famílias ainda vivia como séculos antes e a maior parte da população ainda estava submetida ao poder dos chefes de clã e dos chefes guerreiros regionais.

Essa autoridade tribal tornava impossível a qualquer governo promover mudanças, porque a lei das tribos tinha precedência sobre a lei civil e também sobre as leis religiosas. O tribunal da Chariá e a polícia islâmica têm autoridade para fazer valerem certas leis, principalmente no âmbito do direito de família. Porém, quando a lei tribal entra em conflito com a Chariá, a maioria dos afegãos segue a primeira.

O Islã afirma que homens e mulheres são iguais perante Deus e concede às mulheres diversos direitos como o direito à herança, o direito de escolher o próprio parceiro no casamento e o direito ao trabalho. Mas os homens afegãos sempre ignoraram essas conquistas, focalizando-se nas seções da Chariá que mantêm a mulher sob o domínio do homem. Por exemplo, no sistema judiciário da Chariá são necessárias duas testemunhas do sexo feminino para igualar o testemunho de um homem. Nos casos de divórcio, o homem sempre ganha a causa.

Com tantas leis de tantos grupos prevalecendo sobre as leis governamentais, era um desafio para qualquer governo afegão gerir adequadamente o país e era impossível para uma mulher fazer valer sua voz.

No entanto, ainda era possível encontrar alguns diamantes perdidos nessa vasta estrumeira. Diversos reis afegãos foram reformadores, almas corajosas que tentaram afrouxar os grilhões que prendiam as mulheres. Nenhum deles foi mais decidido que o filho de Habibullah, aquele rei que tanto amou meu avô Hassen. Enquanto o pai teve uma centena de esposas, o rei Amanullah teve apenas uma, numa demonstração de respeito pela mulher que compartilhava sua cama. Quando a curta guerra anglo-afegã de 1919 terminou, ele definiu seu estilo de reinado estimulando os investimentos estrangeiros e a industrialização. Mais tarde, começou a promover a modernização do país estimulando os cidadãos a abandonarem as vestimentas tradicionais e a adotarem a moda europeia. Promoveu o estabelecimento de uma lei civil e surpreendentemente foi muito progressista em tudo o que dizia respeito à condição feminina. Ele comandou reformas para derrubar o "muro da purdá" (o completo isolamento das mulheres), abolir o uso do véu, educar as mulheres juntamente com os homens e proibir o casamento de meninas com menos de 18 anos. Outra mudança surpreendente proibia qualquer oficial do governo de ter mais que uma esposa.

As ousadas reformas do rei foram o primeiro ataque sistemático ao preconceito que por tempos imemoriais atormentou o Afeganistão, tendo como principais vítimas as mulheres.

O país vibrava com a esperança feminina, pois a elite urbana instruída adotou as ideias modernas do rei. Porém a situação era diferente no campo. Lá, imaginações doentias evocavam imagens de mulheres perdidas e arrogantes expondo os rostos nus. Incitados pelos chefes tribais e pelos clérigos, os homens ficaram tão furiosos com essas imagens em suas mentes que se rebelaram com violência. Por fim, o rei Amanullah foi forçado a fugir do Afeganistão e refugiar-se na Europa. Ele era progressista demais, portanto foi deposto. As esperanças morreram; enlutadas, as mulheres do Afeganistão se arrastaram de volta às casas e tornaram a vestir as burcas.

Os anos seguintes reproduziram essas condições, cheios de confusão paralisante e conflitos tribais. Os reis vieram e se foram e um deles ensinou a todos os cidadãos do país o temor a Deus quando assassinava os inimigos lançando-os da boca de canhões. Outro rei foi um imaturo garoto de 19 anos que, apesar de mais tarde provar sua competência, ao assumir o trono era jovem demais e permitiu que os tios governassem o país em seu lugar. Sem um rei forte, reinava o caos no Afeganistão, com ódios mútuos irrompendo na forma de dúzias de guerras civis simultâneas.

Mas eu tinha sorte! Quando nasci e comecei a experimentar a vida de menina afegã, uma voz de sanidade reinava novamente. Acenava-se mais uma vez com a liberdade para as mulheres. Protegida por meu pai, jamais pude imaginar que os direitos que considerava naturais não eram senão uma miragem e que a opressão e a violência inimagináveis espreitavam todas as mulheres afegãs.

Um velho inimigo ainda vivia em nosso meio.

Capítulo 6

Em muitos aspectos, minha infância foi maravilhosa. Meus pais eram amorosos e se respeitavam, minha avó, apesar de triste, era simples e bondosa, e eu vivia à margem das duras realidades de nosso mundo graças à proteção de camadas de tias, tios e primos pelo lado materno. Até os 10 anos de idade, vivi alegremente dentro de um casulo tecido carinhosamente pela família. O mais importante era o fato de que, pelo menos em Cabul, o rei do Afeganistão governava com uma influência moderada em favor das mulheres. Embora minha mãe tenha sido uma das primeiras mulheres a parar de usar o véu, essa coragem só era demonstrada em ocasiões e em lugares seguros como a escola em que trabalhava e as casas dos parentes e amigos. Agora, pela primeira vez na vida, ela não violava a lei quando circulava pelas ruas da cidade com o rosto descoberto.

Minha mãe frequentemente falava sobre a alegria das mulheres da família quanto souberam que o uso do véu já não era imposto por lei. Os meninos da família Hassen ligaram as motos e as meninas subiram na garupa e circularam pelo centro da cidade agitando os véus e gritando de alegria.

Meu pai gostava de repetir para nós:

— Minhas filhas, vocês pertencem a uma geração afortunada de afegãs. Vocês serão instruídas e respeitadas pela sociedade por suas realizações.

Meus pais eram tão modernos que sua maior prioridade era nossa educação. Nadia e eu fomos avisadas de que não devíamos nos casar até termos terminado a universidade. Mesmo nos dias de hoje, poucos pais eram tão progressistas na educação das filhas.

Como nossa vida era tão segura, ingenuamente acreditávamos que não havia mais nada a fazer para garantir a liberdade feminina. Por infelicidade, o futuro do país e o meu próprio futuro provariam que estávamos enganadas.

Até chegar aos 6 anos de idade, eu achava que era a quinta filha de meus pais e que, além de Nadia, tinha mais duas irmãs chamadas Zarmina e Zeby e um irmão mais velho chamado Farid. Esses três irmãos não eram imaginários: eram meus primos. Durante algum tempo, Farid e Zarmina viveram em nossa casa. Farid inclusive chamava minha mãe de Mamãe. A profunda ligação de meus primos com a nossa pequena família foi consequência de uma história trágica.

Pouco depois de meus pais e Nadia terem deixado a *galah* e se mudado para Cabul, o irmão mais velho de minha mãe, Hakim, foi vítima de uma catástrofe.

Esse irmão de minha mãe era um idealista. Tendo sido deputado no Afeganistão, foi embaixador em Berlim durante os anos anteriores à Segunda Guerra Mundial e durante todo o conflito. Quando chegou a Berlim para assumir o cargo diplomático, Hakim ficou horrorizado com a trágica situação dos judeus alemães. Apesar de não se manifestar publicamente contra aquela situação, meu tio usou sua posição na embaixada para fornecer vistos aos judeus que tentavam fugir do país. Os judeus alemães estavam tão desesperados por encontrar um lugar seguro que se dispunham a viver no Afeganistão, um país primitivo em comparação com os padrões europeus. A punição para qualquer indivíduo que ajudasse os judeus era a morte, mas Hakim usou sua posição diplomática para fornecer a judeus aflitos falsos documentos afegãos. Ele até mesmo transportou judeus de Berlim até a fronteira da Suíça, atravessando toda a Alemanha.

Sempre me causou admiração o fato de meu tio Hakim nunca ter procurado colher os louros de suas ações humanitárias. Na verdade, ele sempre foi muito reticente nessa questão e ficava constrangido se alguém o elogiasse. Dizia que muitos simpatizantes dos judeus haviam colaborado e que não havia assumido o risco sozinho. Contudo, uma vez ele admitiu em família que ficava feliz por ter salvado alguns cientistas judeus que sobreviveram para alcançar reconhecimento em suas áreas de atuação.

Hakim permaneceu em Berlim até o final da guerra, mas voltou para o Afeganistão assim que foi possível viajar em segurança. A família ficou tanto tempo sem receber notícias dele que passou a acreditar que fora morto nos terríveis combates pela tomada de Berlim, quando em 1945 os russos invadiram a cidade causando a morte de milhares de civis. Essa batalha foi tão mortal que as notícias chegaram até o Afeganistão. Quando Hakim voltou para casa de surpresa, a família celebrou com o maior entusiasmo, como se ele tivesse se levantado da tumba.

Tendo sido criado numa família que estimulava a educação feminina e vivido tantos anos na Europa, onde as mulheres desfrutam de direitos pessoais, na volta ao Afeganistão meu tio se casou com Zarine, uma mulher instruída que era diretora de uma escola feminina.

Hakim e Zarine estavam felizes por ter dois filhos, Farid e Zarmina. Quando Farid tinha quase 6 anos e Zarmina tinha 3 anos, minha tia ficou muito doente do coração. O Afeganistão não tinha os recursos necessários para tratar aquela doença, portanto os amigos de Hakim na Alemanha cuidaram para que minha tia fosse para lá em busca de tratamento mais moderno.

A ausência da mãe deixou Farid e Zarmina tristes e desanimados. Minha mãe se ofereceu para cuidar deles e todo dia levava a pequena Nadia e a babá Muma à casa de Hakim, onde as duas mulheres cuidavam das três crianças.

Depois de quatro meses, finalmente chegou a esperada notícia de que Zarine voltaria para casa a tempo de comemorar o sexto aniversário de Farid. Contudo, a família não sabia que os médicos na Alemanha tinham aconselhado Zarine a não viajar porque seu coração estava numa condição tão precária que sua vida correria perigo se ela deixasse o hospital para fazer uma viagem tão difícil. Naquele tempo, para viajar da Europa até o Afeganistão era preciso pegar diversos aviões. No entanto, Zarine estava decidida a não perder a festa de aniversário do filho, portanto resolveu voltar apesar das ordens médicas.

Toda a família Hassen acompanhou Hakim e as crianças até o aeroporto. Ninguém queria perder o feliz reencontro.

Quando Zarine surgiu, pálida e magra, Farid abriu caminho pela multidão e correu até os braços abertos da mãe. Zarmina correu atrás do irmão. A mãe e os filhos riam e choravam ao mesmo tempo sob as vistas dos parentes emocionados com a venturosa reunião.

De repente, Zarine parou de sorrir. Subitamente, a expressão de alegria no rosto dela se transformou num ar de perplexidade. Alguma coisa estava errada! No instante seguinte, a mãe se curvou, ainda abraçando o filhinho, e caiu inconsciente no chão duro.

Aterrorizado, Hakim correu até a esposa. Em seguida pôs-se a gritar:

— Ela morreu! Zarine está morta!

Zarmina era pequena demais para entender o que tinha acontecido, mas meu primo Farid ficou histérico, chorando e chamando pela mãe. A partir desse dia, Farid e a irmãzinha ficavam metade do tempo em nossa casa, onde minha mãe procurava compensar o imenso vazio deixado pela morte de Zarine.

A desgraça que se abateu sobre a família de meu tio foi a razão pela qual passei a ter um "irmão mais velho". O amor maternal de minha mãe criou um porto seguro para os filhos de Hakim. Mesmo depois que meu tio se casou com uma excelente mulher chamada Rabeha, Farid ainda via minha mãe como a mãe dele. Seis meses após o meu nascimento o tio Hakim e a tia Rabeha tiveram uma filha chamada Zeby. Mesmo depois de finalmente ter entendido que Farid, Zarmina e a pequenina Zeby eram meus primos, em meu coração eles continuaram a ser meus irmãos.

O fato de ter um irmão mais velho era uma vantagem para mim. No Afeganistão, os irmãos costumam proteger as irmãs e eu iria precisar de toda a proteção possível.

Desde muito pequena tive em Farid um mentor. Ele era quase nove anos mais velho do que eu, bonito e cheio de energia, e eu acreditava que ele sabia tudo. Por essa razão, Zeby e eu o chamávamos de nosso "Agha", o que significa "chefe". Nós obedecíamos a todas as ordens de Farid.

Certa vez meu primo decidiu que como eu queria demais ser um menino, ele me ajudaria a me transformar em um. Não havia nenhum motivo para a Zeby não se divertir também, portanto ela participou da brincadeira. Farid mandou que nos sentássemos e ficássemos quietas enquanto ele passava cola em nossas bochechas. Em seguida, ele colou em nossas faces mechas pretas de lã de carneiro e nos mandou vestir algumas de suas roupas velhas que já estavam pequenas para ele. Ele nos observou enquanto caminhávamos de um lado para outro e finalmente anunciou que passávamos no teste de "masculinidade". Então ele revelou seu projeto:

— Agora que transformei vocês em homens, vamos visitar nosso avô. Ele é tão velho que já perdeu quase todos os amigos e se sente muito sozinho sentado no quarto sem ninguém para lhe fazer companhia.

Farid acreditava que Zeby e eu podíamos passar por velhos amigos de nosso avô materno e levar para ele um pouco de alegria.

— Entrem no jogo dele — ordenou meu primo.

Quando Zeby e eu entramos no quarto, o velho ficou muito animado e gritou:

— Ei, Fazal Khan!

Com ar de dúvida, ele examinou nossas pequenas figuras e entrou em profunda meditação antes de perguntar:

— Fazal, por que você ficou tão pequeno? Sua mulher não te alimenta?

Então o velho fez um movimento em nossa direção. Zeby e eu gritamos de medo e fugimos do quarto, para grande desgosto de Farid.

Quando eu tinha quase 9 anos, Farid já tinha 18. Ele ficou muito alto, com enormes cabelos castanhos, brilhantes olhos escuros e um constante sorriso. Diziam que era mais bonito do que o artista de cinema americano Rock Hudson. Para mim, o mais importante era ele poder fazer o que quisesse: vestir o que bem entendesse, escolher os próprios amigos, dirigir a toda velocidade e fumar cigarros, ou seja, fazer tudo o que eu gostaria de poder fazer.

Meu primo sabia de minha insatisfação e entrou no jogo da minha fantasia de ser um menino. Ele me apresentou aos amigos como "meu irmãozinho" e deixou que o acompanhasse em aventuras emocionantes como fingir ser o Batman enquanto ele dirigia o carro a mil pelas ruas de Cabul. Uma vez, quando estávamos sentados no jardim, comecei a reclamar mais uma vez:

— Farid, por que não posso ser um menino como você? Os meninos podem fazer o que quiserem. — Fiz uma pausa. — Os meninos deixam todo mundo feliz só porque existem.

Farid fez uma careta enquanto pensava por alguns instantes e depois respondeu:

— Maryam, vou te contar um segredo. As meninas podem virar meninos.

Fiquei entusiasmada. Ele prosseguiu:

— Existe um médico americano que faz uma operação muito estranha: você entra no hospital como menina e sai de lá um menino. Como se fosse mágica!

Eu fiquei imediatamente pronta para a cirurgia.

— Será que esse médico americano vai vir a Cabul alguma vez?

— Sim, ouvi dizer que ele vem. Mas antes de ser operada você precisa comprar um pênis.

Perdi a esperança e fiquei arrasada. Tinha certeza de que nenhum homem de posse das faculdades mentais venderia o pênis por dinheiro nenhum. Apesar disso, perguntei:

— Onde uma garota pode comprar um pênis?

— O que vou te dizer é confidencial, Maryam. Como você pode imaginar, o pênis é um artigo muito procurado.

Por isso ele só é vendido na loja de departamentos Hamaid Zada, no centro da cidade. Você só precisa ir lá e pedir.

Normalmente, eu teria pedido a meu pai para me levar às compras, mas naquela ocasião ele estava fora do país sendo tratado de uma doença misteriosa. Com meu pai ausente, eu só podia tentar convencer minha mãe a me levar até a Hamaid Zada. É claro que minha pobre mãe não fazia ideia de minhas intenções, portanto ficou perplexa quando, com a maior dignidade, abordei o vendedor:

— Um pênis, por favor.

O vendedor arregalou os grandes olhos claros e ficou boquiaberto. O pobre homem ficou mudo. Eu estava tão segura de que a loja vendia aquele artigo que o gerente foi chamado. Chocado, o homem riu nervosamente e afirmou com reprovação:

— Nós não temos esse artigo para vender. Quem poderia querer comprar uma coisa dessas?

Comecei a chorar quando finalmente entendi que estava frustrada minha última esperança de virar um menino. A história toda não passara de uma peça pregada por meu primo Farid. Mesmo assim, nenhuma brincadeira de mau gosto seria capaz de arruinar nosso relacionamento.

Muito cedo minha infância despreocupada terminou abruptamente quando a família recebeu uma notícia chocante: meu querido pai estava com câncer. A infância feliz acabou quando soubemos que sua viagem mais recente à Rússia para tratar de um estranho problema de saúde revelou que ele sofria de câncer na bexiga.

Toda a nossa família ficou paralisada de dor. Nunca mais as coisas foram as mesmas. Meu pai pediu demissão de seu alto cargo nas forças armadas. Ele ficou sem salário, embora fosse receber uma pequena aposentadoria do governo. Minha mãe passou a ser a principal provedora da família. Para piorar, meu pai teria que passar muitos meses longe de nós, em tratamento na Rússia, pois o Afeganistão não tinha recursos médicos adequados.

Meu pai passou a maior parte da vida com problemas de saúde e estou convencida de que o estresse causou também essa doença, pois ouvi dizer que isso pode prejudicar o sistema imunológico e causar câncer e outras moléstias graves. Certamente, desde muito pequeno meu pai viveu sob enorme tensão.

Nadia e eu ficamos sem pais quando foi decidido que minha mãe devia acompanhar meu pai na primeira cirurgia na Rússia e durante o tratamento subsequente. Ninguém sabia por quanto tempo eles ficariam longe, nem se meu pai sobreviveria, pois naquele tempo um diagnóstico de câncer era considerado uma sentença de morte. Ouvi parentes adultos sussurrando:

— Ajab vai voltar embrulhado na mortalha.

Com o coração partido, eu tremia de medo ao pensar nessa possibilidade.

Nadia e eu fomos deixadas aos cuidados de nossa avó, da babá Muma e de Askar, o empregado que trabalhava para nós desde o tempo em que meu pai era oficial do exército. Baixo, com uma barba cerrada e olhos negros, Askar era gentil e tinha um senso de humor inusitado. Tal como Farid, ele era capaz de me fazer rir quando me sentia triste. Depois de viver em Cabul por alguns anos, ele parou de usar os trajes afegãos tradicionais e passou a usar roupas muito modernas.

Além de contar com nossos cuidadores habituais, tínhamos perto de nós e prontos para ajudar os irmãos de minha mãe, Hakim e Aziz, e as esposas deles, mas apesar do carinho da família, nada aliviava a sensação de abandono. Eu já não tinha nem mesmo Farid por perto para me fascinar com seu encanto porque em nossa família os filhos eram mandados para fora do país para completar a educação e Farid acabara de partir para estudar numa universidade indiana.

Estava tão infeliz que chorava constantemente, eu pedia a Deus para trazer meus pais de volta. Meu único consolo era sonhar que recebia uma chamada interurbana da Rússia. Ao telefone, meu pai me dizia que estava curado e que eu precisava ir ao aeroporto de Cabul na quarta-feira, o único dia da semana em que chegavam aviões da União Soviética.

Certa de que Deus me mandava essa informação, toda quarta-feira eu me preparava para ir ao aeroporto. Porém minha única recompensa era a decepção, porque meus pais ficaram ausentes durante nove longos meses, depois dos quais minha mãe voltou sozinha para Cabul. Com o coração na boca, esperávamos que ela nos dissesse que nosso pai tinha morrido e estava enterrado na longínqua Rússia. Minha mãe nos tranquilizou:

— Não façam essas caras tristes! Seu pai está muito vivo. A saúde dele melhorou e eu vim para casa sem ele somente porque não aguentava ficar nem mais um instante longe da minha família. Seu pai vai voltar para casa muito em breve.

Justo quando deixei de lado toda esperança e achei que minha mãe escondia a verdade e que meu pai estava mesmo morto e enterrado, como num passe de mágica ele voltou para Cabul. Para surpresa de todos, meu pai estava de pé, afirmando que os russos tinham os melhores recursos médicos e que os tratamentos milagrosos daquele país tinham causado a remissão de seu câncer.

Nunca fiquei tão feliz na minha vida!

Porém minha felicidade não durou muito, porque a morte cercava nossa casa. Meu pai continuou doente. Ele não voltou a trabalhar e caminhava lentamente pelos arredores, visitando parentes ou velhos amigos.

Desde que ele foi diagnosticado com uma doença fatal, perdi minhas maneiras infantis. Embora ainda fosse rebelde na escola, em casa virei uma boa filha, obediente aos pais, e passei a ajudar na cozinha, nas compras e em todas as tarefas domésticas. Contudo, a mudança na dinâmica familiar causou transformações diferentes nos membros da família. Minha irmã Nadia começou a se comportar mal, sempre se queixando de minha mãe e tendo ataques de raiva pelos motivos mais fúteis como o cardápio escolhido para o jantar.

Nossa pobre mãe ficou tensa e exausta porque trabalhava o dia todo na escola, cuidava do marido doente e lidava com uma filha que parecia ter prazer em atormentá-la. Muitas noites minha mãe ia para o quarto e eu podia ouvir seus gritos agudos:

— O que foi que eu fiz, meu Deus? O que fiz para merecer uma filha como essa?

Tudo o que era suave em minha mãe pareceu criar arestas. Com a sobrecarga de trabalho e com tantas preocupações, ela ficou com os lábios caídos e perdeu tanto peso que os contornos do nariz e do queixo tornaram-se aguçados. Até a voz, que fora grave e sensual, ficou estridente.

Nosso pai passou apenas alguns meses em casa antes que os sintomas ressurgissem e ele voltasse para a Rússia para novo tratamento. Isso continuou a acontecer e logo ele passava mais tempo fora do país do que em casa.

Com meu pai ausente, nossa família perdia seu núcleo fundamental.

Então, fomos obrigados a suportar mais um choque quando perdemos a avó Mayana. Graças a Alá, meu pai estava em casa num de seus períodos entre tratamentos quando minha avó ficou doente. A avó Mayana jamais se queixou da vida que levava. Para não causar problemas entre meu pai e minha mãe ela vivia como uma presença fantasmagórica e silenciosa em nossa casa. Eu costumava passar algum tempo no quarto dela diariamente. No dia em que ela adoeceu, entrei no quarto e ela ainda estava deitada na cama. Era o começo da tarde. Fiquei surpresa:

— Vovó, a senhora está passando bem?

Ela balançou a cabeça e murmurou:

— Maryam, não estou conseguindo ir ao banheiro. Não estou conseguindo fazer minhas abluções e rezar.

Minha avó era extremamente religiosa e jamais perdia as cinco orações diárias. Mas eu era apenas uma criança e não sabia o que fazer. Por alguma razão instintiva, não avisei à minha mãe, mas esperei por meu pai. Quando ele chegou, corri até ele em prantos:

— Tem alguma coisa muito errada com a vovó.

Ele correu para o quarto dela. Em seguida, saiu e preparou para ela uma refeição com alimentos pastosos. Ele tentou convencê-la a comer, sem sucesso. Então ele chamou uma vizinha, uma médica russa que concordou em ir até nossa casa. Fiquei em pé na porta do quarto enquanto a médica pegava os instrumentos e verificava a pressão arterial de minha avó.

— Está muito baixa — disse a médica, olhando o aparelho com uma expressão sombria. — Está baixa demais.

Ela lançou sobre meu pai um olhar significativo:

— Ela precisa comer. Está muito fraca.

— Certo, vou fazê-la comer — assentiu meu pai.

Pelo resto da tarde, meu pai e eu nos alternamos para fazer companhia à minha avó. Em consideração a nós, ela tentou comer, mas quase não conseguia engolir. Fui até a cozinha e preparei uma limonada doce, sua bebida favorita; ela bebeu um pouco.

Na manhã seguinte, corri ao quarto dela para ver como ela estava. A expressão de desespero no rosto de minha avó me assustou. Ela sussurrou:

— Maryam, vá buscar sua mãe.

Minha avó jamais havia pedido a presença de minha mãe.

— Mãe — gritei —, a vovó está chamando a senhora!

Minha mãe ficou de pé e me olhou sem falar. Depois caminhou lentamente para o quartinho de minha avó. Fiquei olhando ela ajudar minha avó a ir ao banheiro e fazer a higiene para poder rezar. Depois das orações, minha avó caiu na cama e fechou os olhos, com a aparência cadavérica.

Minha mãe e eu nos entreolhamos em silêncio e ela foi chamar a médica russa, que depois de um rápido exame, declarou:

— O coração dela está falhando. Ela só vai viver algumas horas.

Fiquei apavorada, cheia de remorsos por todos os momentos da vida que não passei junto de minha doce avó. Corri a me sentar ao lado dela, segurando sua mão envelhecida. Ela abriu os olhos tristes.

— Maryam — sussurrou —, vá para a escola, minha filha.

— Quero ficar com a senhora — respondi com a voz embargada.

Ela assentiu, antes de dizer:

— Por favor, criança, pegue minha caixa especial.

Eu sabia que ela guardava no quarto uma grande caixa, mas nunca soube que tesouros mantinha ali. Obedientemente, puxei a caixa para junto da cama.

A essa altura, minha mãe estava de volta.

Minha avó olhou significativamente para a nora e pediu:

— Sharifa, quando eu morrer, abra a caixa. Você vai encontrar dinheiro suficiente para meu enterro. Há muito tempo venho guardando dinheiro para que meu filho não precise pagar por meu funeral. Por favor, me enterrem em Paktia. Sharifa, por favor, me leve para casa.

Essa conversa sobre morte e funerais era demais para minha cabeça infantil. Eu me lembro de ter saído do quarto às pressas, dado meia-volta no corredor e voltado correndo para o quarto. Olhei o relógio, eram 10h30 da manhã quando minha avó exalou o último suspiro.

Pouco depois meu pai chegou em casa e soube que sua amada mãe havia morrido. Ele foi olhar o corpo dela e começou a chorar compulsivamente, como uma criança. Eu nunca tinha visto meu pai chorar. Corri para ele e olhei seu rosto atormentado. Ele estremeceu violentamente e disse:

— Minha filha, eu estou chorando pela vida tão triste de minha mãe.

Sharifa teve uma reação menos emocional, mas disse:

— Sua avó era um anjo, Maryam.

Os muçulmanos têm que ser enterrados dentro das 24 horas seguintes à morte, portanto poucas horas depois nos dirigimos de carro até a província de Paktia, para a pequena aldeia onde minha avó nasceu e passou os primeiros dezesseis anos de vida. Lá, o corpo dela foi banhado por minha mãe, a esposa e as filhas de Shair, foi embrulhado numa mortalha branca e limpa e foi levado pelos homens da família para ser enterrado.

Eu não podia acreditar que minha avó estava morta. Não me lembrava de nenhum momento da vida sem sua presença tranquila e doce. Nossa casa sem ela era um lugar solitário, embora tenha participado muito pouco da vida da família. Apesar de ainda ser criança, senti no fundo da alma que ela não havia sido tratada como merecia em nossa casa. Duas semanas depois, os objetos pessoais de minha avó tinham desaparecido e seu pequeno santuário tinha sido redecorado e transformado numa sala de jantar.

Sentimentos de remorso tomaram conta de mim, pois eu sentia que tinha sido negligente porque nunca pensei em acompanhar minha solitária avó em algum passeio e nunca lhe dei uma atenção especial. Um dia, criei coragem para perguntar a meu pai:

— Por que a vovó ficava sempre dentro do quarto dela? Porque ela não ficava conosco quando estávamos reunidos? Por que ela não se sentava conosco para fazer as refeições? Por que ela teve que viver tão solitária, mesmo na casa do filho?

Meu pai confessou:

— No começo, sua avó comia conosco, mas sua mãe decidiu que a família tinha que se sentar à mesa e usar talheres e sua avó não se sentia bem com isso. Ela gostava de se sentar no chão e comer com os dedos, à moda antiga, portanto pedi à sua mãe para manter o costume tradicional. Quando vocês eram pequenas, sua mãe e eu tivemos uma grande discussão sobre isso. Sua mãe fez as malas e me disse que ia embora. Ela pediu o divórcio e disse que eu ficasse com minha mãe porque ela ia ficar com vocês.

Ele olhou para mim e deu um suspiro de tristeza:

— Eu disse a ela que fosse embora, se esse era o seu desejo. Sua avó ouviu o tumulto e saiu do quarto. Quando soube que era o motivo da briga, ela me disse: "Não deixe sua mulher ir embora, meu filho. Eu já vivi minha vida. Daqui por diante, vou ficar em meu quarto e nunca vou me colocar entre você e sua mulher."

Fiquei enjoada, com ódio das ações de minha mãe. A conduta vergonhosa dela tinha causado sofrimento à mulher mais carinhosa que eu conhecia.

Meu pai se afastou, com os ombros tão caídos quanto seu espírito.

Logo ele estava doente de novo. Dessa vez, minha mãe não viajou para vê-lo. Depois da morte de minha avó e de saber que meu pai estava gravemente doente, cheia de medo, eu me apeguei à minha mãe. Comecei a ter ataques de pânico quando ela estava ausente. Quando ela saía de casa para resolver algum problema, eu ficava na sacada, olhando e esperando, rezando para ela não ser atropelada por um carro ou adoecer enquanto estava fora de casa. Quando finalmente via a forma dela a distância, corria para recebê-la como se ela tivesse passado semanas ausente.

Para aumentar minha ansiedade, minha mãe criou um hábito inconsciente de me receber com previsões funestas.

— Seu pai vai morrer, Maryam, — dizia ela. — Ele vai morrer. Quando isso acontecer, o irmão dele, Shair, vai levar você e Nadia para a *galah*. Se você tiver sorte, Shair vai casar você com um dos filhos dele, mas se tiver azar, ele vai te casar com um velho. Se prepare, Maryam. Você vai ser casada com um homem cruel. Você nunca mais vai poder ver sua mãe.

Eu ficava histérica com a imagem que minha mãe implantava em minha mente. No Afeganistão, assim que um homem morre, o irmão dele passa a ter completa autoridade sobre a viúva e os órfãos. Ninguém sabia se Shair Khan iria mandar seus homens a Cabul para recolher a esposa e as duas filhas de meu pai para fazer delas o que bem entendesse, mas as maneiras cruéis e o comportamento prévio de meu tio nos faziam esperar pelo pior.

O medo de perder as filhas estava envenenando o coração de minha mãe e ela não conseguia guardar esses temores para si. Suas conjecturas imprudentes assustaram a tal ponto a filha mais nova que passei muitas noites fazendo preces fervorosas:

— Por favor, Alá, traga meu pai de volta para casa! Por favor, Deus, cure o câncer dele. Por favor, Alá, não deixe Shair Khan me pegar. Sou só uma criança, meu Deus, sou nova demais para ser uma esposa.

Minha mãe ficou tão paranoica que começou a acreditar que Nadia e eu seríamos sequestradas por nosso tio mesmo antes da morte de meu pai. Ela nos advertia:

— Se eu não conseguir buscar vocês na escola, jamais entrem em algum carro com alguém que não seja o nosso motorista ou o seu pai. Jamais. Mesmo que algum parente de seu pai queira dar uma carona, não entrem no carro. Todo dia alguma menina é sequestrada nesse país. Vocês vão ser levadas e casadas com um velho ou vendidas para uma boate para se tornarem dançarinas.

Ficamos devidamente assustadas.

Um dia, Nadia e eu saímos da aula esperando ver minha mãe no lugar de costume à espera para nos levar para casa. Minha mãe não estava à vista. Pouco depois, vimos Askar sentado num táxi. Ele acenou para nós e disse:

— Sua mãe está preparando o jantar. Ela me mandou buscar vocês.

Embora Askar fosse nosso empregado desde que eu me lembro por gente, a mudança de rotina nos causou inquietação. Ele nunca tinha chegado num táxi e nos chamado para acompanhá-lo. Nadia e eu trocamos olhares inquietos, com o mesmo pensamento: será que Askar tinha sido subornado por Shair Khan? Será que nosso fiel empregado já não era mais fiel? Será que ele estava ali para nos sequestrar e nos levar para a *galah*? Será que esse é o sequestro de que minha mãe tinha nos avisado?

Ficamos trocando os pés, fazendo de tudo para evitar entrar num táxi com um potencial sequestrador. Askar ficou impaciente e gritou:

— Entrem no táxi agora mesmo! Estamos perdendo tempo!

Sem saber o que fazer, inquietas, minha irmã e eu nos sentamos no banco traseiro do carro. Nossos piores medos se confirmaram quando o motorista tomou a direção contrária à de nossa casa.

Askar olhou para nós e explicou:

— Sua mãe me pediu para comprar frutas no mercado.

Nadia sabia que o mercado das frutas ficava na parte antiga da cidade, muito longe de nosso bairro. Ela começou a chorar. Comecei a sentir fortes cólicas. O terror de nossa mãe tinha deitado raízes em nossas mentes. Nós estávamos sendo sequestradas!

Começamos a gritar em uníssono. Askar e o motorista do táxi nos olharam como se estivéssemos loucas. Nosso empregado gritou:

— Parem de gritar, meninas idiotas!

Porém isso só nos fez gritar mais alto. Logo chegamos ao mercado de frutas. Aborrecido com nosso comportamento, Askar saltou do táxi e nos deixou para trás para nos atormentarmos com nosso destino. Olhei para o motorista do táxi. Ele tinha uma expressão dura e parecia assustador. Ele também saltou do táxi e se dirigiu a um grupo de homens estranhos que estavam de pé no bazar. Quando ele falou, o grupo se virou e olhou em nossa direção, com os olhos brilhando. Nós nos convencemos de que aqueles homens faziam parte da conspiração.

— Preciso ir ao banheiro agora mesmo, Nadia — implorei.

Nós sabíamos que o bazar não tinha banheiro feminino. Eu estava inclinada, morrendo de dor e com uma diarreia incontrolável.

Nadia pegou um saco de plástico do carro e disse:

— Tome, use isso.

Fiz o melhor que pude, mas sujei minhas roupas e o táxi. Nadia jogou o saco de plástico pela janela, no meio da rua, mas ficou um fedor horrível dentro do carro.

Quando o motorista viu Nadia jogar fora o saco, voltou para táxi e em seguida recuou, fazendo um ruído estranho na garganta.

— Que cheiro é esse?

Nadia e eu começamos a chorar novamente. Àquela altura, eu estava com um ataque de soluços de pura histeria, mas gritei, apavorada:

— O senhor vai nos sequestrar? Por favor, não faça isso! Eu não quero me casar com um velho, sou só uma criança!

Ofendido, o motorista de táxi recuou, furioso. Ele fervia de raiva, olhando com impaciência para mim e batendo com o pé no chão. Quando Askar voltou com as frutas, o motorista abriu a porta e mandou que saíssemos do carro.

— O que houve? — perguntou Askar, confuso.

A essa altura, o motorista de táxi já tinha acumulado uma boa dose de raiva.

— *Tire essas crianças cagonas do meu carro! Olhe o que elas fizeram!* — ele gritava, apontando o saco de plástico. — *Elas arruinaram meu táxi! Desapareça com elas da minha vista!*

Askar também ficou furioso quando nos vimos perdidos no mercado sem um táxi à vista. Passamos mais de uma hora percorrendo o lugar em busca de outro carro. Quando conseguimos um táxi, Askar já tinha extraído de nós a história toda. Ele era nosso empregado, mas era um homem orgulhoso e cioso de sua reputação. Nós o deixamos humilhado no mercado, um lugar que ele costumava frequentar. Quando chegamos a casa, ele explicou aos gritos o que havia acontecido e acusou minha mãe:

— A senhora criou duas malucas com suas previsões paranoicas.

Em defesa de nossa mãe, é preciso dizer que o Afeganistão era um país em que meninas e meninos com frequência eram sequestrados para serem prostituídos ou escravizados. Em meu país, as crianças não tinham direitos legais ou humanitários. Os medos de minha mãe não eram totalmente infundados.

Certa ocasião, eu corri um risco real de ser sequestrada. Foi em 1973, alguns meses depois de meu pai ter voltado de mais um período de tratamento médico. Havia acabado de terminar o mês sagrado do Ramadã, quando os muçulmanos fazem jejum do amanhecer ao anoitecer para queimar figurativamente os pecados do Islã. O primeiro dia do mês seguinte ao Ramadã é dedicado a celebrações, sendo comemorado o Festival do Fim do Jejum, ou Eid ul-Fitr.

Acredito que naquele ano o Eid aconteceu durante o inverno, a melhor época do ano porque no Afeganistão as férias escolares duram os três meses dessa estação, em vez de acontecerem no verão como na maioria dos países. Os invernos inclementes da região tornam praticamente impossível ir à escola. Nesse período os afegãos de classe média ou alta saem de Cabul e vão para Jalalabad, uma das cidades mais bonitas do país e minha favorita. A família de minha mãe passava o Ramadã e o festival do Eid na casa de seu irmão, em Jalalabad.

Naquele ano meu pequeno mundo estava cheio de alegria porque meu pai estava em casa e eu me reunia com meus primos celebrando o fim do jejum. Embora já não falasse o tempo todo do meu desejo de ser um menino, ainda usava os cabelos curtos e não procurava usar as roupas femininas tão ao gosto de minha irmã e de minhas primas.

Zeby e eu gostávamos de empinar pipas. Nós ainda éramos bastante pequenas para evitar censuras por brincarmos com os meninos em suas brincadeiras. Ouvi diversos parentes comentarem que eu era mais masculina que feminina e admito que essas observações me deixavam rubra de prazer.

Durante nossa estadia em Jalalabad, meus pais decidiram visitar um santuário islâmico a cinquenta quilômetros da cidade, perto da fronteira com o Paquistão. Minha mãe disse que precisávamos ir àquele santuário rezar pela solução de todos os nossos problemas. Segundo ela, o país estava em má situação e o mesmo acontecia com nossa família.

A partir de 1969, o Afeganistão passou por três anos de seca. No inverno seguinte tivemos fortes nevascas que causaram grandes inundações na primavera. A seca, seguida de enchentes, impediu os camponeses de cultivarem as terras. Uma terrível escassez de alimentos assolou o campo afegão. Como vivíamos em Cabul e o governo guardava segredo sobre as calamidades, não tivemos notícia da seca até que um grande grupo de hippies americanos de aparência estranha chegou à cidade e começou a falar sobre a situação dos camponeses que só tinham raízes para comer. Havia histórias horríveis de crianças pequenas mortas de inanição.

Apesar de termos recebido ajuda humanitária da Rússia e dos Estados Unidos, havia rumores de que oficiais do governo estavam confiscando trigo e outros suprimentos para estocar e vender no mercado negro. A população estava ficando mais desesperada e furiosa a cada dia.

Embora a situação econômica de minha família tenha ficado difícil durante a doença crônica de meu pai, não passamos fome. Minha mãe disse que precisávamos rezar no santuário pelas pobres criaturas famintas. Depois de ouvir dizer que muitas vezes os pais faleciam e deixavam crianças e até mesmo bebês sozinhos para morrer de fome em seus casebres, minha mãe também teve a ideia de adotar em nossa família uma menina da região devastada.

Nadia e eu ficamos muito animadas com a perspectiva de salvar uma garotinha que se tornaria nossa irmã. Os planos de minha mãe ficavam mais grandiosos a cada minuto. Ela decidiu que essa menina seria a causa a ser defendida por nossa família e que depois de alimentá-la, nós iríamos ensiná-la a ler e escrever. Em voz baixa, minha mãe também dizia que no santuário nós devíamos rezar pela saúde de meu pai para que ele fosse curado do câncer.

Eu estava exultante. Acreditava que a viagem ao santuário fosse resolver todos os nossos problemas. A fome ia terminar, as crianças seriam alimentadas e meu pai seria curado do câncer.

O santuário estava lotado. Depois de horas em oração, meus pais ficaram satisfeitos com a visita. Eles decidiram que era hora de partir, portanto fomos embora.

Depois de tantas preces e esperanças, fiquei chocada por ver que quase imediatamente nossa sorte mudou para pior — no próprio caminho de volta do santuário. Um dos pneus do carro furou e não tínhamos estepe. Estávamos numa estrada de terra, longe de tudo, portanto meu pai pediu ao motorista que ficasse no carro enquanto nossa família levava o pneu furado de volta à cidade pela qual acabáramos de passar. Conseguimos uma carona e poucas horas depois chegamos à oficina de um borracheiro. Enquanto o mecânico consertava o pneu, procuramos um meio de voltar. Enfraquecido pelo tratamento, meu pai encontrou um motorista de caminhão que concordou em levar o pneu até nosso carro parado na estrada. O motorista olhou para mim e disse que um de nós teria que ir com ele para identificar o carro. Ainda olhando para mim, o homem disse a meu pai:

— Tudo bem, você pode ficar aqui e descansar com sua esposa e sua filha. Eu vou levar seu filho comigo para identificar o carro.

Fiquei cheia de mim de tanto orgulho! O homem achou que eu era um menino! Fiquei feliz como não me sentia há muito tempo. Meu pai era totalmente destituído de maldade e confiava demais nos outros. Ele agradeceu ao motorista e me disse:

— Vá com esse homem. Você conhece nosso carro. Depois que o pneu for trocado, volte para cá com nosso motorista.

O motorista do caminhão segurou minha mão avidamente e me puxou para longe da minha família. Achei que ele devia estar com muita pressa. Por alguma razão, minha irmã Nadia, que tinha quase 15 anos, teve uma intuição. Ela puxou braço de meu pai:

— Não deixe Maryam ir com esse homem mal-encarado. Vai acontecer alguma coisa ruim.

Meu pai deu de ombros, achando que Nadia estava exagerando.

Nesse momento, um lojista que estava acompanhando o incidente percebeu que eu estava para ser sequestrada. Recentemente haviam ocorrido alguns casos notórios de tráfico sexual envolvendo meninos, o que era um negócio lucrativo. O vendedor correu até meu pai, que já estava dentro de um táxi com minha mãe e minha irmã, pronto para voltar ao centro da cidade. O homem parou o táxi e gritou para meu pai:

— Se o senhor deixar seu filho com aquele motorista, nunca mais vai voltar a vê-lo! Acho que aquele motorista vai roubar seu garoto e vendê-lo no Paquistão.

Nadia entrou em pânico e gritou:

— Pai, vá buscar a Maryam!

Minha pobre mãe ficou paralisada ao ver realizados seus antigos medos de sequestro.

Meu pai saltou do carro e correu até o motorista, gritando:

— Espere! Mudei de ideia, vou dar outra solução para o problema.

O motorista de caminhão reagiu com raiva.

— Se você quer o pneu de seu carro trocado, deixe que eu cuido disso. Se você não mandar o garoto comigo, não vou fazer nada.

Meu pai gritou para mim:

— Saia do caminhão.

O motorista saltou do caminhão e começou a empurrar meu pai, fechando os punhos. Fiquei surpresa, mas lisonjeada por ver que o homem queria tanto a minha companhia. Uma multidão se reuniu em torno dos dois homens. Meu pai pediu que alguém chamasse a polícia. Nadia e minha mãe gritavam comigo, dizendo-me para saltar do caminhão e correr. Eu estava completamente confusa, sem entender qual era o problema com minha família. Eu estava tão feliz de ser considerada um menino e de receber uma responsabilidade masculina, que fiquei zangada. Minha família estava estragando tudo!

— Me deixem ir! Eu quero ir!

Então, acima da confusão geral, ouviu-se a voz de Nadia:

— Maryam é uma menina! Ela não é um garoto!

Confuso, o motorista de caminhão parou e estudou minha pequena figura com novos olhos. Naquele momento, a polícia chegou e o motorista se livrou das mãos de meu pai e correu como um cavalo assustado, desaparecendo rapidamente.

O lojista, agitado, aconselhou meu pai:

— Jamais confie suas crianças a um estranho. Aquele motorista estava querendo se divertir com um garotinho. Assim que descobrisse que a criança era uma menina, ele iria matá-la ou vendê-la para um salão de dança.

Abalado, meu pai pagou um bom dinheiro para um táxi nos levar até o carro.

A visita ao santuário não trouxe a boa sorte que esperávamos. Escapei por pouco de um futuro sombrio. A fome continuou, levando muitas vidas e criando insatisfação pelo país. A pobre órfã que minha mãe encontrou para adotar estava tão traumatizada que tinha pavor de qualquer estranho. Quando minha mãe tentou abraçá-la, ela fugiu e se recusou a vir conosco. Mais tarde, soubemos que tinha sido colocada num orfanato muito precário, na companhia de milhares de outras crianças desesperadas que perderam pai e mãe.

Durante o ano de 1973, o Afeganistão era terreno fértil para o sofrimento. Pouco depois de nossa viagem, meus pais receberam um comunicado de uma instituição psiquiátrica onde estava internada uma das filhas de Shair, minha prima Amina. Ela era poucos anos mais velha do que eu, mas já estava casada e tinha dois filhos. Havia pouco tempo, Amina tinha sido internada no hospital e agora eles pediam que fôssemos buscá-la.

Desde pequena eu conhecia Amina. Ela era bonita de corpo e alma. Sempre admirei sua personalidade vivaz e seus lindos olhos verdes. Contudo, Amina não teve sorte em matéria de pai. Shair não permitia que as filhas fossem educadas. Elas eram consideradas bens a serem usados como moeda de troca em acordos de casamento e Amina foi vendida muito nova. Ela não foi tratada com mais consideração do que a avó Mayana.

Para as mulheres, o tempo não passava no Afeganistão.

Lembro-me de entrar numa sala lúgubre onde Amina nos esperava. A pobrezinha já não era bonita, mas eu reconheci seus luminosos olhos verdes que agora pareciam alucinados. Antes que eu pudesse sequer sorrir, ela saltou sobre mim e beijou meu rosto com um longo lamento.

Fiquei pouco à vontade com aquela atitude exagerada. Era claro que ela não conseguia falar de forma coerente. Perguntei à minha mãe:

— O que houve? Não consigo entender o que ela diz.

Com uma expressão triste, minha mãe respondeu:

— Maryam, o marido de Amina tinha o hábito de esmurrar as orelhas dela e destruiu sua audição. Ela agora vive num mundo silencioso. Está surda.

Fiquei furiosa com o drama da pobre Amina e declarei, confiante:

— Eu teria socado as orelhas dele se ele tivesse a ousadia de socar as minhas!

Eu sabia que muitos homens afegãos eram brutais, mas ingenuamente pensava que se a mulher reagisse tudo acabaria bem. Acho que pensava dessa forma porque vivia com um pai gentil que nunca levantou a mão para agredir a mulher ou as filhas.

— Quer dizer que Amina não está louca? — perguntei, sem entender porque ela tinha sido trancada com doentes mentais. Alguns dos pacientes gritavam tão alto que os gritos atravessavam as paredes e podíamos ouvi-los de onde estávamos.

— Não, Maryam, Amina não é maluca — respondeu minha mãe com uma expressão de tristeza —, embora ela tenha ficado muito perturbada quando o marido se casou com a segunda mulher. Quando ela protestou, ele a espancou. Ela foi internada aqui para ninguém da família precisar cuidar dela.

Ouvi outras vozes femininas desesperadas pedindo ajuda e estremeci. Quantas daquelas mulheres estariam perfeitamente sadias, presas ali por maridos insatisfeitos, como aconteceu com Amina? Não admira que minha pobre prima estivesse angustiada para sair daquele lugar horrível.

Cuidadosamente, acomodamos minha prima no banco de trás do carro, a meu lado. Eu procurei não ficar olhando para o triste espetáculo em que havia sido transformada minha bela e alegre prima, mas era difícil não examinar sua aparência lastimável. Ela tinha passado seis meses no manicômio e durante todo esse tempo nem uma vez a equipe do hospital deixou que ela tomasse um banho ou lavasse os cabelos. Ela cheirava tão mal que seu fedor se alastrou pelo carro, e estava tão suja que sua pele morena parecia muito mais escura do que o normal. O cabelo dela estava empastado e embaraçado. As roupas eram sujas e rasgadas.

Quando chegamos à nossa casa, minha mãe levou minha prima carinhosamente até uma sala onde preparou uma grande banheira. Ela deixou que eu ficasse lá enquanto ajudava Amina a tirar as roupas e tomar banho.

Amina passou um mês em nossa casa, mas se sentia cada vez mais infeliz porque tinha saudade do filho pequeno e da filha bebê e temia que a segunda mulher do marido maltratasse as crianças. Os filhos dela se tornaram vítimas da desgraça da mãe, agora considerada digna somente de um hospício. Ninguém iria proteger as crianças, nem mesmo o rico pai de minha prima, pois Shair seguia a tradição de deixar as filhas casadas inteiramente à mercê dos maridos. Além disso, conhecendo a atitude de Shair Khan para com as mulheres, estou certa de que a partir do momento em que Amina saiu de casa, ele não dedicou a ela sequer um pensamento.

Depois de um mês, meus pais relutantemente concordaram em levar minha prima de volta à casa do marido e da nova esposa dele. Sua atitude não havia melhorado. Quando viu minha prima, ele rosnou, levantou a mão e teria batido nela ali mesmo se meus pais não tivessem protestado.

Como detestei deixar Amina na casa daquele marido brutal. Porém, a pobre moça era refém do amor pelos filhos. Mais tarde soubemos que a vida dela tornou-se uma infeliz sucessão de violência e espancamentos, mas nada fez com que ela abandonasse os filhos.

Enquanto esse drama se desenrolava, a família de minha mãe recebeu um convite para um grande churrasco na casa do sogro de Amina. Ele era um fazendeiro rico e todos sabiam que sua fazenda era a mais bonita dos arredores de Cabul.

A fazenda *era* maravilhosa, com regatos por toda parte e grandes árvores que projetavam sombra sobre os gramados. Ele tinha orgulho de seu pomar florescente e insistiu em nos levar para passear sob as árvores frutíferas e encher cestas de pêssegos e damascos.

Ele declarou que promovera aquele churrasco em homenagem aos Hassen, a família de minha mãe. Observei imediatamente que fomos recebidos somente pelos homens da casa. Quando perguntei onde estavam as mulheres e meninas, todos me olharam com surpresa. Alguém sussurrou que "as mulheres dele" eram mantidas a portas fechadas na grande casa cercada por muros altos. Quando perguntei por que as mulheres não participavam da festa, alguém a meu lado me disse em surdina: "Bem-vinda ao verdadeiro Afeganistão, garotinha." Eu sabia o que eles queriam dizer — as mulheres tribais que viviam fora das grandes cidades quase sempre só eram vistas pelos parentes próximos.

Minha mãe e as irmãs dela decidiram que queriam conversar com as mulheres da família, portanto depois do festim nos separamos dos homens para fazer uma visita à casa grande, onde uma situação chocante nos esperava. Quando entramos, fomos recebidas pela filha mais velha do dono da casa, uma mulher surpreendentemente decidida.

— Depois de ver como minha mãe e as outras esposas de meu pai eram maltratadas, decidi brigar por meus direitos: nunca vou me casar! — afirmou ela.

Minha mãe e minhas tias pareceram surpresas com essa linguagem tão direta, mas eu senti que entendia muito bem os motivos dela e também sabia que nas mesmas circunstâncias teria a mesma reação.

Nesse momento a mãe dela e as outras duas esposas vieram juntar-se a nós na sala de estar. Aquelas pobres mulheres pareciam mais velhas do que a minha avó Mayana no dia em que morreu, mas tinham a mesma idade de minha mãe. O mais assustador era o fato de que todas as três eram tão curvadas que seus rostos ficavam perto do chão e elas tropeçavam e tateavam, buscando o caminho para dentro da sala.

À primeira vista, pensei que elas fossem trigêmeas nascidas com o mesmo defeito físico, mas a filha mais velha perguntou:

— Vocês sabem o que aconteceu com elas?

Ninguém disse uma palavra.

— Meu pai fez isso — explicou. — Sempre que uma das mulheres estava em trabalho de parto, ele ficava furioso porque os gritos atrapalhavam o descanso dele. Sem ligar para a dor que a mulher sentia, ele entrava na sala e exigia silêncio. Se a mulher não conseguisse conter os gritos de dor, ele chutava as costas dela até ela parar de gritar.

Fiquei com a boca seca. A filha continuou:

— Vocês sabiam que ele matou quatro ou cinco esposas dessa maneira?

Minha mãe fez um ruído surdo no fundo da garganta. Eu balancei a cabeça em negação, mas não consegui dizer uma palavra. Agora eu sabia que Amina não tinha a menor chance, pois o marido dela era filho de um monstro. Tal pai, tal filho, pensei.

— Minha mãe e essas outras duas sobreviveram, mas sofreram lesões tão graves nas costas durante o parto que nunca mais conseguiram andar com as costas retas — disse a filha com um sorriso sarcástico. — E agora ele bate no rosto delas porque são aleijadas! Ele diz que fica com o estômago embrulhado quando as vê.

Ela lançou sobre nós um olhar agressivo, como se fôssemos o inimigo.

— *Jamais vou me casar*!

Foi quando tomei consciência de que um abismo do tamanho do país separava as vidas das mulheres urbanas de Cabul da vida das mulheres do campo tribal. Em retrospecto, acredito que daquele dia em diante uma garota que amava sinceramente seu país começou a detestar a própria cultura.

Eu era assombrada pelo destino daquelas mulheres inocentes, mas não podia fazer nada. Nossa cultura requer que os homens exerçam um poder irrestrito. Nossa cultura também requer que os homens cruéis não sejam punidos. Em nossa cultura, é preciso que as mulheres sejam consideradas culpadas por todo o mal que lhes aconteça. Quando chorava até adormecer porque meu pai estava na Rússia passando por mais um período de tratamento, mal sabia eu que deveria estar exultante por ele estar bem longe, em segurança em outro país, porque o Afeganistão estava entrando num perigoso período de instabilidade. Os velhos ódios internos da família real, associados ao ressentimento da população pela escassez de alimentos estavam gerando uma reação contra o rei Zahir Shah. Era iminente um golpe de estado. Como antigo chefe da inteligência militar, se estivesse no país, meu pai talvez tivesse a vida ameaçada por uma ou outra facção.

Eu era apenas uma menina, portanto não sabia que o mal avançava sobre o Afeganistão, criando uma cadeia de acontecimentos calamitosos e terríveis para o futuro dos cidadãos do país.

Capítulo 7

Amir Mohammed Zahir Shah assumiu o poder no dia 8 de novembro de 1933, o mesmo dia em que seu pai, Amir Nadir Shah, foi assassinado numa escola onde estava entregando prêmios. Zahir tinha apenas 19 anos, mas foi imediatamente proclamado rei depois de receber o voto de fidelidade dos três tios e de importantes líderes tribais. O rei Zahir governou o país com sabedoria durante quarenta anos. Ele era rei quando nasci e foi responsável pelo período mais longo de prosperidade e relativa paz no Afeganistão. Porém toda essa harmonia acabou no dia 17 de julho de 1973, quando eu tinha apenas 12 anos de idade.

Tenho uma lembrança muito clara daquele dia. Meu pai estava fora do país, submetendo-se a mais um tratamento para o câncer. Era cedo da manhã e eu me preparava para ir à escola. Ouvimos a campainha da porta. Quando minha mãe foi ver quem estaria nos visitando, lá estava meu mentor de pé, com a cabeça erguida e os ombros muito eretos, parecendo mais alto do que de costume. Ele entrou na sala a passos largos.

— Hoje é o dia mais feliz para todo Afeganistão, — anunciou. — A era dos monarcas acabou. Agora temos um presidente, o presidente Daoud Khan.

Minha mãe não ficou impressionada. Com uma expressão de desprezo, ela reagiu secamente:

— Como o Daoud pode ser diferente? Ele é um príncipe da casa real e primo em primeiro grau do rei. É a mesma merda, só o cheiro é diferente.

Meu mentor ficou horrorizado com o desrespeito para com a nova autoridade afegã e gaguejou:

— Já não sou mais professor, me alistei no exército!

Minha mãe o olhou com o mesmo ar de desgosto que teria diante de um prato de carne podre.

— O homem põe e Alá dispõe — retrucou ela.

O professor metamorfoseado em militar murmurou alguma coisa que não pude ouvir e foi embora.

Cheia de esperança de que a ocasião resultasse no cancelamento das aulas, saí aos pulos pela casa.

— Hoje não tem aula! A guerra está chegando! — gritava.

Mas não fazia parte do caráter de minha mãe deixar por menos quando se tratava da educação das filhas. Nem mesmo um golpe de estado poderia comovê-la.

— Você vai à escola quer queira, quer não, Maryam! Com ou sem golpe.

Portanto, nossa rotina continuou a mesma. Depois de nos vestirmos e pegarmos os livros, entramos no carro para ir à escola. Nosso caminho passava pelo palácio real, à frente do qual vimos o presidente Daoud de pé, recebendo os simpatizantes. Minha mãe mandou o motorista parar para darmos uma boa olhada no príncipe que conspirou para destruir seu rei. Depois que a curiosidade dela ficou satisfeita, eu me inclinei pela janela e acenei alegremente para o novo presidente. Ele acenou de volta, provavelmente pensando que minha mãe fosse uma admiradora. Eu realmente queria que ele se saísse bem, tinha uma vaga lembrança de um passado muito remoto em que meu pai era um estudante e aquele mesmo príncipe Daoud lhe salvou a vida quando ele foi empurrado na escadaria da escola pelo cruel irmão Shair. Depois daquele incidente, o príncipe e meu pai continuaram amigos.

Apesar do meu entusiasmo infantil naquela ocasião, mais tarde eu veria a verdade: as ações ousadas, mas imprudentes, daquele príncipe selaram nossa sorte, precipitando o começo do fim da paz no Afeganistão.

Daoud serviu ao rei Zahir como primeiro-ministro durante a maior parte dos anos 1950 e o início dos anos 1960, mas entrou em conflito com o governo do Paquistão numa questão relativa a uma região da tribo Pashtun que cruzava a fronteira do nosso país com o território paquistanês. Em consequência, o rei Zahir destituiu o príncipe do cargo que ocupava no governo, causando um ressentimento que nunca foi esquecido.

O golpe poderia ter sido evitado se o rei estivesse no país, cuidando dos diversos problemas que afligiam a população, mas o monarca fora para a Europa submeter-se a uma cirurgia oftalmológica e a outros tratamentos médicos e levou a esposa e diversos parentes. Com o rei na Itália, o príncipe Daoud liderou um golpe de estado e estabeleceu a nova República do Afeganistão, proclamou-se presidente e anunciou que “a época do rei estava encerrada”.

De fato, depois da deposição do rei Zahir, o país não tornou a ser uma monarquia. Em vez de voltar para casa e lutar para recuperar o trono, o rei preferiu permanecer na Europa. Talvez ele soubesse que o mundo estava mudando e as monarquias estavam saindo da moda.

Embora o golpe de estado de 1973 tenha sido quase pacífico, a maioria da população do país estava apreensiva, pois a ruptura política é uma condição grave num país dividido não só por montanhas e rios, mas também por lealdades religiosas e tribais tão ferozes que os homens estão dispostos a lutar até a morte pelo insulto mais insignificante. No entanto, perturbada pelas tribulações recentes com a fome, a corrupção e a insatisfação das tribos na fronteira com o Paquistão, a maioria das tribos afegãs permaneceu em paz durante a mudança do regime, aguardando para ver que vantagens o novo governo poderia proporcionar.

Passados os primeiros dias de agitação, o golpe de 1973 quase não afetou nossa vida diária. Pouco tempo depois meu pai voltou de um período de tratamento e pela primeira vez em muitos anos estava bem o bastante para procurar trabalho. Em vez de voltar para sua posição nas forças armadas, ele montou com um francês que conheceu em suas viagens ao exterior um negócio de exportação de artesanato e tapetes afegãos. Meu pai disse que precisava de modelos, portanto Nadia e eu posamos para sua linha de roupas, o que foi uma oportunidade emocionante para duas adolescentes.

Mais uma vez nossa pequena família estava próspera, com dinheiro de sobra. Eu me senti abençoada por um anjo quando meu pai anunciou que íamos para passar dois meses de férias na Índia. Aquela seria a primeira vez que minha irmã e eu sairíamos do país.

Apesar de posteriormente viajar por todo o mundo, aquela primeira experiência foi tão mágica que até me lembro do dia exato em que saímos de Cabul, 2 de janeiro de 1974, no ano seguinte ao golpe de estado.

Eu estava tão excitada que na véspera da partida não consegui dormir. Apoiei a cabeça no travesseiro com o passaporte colocado numa posição que me permitia ver os vistos de entrada para o Paquistão e a Índia. Minha imaginação fugiu de controle. Contemplando os selos dos vistos, acreditei que eles me permitiriam viajar para os Estados Unidos. Por alguma razão, achei que ia viver no estado de Nova York.

Eu era apenas uma criança e só sabia de Nova York ou dos Estados Unidos o que tinha ouvido em conversas dos adultos. Estava convencida de que a cidade de Nova York era o céu na terra, habitada somente por pessoas bonitas e possuidoras de bens dignos de um rei, vestidas de sedas maravilhosas e alimentadas em pratos de porcelana com as comidas mais exóticas.

Parecia o lugar ideal para mim.

Eu estava tão ansiosa que entrava em pânico quando pensava que alguma coisa poderia nos impedir de viajar. Passei a noite pedindo a Alá que nada atrapalhasse nossa partida do Afeganistão.

O tempo estava terrivelmente frio, o que é normal no Afeganistão no mês de janeiro. Minha mãe exigiu que eu me abrigasse com um casaco totalmente fora de moda e fiquei arrasada por ser vista com roupas menos que maravilhosas. Porém, quando o primo de meu pai chegou de táxi para nos levar à estação rodoviária de Cabul, meus pensamentos se voltaram para coisas mais importantes. Na estação, uma multidão de amigos e parentes excitados nos cercou, falando sem parar. Parecia que a tribo inteira viera se despedir de nós. Tias e primas trouxeram cestas de alimentos para consumirmos durante a viagem. Até mesmo meu antigo mentor perdoou o que minha mãe havia lhe dito no dia do golpe e compareceu com um sorriso mais largo que o rio Cabul.

Meu pai tinha comprado passagens para a família em um ônibus de luxo, portanto fomos a bordo para escolher os melhores lugares. O motorista do ônibus entrou, fechou a grande porta do veículo e nós partimos. A um quarteirão de distância ainda conseguíamos ouvir os gritos de despedida dos amigos e parentes.

Felizmente a estrada de Cabul para Jalalabad era melhor do que a maioria das estradas do país. Na saída da cidade o ônibus só balançava um pouco quando procurava contornar os traiçoeiros montes de pedras cobertas de neve. Eu analisava a vista com regatos que atravessavam a terra árida e brilhantes pássaros que voavam entre os arbustos verdes.

Eu olhava as colinas que logo se transformaram em montanhas e me perguntava quantos viajantes haveriam contemplado aquele panorama nos milhares de anos em que nossa terra tinha sido habitada. Logo alcançamos uma altitude em que praticamente entramos nas nuvens. Minha mãe estava tão assustada com as curvas perigosas que fechou os olhos para não ver a estrada atrás de nós, tão abaixo que parecia uma fita desdobrada.

Quando eu era pequena, o Afeganistão ainda não tinha sido despojado da vida selvagem. Vimos gazelas com seus corpos ágeis que pareciam voar. Avistei diversos galgos selvagens ao longo da estrada. Com muita frequência, a estrada acompanhava o rio, que ficava mais largo e azul, cercado por grandes fileiras de velhas árvores luxuriantes e por rochedos espetaculares. Para mim, o mais interessante eram os fortes de paredes de barro espalhados pela paisagem. As tribos rurais estavam sujeitas a ataques-surpresa, portanto suas casas costumavam ser fortificadas, com quatro torres com janelas estreitas para os atiradores.

Fiquei perturbada ao ver à beira da estrada um jumento que foi abandonado por ter ficado manco e que esperava pela morte. Era uma visão patética. Em meu país, os animais que ficam mancos durante a marcha são entregues ao próprio destino. O afegão não mata os animais para poupá-los do sofrimento, preferindo entregá-los nas mãos de Alá, que deve decidir se eles vivem ou morrem. Suspirei e olhei para outro lado. Não havia nada que eu pudesse fazer.

Logo o sol se pôs atrás das montanhas, tingindo a neve branca de uma tonalidade rosada e as sombras de um brilhante índigo. Foi quando papai anunciou que tínhamos passado pela fronteira do Afeganistão e estávamos no Paquistão. Desembarcamos rapidamente de nosso ônibus de luxo e empilhamos a bagagem e nos apertamos os quatro num táxi tão decrépito que ameaçava se desfazer no caminho para Peshawar.

De repente, as ruas estavam apinhadas por uma multidão frenética. Eu nunca tinha visto tanta gente junta. Acostumada a uma terra escassamente povoada, fiquei inquieta, embora ao sair do táxi eu tenha ficado fascinada pelo trem que nos levaria a Nova Délhi. Aquela seria minha primeira oportunidade de viajar de trem.

Perguntei a meu pai porque o Paquistão era tão mais adiantado que o Afeganistão. Pacientemente, ele explicou:

— Os ingleses trazem desenvolvimento a qualquer país que ocupem. Eles constroem estradas, ferrovias, edifícios governamentais, escolas e muitos estabelecimentos comerciais.

— Nesse caso eu queria que os ingleses tivessem ocupado o Afeganistão — disse, apesar de saber que os ingleses fizeram várias tentativas de ocupar meu país, sem sucesso. Estava envergonhada por ver que minha terra era tão atrasada em comparação com o país vizinho.

— Minha filha — disse meu pai com melancolia —, você queria ter vivido sob a bandeira de outro país?

— Não — admiti. Tinha orgulho do fato de ninguém ter conseguido conquistar e manter o domínio sobre o Afeganistão. Nossos homens eram ferozes, corajosos e prontos para combater qualquer invasor. Mesmo os exércitos mais numerosos e bem-treinados do mundo não conseguiram conquistar o Afeganistão.

Meu pai concordou, satisfeito.

— Ótimo. Essa é sua recompensa. Você é afegã, logo você é livre e vive sob sua própria bandeira.

Livre para ser pobre e atrasada, pensei, mas não disse mais nada porque era visível o orgulho de meu pai pelo fato de que os guerreiros afegãos derrotavam qualquer invasor.

A viagem de trem para Délhi foi memorável. Tínhamos um compartimento só para nós, com um beliche e um assento largo. Eu passava horas na janela, vendo um mundo novo que nunca havia imaginado. Durante a viagem, minha mãe serviu para nós sanduíches deliciosos e xícaras de chá quente, uma cortesia de nossos afetuosos parentes.

Passamos a noite no trem. Logo que acordei precisava ir ao banheiro. Foi quando descobri que nem tudo no Paquistão era perfeito. O banheiro do trem era tão sujo que ninguém na minha família conseguiu usá-lo. Assim que o trem parou em Lahore, eu estava saltando de um pé para o outro, com dor na bexiga. Meu pai disse que a viagem para o hotel seria curta, mas na verdade levou trinta minutos. Quando chegamos, eu não conseguia me segurar mais e corri para dentro do hall do hotel, pulando impacientemente. O gerente nos registrou o mais depressa possível e eu corri até o quarto para usar o banheiro. Finalmente, meu sofrimento foi aliviado.

No dia seguinte pegamos mais um trem que nos levaria a nosso destino final: Nova Délhi. Ao chegarmos lá, pedi a meu pai que me levasse para um passeio, mas ele estava exausto da viagem e foi fazer a sesta. Fui tão eloquente em meu pedido que minha mãe concordou em me levar para um curto passeio de exploração da cidade.

Depois que caminhamos um pouco, ainda nas imediações do hotel, um susto enorme nos aguardava, ouvimos gritos de pânico e o barulho de gente correndo. Tarde demais percebemos que uma massa humana corria em nossa direção. Saltamos para o lado para evitar ser pisoteadas. A multidão assustada passou correndo a tal velocidade que senti uma lufada de vento. Felizmente, não fomos derrubadas. Nós nos entreolhamos, aliviadas, pensando que o pior já tinha passado. Foi quando percebemos com horror que aquela multidão corria de um touro furioso. Agora, o animal vinha diretamente para cima de mim! Ele fixou os olhos em minha figura isolada, baixou a cabeça e apontou os chifres para minha direção.

Eu não sabia do hábito indiano de deixar touros e vacas circularem livremente pelas ruas das cidades. No entanto, quando percebi que estava para ser chifrada, saltei para o meio da rua cheia de veículos.

O touro não me alcançou, mas fui atropelada por um carro em movimento que não conseguiu parar a tempo. Num instante eu estava fugindo do touro e no instante seguinte fui atirada para o alto. Achei que o animal tivesse lançado meu corpo para o alto com os chifres. Caí com um ruído abafado na rua de terra batida. Senti dor por todo o corpo, mas fiquei sem ar e não consegui gritar.

Uma multidão agitada rapidamente me cercou, com testemunhas que gritavam, apontavam e tocavam em mim. Embora estivesse no centro dos acontecimentos, a cena parecia muito distante, como se todas as imagens fossem tremidas e indistintas, como numa televisão em preto e branco com má recepção. As vozes tinham eco e descobri que não conseguia ouvir o que estava acontecendo. Eu tinha uma vaga noção de que algumas pessoas caridosas estavam recolhendo minha bolsa e seu conteúdo que tinham voado da minha mão e se espalhado pela rua.

Onde estava minha mãe? Tentei virar a cabeça, mas não conseguia me mover. Não consegui vê-la.

De repente, um homem numa motocicleta abriu caminho pela multidão. Senti que estava sendo recolhida da estrada. O homem requisitou um automóvel e gritou com o motorista. Senti um pouco de medo de estar sendo sequestrada, mas não podia fazer nada. Eu estava ferida e indefesa, muito longe de meus pais.

Só quando cheguei ao hospital entendi que tinha sido resgatada por um bom samaritano. Fui retirada do carro e levada para dentro do hospital, onde os médicos me cercaram. Olhei para baixo, horrorizada, e vi minha perna inchada como um tronco de árvore. O tempo perdeu o significado, mas depois descobri que tinha sido levada para o centro cirúrgico.

Quando saí da anestesia, vi acima de mim o rosto de minha mãe. Ela tinha desmaiado de pânico quando viu a filha ser atacada por uma fera chifruda e em seguida atropelada por um automóvel. Os observadores preocupados tinham procurado restaurar-lhe a consciência o suficiente para levá-la ao hospital mais próximo, para onde o bom samaritano disse que me levaria.

Meus ferimentos eram graves. Quando cheguei ao hospital, tinha hemorragia interna. Meu pé e minha perna direita foram esmagados. Os cirurgiões indianos conseguiram conter o sangramento interno e restaurar minha perna e meu tornozelo com pinos de aço. Fiquei arrasada quando soube que passaria dois meses engessada, a duração de nossas férias na Índia. Passei uma semana no hospital e depois fui me recuperar num quarto de hotel.

Naquela ocasião, eu deveria ter percebido que não tinha sorte.

Meu bom samaritano desapareceu depois de se assegurar de que eu estava bem. Nunca mais tornei a vê-lo e minha família nunca teve a chance de agradecer a bondade dele.

Minhas férias não foram o que eu tinha planejado, mas mesmo assim fiquei apaixonada pela Índia, uma terra complexa, bela e exótica, que minha família teria muitos motivos para visitar e onde um dia eu iria me refugiar. De fato, em 1975, minha irmã Nadia se formou no curso secundário no Afeganistão e, tal como outros membros da família, foi cursar a universidade na Índia. A partir de então, meus pais e eu faríamos várias viagens por ano para visitá-la. Felizmente não voltei a sofrer qualquer acidente potencialmente fatal.

Quando eu tinha 16 anos faleceu Shair, o cruel irmão mais velho de meu pai. Desde que se tornou líder de nossa tribo, o Khan dos Khail foi uma presença poderosa, planando como um espírito malévolo sobre meu pai e minha avó, e mais tarde sobre a minha própria vida. Não importa que meus pais tenham fugido da *galah* e da influência diária de Shair quando Nadia era apenas um bebê. A presença malévola de meu tio continuou a assombrar nossa vida familiar. Apesar das maldades do irmão no passado, meu pai sempre tentou manter com ele um relacionamento cordial. Minha mãe não conversava com meu pai sobre o cunhado, mas usava o nome de Shair com sucesso como bicho-papão para assustar Nadia e eu. A avó Mayana nunca dizia o nome do enteado e morreu acreditando que o Khan intencionalmente assassinou as três queridas filhas dela.

Shair era uma força tão intensa que a família o acreditava imune à morte, mas um dia, depois de ter vivido mais de 70 anos, ele sofreu um derrame fulminante e morreu rapidamente.

Não posso negar que a morte de meu tio me causou uma sensação de alívio. Eu já não precisava ter medo de ser sequestrada ou de ficar à mercê dele se meu pai morresse de câncer, porque os filhos e netos de Shair não eram cruéis como o pai.

Depois que o coração de meu tio parou de bater, meu pai herdou a posição de Khan da tribo Khail. Contudo, com o passar dos anos e com o estabelecimento do governo do presidente Daoud, as tribos perderam muito de seu poder. Na verdade, alguns anos antes de morrer, Shair Khan recebeu ordens para deixar a terra ancestral de sua tribo e construir uma *galah* em outra área do Afeganistão. O presidente habilmente tratou de separar os khans de suas tribos para enfraquecer o poder deles.

Por ser um homem simples em todos os aspectos, meu pai não procurou reivindicar a fortuna que agora estava nas mãos dos filhos de Shair. O que restou da herança do avô Ahmed Khan ficou com os filhos do irmão mais velho. Embora tenha se tornado o Khan da tribo Khail, papai só aceitou esse título em caráter honorário, portanto nossas vidas mudaram muito pouco.

O presidente Daoud decidiu que Shair Khan fosse honrado com um funeral militar. Uma grande procissão levou o corpo de meu tio para ser sepultado nas terras de sua tribo.

Aliviada por estar finalmente livre da ameaça do domínio cruel de Shair Khan, logo tive que conhecer uma nova forma de vilania. Naquele mesmo momento o mal procurava nos envolver como a neblina da manhã. Dessa vez, porém, as mulheres não seriam as únicas a sofrer. Os homens também teriam a sensação de uma mão a comprimir-lhes a garganta e muitas vidas seriam perdidas na tentativa de nos libertar daquele estrangulamento.

Capítulo 8

Os russos estavam chegando. Logo podiam ser vistos em toda Cabul. Eles foram mandados a nosso país a pretexto de oferecer assistência técnica, médica ou educacional. Nesse tempo, minha família se mudou da nossa casa para um apartamento em Mekrorayan, um bairro moderno construído pelos russos na periferia da cidade. Papai achou que nossa vida iria melhorar porque os novos edifícios de apartamentos tinham água corrente e banheiros modernos. Eles tinham até mesmo aquecimento central, um luxo maravilhoso no terrível frio no inverno afegão. Ainda tínhamos piscinas e quadras de basquete e tênis.

Nosso apartamento era muito maior que a casa onde morávamos antes. Agora tínhamos três quartos espaçosos, uma cozinha moderna e dois banheiros.

Eu me senti no céu por ter meu próprio quarto, que rapidamente decorei com pôsteres de Elvis Presley e Tom Jones. Meu quarto também tinha espaço suficiente para expor minhas coleções de moedas antigas e selos.

Muitos afegãos com conexões políticas se mudaram para o bairro de Mekrorayan, mas também viviam ali muitos russos transplantados, profissionais soviéticos de todas as áreas. Nós achávamos os vizinhos russos tão agradáveis que não pensamos na ameaça que eles representavam. Tal como a maioria dos afegãos, nós recebíamos bem a modernização que nos chegava, sem pensar muito no perigo de perder nossa cultura e nossa independência. Logo descobrimos que o governo soviético não gastava imensas fortunas, tempo e energia num país que não quisessem ocupar. A União Soviética compartilhava com o Afeganistão uma fronteira de 1.600 quilômetros. Tal como os ingleses no passado, os russos também queriam ter nosso país em sua esfera de influência.

Contudo, em termos pessoais, 1978 foi um ano muito promissor para mim. Eu era uma veterana na escola secundária Malalai de Cabul, onde minha mãe era professora. Aquela era uma das melhores escolas femininas do Afeganistão. Seu nome era uma homenagem a uma célebre heroína afegã, Malalai, uma lenda em meu país.

Malalai foi uma simples camponesa que, a exemplo de muitas mulheres afegãs, acompanhou os homens da família quando eles foram para a guerra. Seu papel era preparar comida, distribuir água e cuidar dos feridos. Seu magnífico ato de heroísmo ocorreu em 27 de julho de 1880, quando o exército britânico atacou os militares afegãos numa das muitas tentativas inglesas de invadir e ocupar nosso país. Embora o exército afegão fosse mais numeroso, os britânicos tinham armamentos melhores. Com grande número de afegãos feridos, logo ficou claro que nós perderíamos a batalha. Malalai gritou para o pai e os irmãos que mantivessem a posição e lutassem. Quando o porta-bandeira caiu, a menina correu para erguer nosso pendão.

Mais tarde Malalai foi baleada e morta, mas sua coragem havia inspirado os combatentes. A partir daí ela se tornou uma grande heroína para todos os estudantes afegãos.

Tenho muitas lembranças maravilhosas daqueles dias de estudante em que me via sentada numa sala de aula espaçosa, com a luz brilhante do sol entrando pelas grandes janelas. Embora nossa escola fosse exclusivamente feminina, estudávamos o mesmo que os meninos. Como o currículo da instituição era excelente, os afegãos mais influentes mandavam suas filhas para lá. Entre minhas colegas de turma estavam as netas do presidente e as filhas de diversos príncipes reais.

Mesmo ocupada com as atividades normais de uma escola secundária, eu passava muito tempo sonhando e fazendo planos para o dia em que deixaria o Afeganistão para me matricular numa universidade indiana. Meus pais queriam que eu me preparasse para ser médica, seguindo os passos de minha irmã Nadia. No entanto, eu preferia estudar ciências políticas, acreditando que tinha mais vocação para uma carreira diplomática.

Eu era uma das garotas mais populares da escola, talvez porque fosse ousada e rebelde e os adolescentes valorizem essas características em seus pares. Sendo a inegável líder de meu grupo de amigas, proporcionava a elas muitos momentos de diversão.

Naquele ano, minha matéria favorita era francês, talvez porque eu tivesse uma aptidão natural para idiomas. Devo ter herdado esse talento de meu pai, que falava farsi, pashto, francês, hindi, russo, inglês e turco. Minha mãe só falava farsi e um pouco de inglês; até morrer, ela decididamente evitou aprender pashto, o idioma de meu pai. Dessa forma, minha irmã Nadia e eu falávamos farsi com minha mãe e pashto com meu pai. Nós duas também falávamos um pouco de inglês, russo, hindi e francês. Meu idioma favorito era o francês, que considero a língua mais bonita do mundo.

Eu admirava secretamente nossa professora de francês, que era descolada e também um pouco rebelde. No início do ano letivo ela propôs uma regra nova e emocionante. Em classe, todas as alunas só podiam falar francês. Se ela surpreendesse alguém falando farsi ou pashto, a transgressora seria multada em cinco afeganis. O fundo obtido com as multas seria usado para financiar um passeio da turma a Paghman, um belo resort de verão a uns trinta quilômetros de Cabul. Lá nós ficaríamos em um ótimo hotel e desfrutaríamos de belas paisagens e comidas deliciosas. Durante o ano, muitas alunas esqueceram-se de falar francês e no final do primeiro período letivo tínhamos coletado dinheiro suficiente para pagar a viagem, que foi marcada para o dia 27 de abril de 1978.

No dia anterior ao passeio, todas estávamos muito excitadas. A professora deu a entender que planejava relaxar as regras da escola durante o passeio, permitindo música, dança e cigarros. Ela até mesmo se prontificou a nos fornecer os cigarros. Embora quase todas as veteranas fossem fumantes, porque os adolescentes afegãos achavam legal fumar, nenhuma de nós tinha coragem de confessar o hábito para os pais. Nunca um adulto tinha participado de nossa conspiração. Nossas expectativas eram imensas.

Quando saímos da escola naquele dia, minhas amigas e eu devíamos ter percebido um clima de inquietação na cidade. Normalmente, a área de saída ficava cercada pelos carros dos pais ricos que vinham buscar as filhas. Naquela tarde, só havia um veículo militar no estacionamento. Além disso, dois guardas armados estavam postados diante do edifício. Diversos helicópteros circulavam pelo céu.

Com a animação por causa do passeio no dia seguinte, não percebemos os sinais de perigo. Em vez disso, um grupo de colegas e eu nos empilhamos num táxi e mandamos o motorista nos levar à nossa sorveteria favorita, no centro da cidade.

Todas as sorveterias de Cabul empregavam um homem capaz de fazer malabarismos com pratos e copos com a perícia de um artista de circo. Chamávamos o malabarista de distribuidor de doces. Em nossa sorveteria favorita, o malabarista era muito talentoso e saltava pelo lugar girando pratos, o que era fascinante para um grupo de adolescentes. Olhávamos avidamente enquanto ele cobria nossos pratos com neve gelada, trazida do alto das montanhas, e despejava xarope sobre ela. Longas tiras de uma cobertura doce e pastosa cobria a neve saborizada. Colheradas de creme batido com água de rosas coroavam a saborosa preparação.

Naquele dia nós éramos felizes e talvez aquelas tenham sido minhas últimas horas de alegria no Afeganistão. Conversávamos sobre o passeio e planejávamos nadar nas águas frias e fazer piqueniques nos maravilhosos jardins do hotel. Eu estava duplamente excitada porque meu pai me deixou dirigir o carro da família para buscar minhas amigas na manhã seguinte. Nós deveríamos ir juntas para a escola e pegar o ônibus lá. Mais tarde, meu pai iria até a escola buscar o carro.

Embora algumas mulheres de Cabul soubessem dirigir, poucas se aventuravam de carro sem supervisão masculina. Eu era uma das raras meninas afegãs cujo pai autorizava o privilégio de dirigir sem a orientação de um passageiro homem.

No final do dia, quando o táxi me deixou em casa, fiquei assustada quando vi minha mãe, minha irmã e Muma correrem para a porta. A babá levantava as mãos como se tentasse desviar uma bala. Minha mãe chorava e minha irmã, que viera passar em casa as férias da universidade indiana, me puxou para fora do táxi com um ar de preocupação, me abraçou e gaguejou:

— Você está bem! Você está bem!

O comportamento aterrorizado de minha família me deixou em pânico.

— O que aconteceu? — gritei. — Tem algum problema com papai?

— Entre em casa! — gritou minha mãe.

Muma enxugava os olhos vermelhos e inchados.

— Graças a Deus você está viva! — gritou.

A essa altura eu estava completamente perturbada sem saber por quê. Comecei a tremer. Com certeza meu pai estava morto! O que mais poderia deixar minha família naquele estado? Quando entramos na sala, ouvimos uma explosão ensurdecedora. O edifício inteiro tremeu.

Minha mãe gritou.

As outras correram para fora da sala.

Sentindo a histeria fechar minha garganta, perguntei aos gritos o que estava acontecendo. Minha mãe estava incoerente, portanto corri para o telefone e disquei o número do escritório de meu pai. A linha estava ocupada.

Foi quando ouvi muito perto de nossa casa o som de metralhadoras, seguido de explosões que sacudiram o edifício.

O telefone tocou. Era meu pai.

— Maryam, graças a Deus você está em casa.

Meu estômago ficou apertado quando ouvi pelo telefone o barulho de tiros. A vida de meu pai estaria em perigo?

— Quem está atirando? — gritei.

Minha mãe arrancou o telefone de minhas mãos.

— Venha para casa imediatamente! — ela falou tão depressa que mal se compreendia o que disse.

A ligação caiu.

Eu estava paralisada de medo. Minha mãe correu pelo corredor até o quarto de dormir, gritando:

— Meu Deus! Meu Deus! Salve meu marido! Salve meu marido!

Em questão de horas, nosso mundo anteriormente seguro foi virado de pernas para o ar. Contando com a sorte, tornei a discar o número de meu pai e fiquei surpresa quando o telefone foi atendido, mas fiquei aterrorizada ao ouvir no instante seguinte uma explosão ensurdecedora em algum lugar do escritório. Tinha certeza de que meu pai estava morto.

Corri até minha mãe e comecei a sacudi-la para que ela parasse de chorar.

— Mamãe! O que está acontecendo? Quem está nos atacando?

— Maryam, minha filha, é um golpe. Uma revolta violenta — soluçou.

— Onde? O quê?

— Só sabemos que alguém está atacando o palácio.

Nós nos entreolhamos. O escritório de papai ficava a uma quadra de distância do palácio presidencial.

Nunca na vida tive tanto medo. Pelos barulhos que vinham de fora, eu sabia que pessoas estavam morrendo, mas só pensava em meu querido pai, um homem empurrado ainda criança para a vida militar, mas que nunca enfrentara um combate.

Enquanto minha mãe, minha irmã e a babá ficaram trancadas nos quartos, fui para a porta da frente olhar e esperar. Esperei durante três longas horas, sobressaltada com os ruídos de combate que vinham de todos os lados. Não me permitia imaginar a destruição de nossa linda cidade. Quando comecei a sentir meus joelhos se dobrarem de exaustão, vi o carro de meu pai ziguezagueando pela estrada.

Corri para a rua. Fui cercada pela luta e pelo cheiro de fumaça. O som das metralhadoras ecoava em meu cérebro, mas nada disso tinha importância porque meu pai estava vivo!

Quando me viu, papai saltou do carro e correu para me abraçar. Então ouvimos balas atingirem as paredes das casas a nosso redor. Meu pai se abaixou e me puxou com ele e corremos para a relativa segurança de nossa casa. Ele foi imediatamente cercado pelas mulheres da família.

— Fui salvo por George Perouch! — ele nos contou.

George Perouch era o embaixador francês, um homem maravilhoso, muito amigo de meus pais e do tio Hakim e sua família. A embaixada era ao lado do escritório de meu pai.

— Houve um rápido cessar-fogo para que o pessoal da embaixada francesa pudesse ser evacuado — continuou papai. — George correu até meu escritório e nos mandou fugir para a embaixada. Ele achava que quem pudesse devia sair de Cabul com os franceses. Meu pessoal foi com ele, mas eu vim para casa. — Ele deu um sorriso. — Eu não podia abandonar minhas garotas.

Depois de alguns momentos de abraços e lágrimas, ele prosseguiu:

— Temo que Daoud esteja morto.

Não pude evitar um grito. Sempre amei nosso presidente, principalmente porque ele tinha uma ligação com o bem-estar de meu pai.

Papai acariciou minha mão.

— A residência do presidente está sitiada e foi muito danificada. Quando escapei, pude ver brechas nas paredes e o palácio estava cercado por tanques, apesar de a batalha ter terminado. Ninguém está atirando para dentro da residência presidencial e nem de lá de dentro para fora. — Ele balançou a cabeça com tristeza. — Temo que estejam todos mortos.

Meu coração disparou. Duas das netas de Daoud eram grandes amigas minhas. Na verdade, eu as tinha visto na escola no dia anterior. Elas estavam rindo, despreocupadas, sem um pensamento de perigo. Será que aquelas meninas inocentes estavam mortas? Meu pai retomou seu relato.

— Depois de passar pela residência de Daoud, vi algumas estudantes correndo pela rua. Elas estavam em perigo, portanto parei e me ofereci para levá-las em casa, onde quer que fosse. Vocês acreditam que elas gritaram comigo, dizendo: "Seu velho safado! Você devia ter vergonha de ficar assediando meninas." — Ele suspirou. — Tive que deixá-las entregues ao próprio destino.

Então o papai se lembrou de que precisávamos de suprimentos, já que ninguém sabia quanto tempo os combates iriam durar. Ele chamou Askar, que surgiu dos fundos da casa como uma miragem. Pela primeira vez naquele dia, percebi que não tinha visto Askar durante todo o episódio. Onde estivera ele?

— Askar, acho que os combates pararam por algum tempo. Depressa, vá e compre toda a comida que puder.

Meu pai tirou do bolso um maço de dinheiro que entregou a Askar.

Fiquei cheia de inveja porque nosso empregado ia ver o que estava acontecendo lá fora. Quando meu pai e minha mãe foram para o quarto conversar sobre os acontecimentos chocantes do dia e Nadia e Muma foram para os próprios quartos, peguei as chaves do carro e sai do edifício no carro da família. Interceptei Askar, que estava a uma quadra ou duas de distância. Quando ele manifestou surpresa por meu aparecimento súbito, menti:

— Papai me disse para vir buscá-lo. Podemos trazer mais alimentos com o carro.

As ruas não estavam tão calmas quanto meu pai esperava. Estavam sendo travados combates. Vimos mortos e feridos espalhados pela área. No entanto, fortalecida pelo falso sentimento de invulnerabilidade característico da adolescência, dirigi pelas ruas sem medo, apesar de ver pessoas correndo em pânico e ouvir o som das explosões e das balas que cruzavam o ar. Em vez de ter medo, senti uma crescente excitação.

Vi uma fumaça escura subir da área do palácio presidencial. Que coisas terríveis teriam acontecido ali? Onde estariam minhas amigas? Onde estariam as mulheres e crianças da família real? Sem a moderação de nosso presidente, qual seria o futuro do Afeganistão?

O mercado estava caótico. Os compradores gritavam e empurravam, enquanto jogavam comida em cestas de compra. Askar e eu também começamos a agarrar o que podíamos, apesar de termos mais sorte que a maioria, porque o vendedor conhecia bem minha família. Aquela boa alma começou a empilhar sacos de arroz, latas de leite em pó e outros enlatados, papel higiênico e outros artigos e depois nos ajudou a levar tudo para o carro. Quando Askar e eu tentamos pagar, ele recusou nosso dinheiro, gritando:

— Vão embora! Vão embora! Nós acertamos depois!

Corremos de volta a casa por que a violência havia aumentado. Em certos momentos achamos que não íamos conseguir. Foi a maior descarga de adrenalina da minha vida. Quando chegamos a nosso edifício, paramos o carro o mais perto possível da porta da frente e corremos para descarregar as provisões. Eu estava orgulhosa de mim mesma, esperando ser recebida como uma heroína. Em vez disso, encarei a fúria de meus pais, que gritavam alucinados:

— Maryam! Maryam! — ouvi a voz esganiçada de minha mãe. Pude ver que ela estava sem saber se me abraçava de alívio ou me batia de raiva.

O querido rosto de meu papai estava deformado pela fúria.

— Maryam! Como você pôde fazer uma coisa dessas? Estamos no meio de uma *revolução*! Você está maluca, *spi zoia*!

Meu pai raramente praguejava, mas agora estava me chamando de "cadela", uma das ofensas mais graves de nosso mundo muçulmano.

Caí no chão e abracei os joelhos dele.

— Desculpe, papai. Desculpe. Eu não estava pensando.

Nenhum de meus pais fez um gesto de reconciliação. E muitos dias se passaram antes que eles parassem de me tratar com frieza.

Naquela primeira noite da revolução, mamãe, Muma, Nadia e eu dormimos na sala de estar. Meu pai e Askar dormiram num quartinho nos fundos da casa. Tiros e explosões abalaram nosso sono. Ouvimos o rolar abafado dos tanques na rua, em frente à nossa casa. Essa rebelião violenta não guardava qualquer semelhança com a revolução sem sangue de 1973. Essa era realmente séria. Cada novo som da carnificina fazia minha mãe e minha irmã soltarem longos gemidos. Por alguma razão, eu estava calma e suportei melhor a situação, conseguindo dormir apesar dos ruídos.

Na manhã seguinte, o único rosto repousado à mesa do café da manhã era o meu. Meu pai ligou o rádio na principal estação estatal de Cabul, que só estava transmitindo música alegre. Finalmente, aí pelas dez da manhã, uma voz que falava farsi com sotaque pashto interrompeu a música para declarar que "o Afeganistão foi libertado do feudalismo e do imperialismo. Este país agora é a república livre do Afeganistão. O Afeganistão é do povo afegão."

A música alegre recomeçou. Depois de suspirar profundamente, analisei as expressões preocupadas de meu pai e minha mãe. Ela foi a primeira a falar, com a voz cheia de repugnância:

— Os comunistas vão transformar Cabul num subúrbio de Moscou. Vamos ter que dividir nossa casa com estranhos. Seu pai vai ter que dividir seu negócio lucrativo. As propriedades privadas vão ser confiscadas e entregues a desconhecidos. Esses comunistas que odeiam Deus vão até mesmo tornar o islamismo ilegal.

Muito religiosa, a babá Muma deu um grito de susto e colocou a mão sobre a boca.

Fiquei tão triste que me calei. Pela primeira vez em muitos anos, nossa família tinha muito a perder. Justo quando meu pai estava conseguindo nos proporcionar uma vida confortável, os comunistas tinham que chegar e nos tirar tudo. Não era justo! Eu podia ver pela expressão no rosto de meu pai que ele estava pensando o mesmo, mas ele não disse nada, apesar de gemer no fundo da garganta.

Naquele momento, a música parou e a mesma voz anunciou:

— Sou o major Aslam Watanjar, o ministro da defesa da República do Afeganistão!

Quase não contive o riso. Era engraçado demais para ser verdade! O nome Watanjar significa "dar a vida pelo país". Que nome mais simbólico para alguém que desejava dar a impressão de ser um patriota. Mais tarde fui surpreendida com a informação de que por uma coincidência irônica o nome do homem era realmente aquele.

Antes de termos a chance de discutir a mensagem, outra voz, agora em pashto, interrompeu o major com uma declaração bombástica:

— Meus concidadãos! A justiça raiou para homens e mulheres, que serão tratados com o mesmo respeito no novo Afeganistão.

Apesar de deixar furiosos praticamente todos os homens no país, aquela mensagem era uma doce notícia para os corações femininos, mas nenhuma de nós acreditava seriamente na possibilidade de uma mudança de fato. Enquanto os bracinhos e as perninhas dos fetos de meninos afegãos estão sendo formados dentro do útero, os tecidos dos pequenos cérebros já estão a mil, germinando preconceito e discriminação contra as mulheres. Quem seria capaz de mudar as atitudes desses homens? Nem mesmo os comunistas conseguiriam fazê-lo.

Se nós tivéssemos a mínima dúvida de que os russos eram a força geradora daquele golpe, a essência da mensagem sobre igualdade para todo o povo afegão dissiparia essas dúvidas. Todos no país passariam a ter exatamente o mesmo nível. Não haveria mais ricos e pobres. Todos seriam instruídos. O primeiro objetivo nacional seria a abolição do analfabetismo, embora a maioria das famílias não deixasse as filhas frequentarem a escola. Com certeza a garantia de uma educação universal era uma meta maravilhosa, mas improvável, sendo a cultura afegã o que era.

O locutor pashtun encerrou o discurso com gritos de "Viva o socialismo! Abaixo o imperialismo! Abaixo os Estados Unidos!".

Passamos o dia em frente ao rádio, nosso único canal de notícias sobre o golpe. Antes do final do dia, um locutor informou que "o presidente Daoud renunciou ao cargo por motivo de saúde".

Meu pai juntou as mãos, olhando para cima e exclamando:

— Se pelo menos isso fosse verdade!

Mais tarde ouvimos notícias mais pragmáticas, quando a rádio oficial reportou:

— Nossa pátria foi liberada do jugo da ditadura de Mohammed Daoud. Raiou o tempo da fraternidade e da igualdade. Daoud se foi para sempre. Os últimos resquícios da tirania imperialista e do despotismo foram eliminados. O conselho revolucionário nacional está cuidando dos direitos dos cidadãos. Pela primeira vez, o poder está nas mãos do povo.

O tom da mensagem nos deixou ansiosos e convencidos de que o presidente tinha sido assassinado. Mas o que teria acontecido ao resto da família? Depois de combates tão violentos, temíamos o pior. Muitas mulheres e crianças viviam no palácio presidencial. Daoud tinha uma esposa, filhas, noras e muitos netos, alguns deles muito pequenos. Também havia muitos funcionários do governo e outros empregados presidenciais. Onde estavam todas aquelas pessoas agora? Não tínhamos a menor informação sobre qualquer antigo funcionário ou membro da família real desde o início do golpe.

Eu já tinha ouvido mais de uma vez a história do príncipe Daoud, mas não lhe dei muita atenção. Ele nasceu em Cabul. Seu pai, que foi embaixador afegão na Alemanha, foi assassinado em Berlim em 1933. O príncipe foi acolhido por outros membros da família real e foi educado na França. Ele voltou para ocupar posições importantes no governo afegão. Ao longo dos anos, foi ministro da defesa, ministro do interior e embaixador na França, tendo sido nomeado primeiro-ministro em 1953. Nas décadas em que exerceu esse último cargo, muitas vezes procurou a União Soviética para obter ajuda militar. Daoud criou um conflito com o Paquistão por conta de um território contestado, o que provavelmente causou sua demissão do cargo de primeiro-ministro. Dez anos depois, como vimos, ele liderou um golpe pacífico que depôs o primo e cunhado, o rei Zahir, quando este estava na Europa. Na ocasião, Daoud proclamou a república e assumiu o cargo de presidente.

Em 1974, o presidente Daoud pediu e obteve ajuda militar da União Soviética. De repente, parecia que Cabul estava cheia de soviéticos, de consultores políticos a médicos, professores e especialistas em armamentos.

Dois anos depois, nosso presidente finalmente "caiu na real" e — tarde demais — procurou se distanciar dos soviéticos. Foi então que começaram seus verdadeiros problemas. Ele viajou para Moscou em 1977 para um encontro com Leonid Brejnev, então secretário-geral do partido comunista, que pressionou Daoud a expulsar do Afeganistão todos os especialistas da Otan e dos EUA.

Não se sabe o que mais aconteceu no encontro, mas diz-se que o presidente voltou dele ainda mais convencido de que deveria mudar suas simpatias e livrar o país da influência soviética. Isso precipitou uma série de acontecimentos que trariam para o país um governo fantoche dos soviéticos, uma invasão armada por uma das forças militares mais poderosas do mundo, a destruição quase total do Afeganistão e as mortes de muitos milhares de cidadãos afegãos. Como afronta final, o toque mortal para o Afeganistão soaria com a ascensão do Talibã e as ações devastadoras do terrorista saudita Osama Bin Laden.

Durante a semana do golpe de 1978, tínhamos a sorte de desconhecer o infeliz futuro do Afeganistão, caso contrário nossa vida familiar teria sido destruída para sempre. Éramos apenas uma entre milhares de famílias afegãs indefesas que rezavam para que o caos e a violência acabassem logo e nós pudéssemos voltar à vida normal.

Se pelo menos nossas preces tivessem sido atendidas!

Capítulo 9

Não admira que a tão esperada viagem da turma de veteranas jamais tenha acontecido. Tal como a maioria dos afegãos, nossa pequena família se encolheu dentro de casa, esperando para ver o que ia acontecer. Vários dias depois, o novo governo anunciou que as crianças deviam voltar à escola. Nós fizemos o que eles mandaram. Ao voltar, fiz um levantamento cuidadoso para localizar todas as minhas conhecidas. As únicas alunas ausentes eram as meninas da família real. Apesar de todas desejarmos que elas voltassem logo, nenhuma daquelas garotas cheias de vida foi vista novamente.

Circulou por Cabul o boato de que o mandante do golpe de estado fora Hafizullah Amin, que tinha sido colocado em prisão domiciliar pelo presidente Daoud por ter feito um discurso entusiástico em favor dos comunistas afegãos. O presidente não matou o opositor, como teria feito qualquer um dos seus antecessores. Em vez disso, ele foi leniente e até permitiu que o prisioneiro recebesse visitas. Essa benevolência foi um erro grave, pois dizia-se que os visitantes contrabandearam os planos de golpe de Amin para seus seguidores. Só muitos anos depois soubemos o que aconteceu naquele dia. A rebelião cuidadosamente planejada começou com um motim dos soldados do Aeroporto Internacional de Cabul. Os rebeldes massacraram as unidades militares leais ao presidente e abriram caminho até o centro da cidade.

Informados sobre a revolta armada, os membros da família real saíram de suas casas e se refugiaram no palácio. Talvez eles acreditassem que estariam mais seguros se ficassem juntos, mas na verdade talvez alguns tivessem sobrevivido se estivessem espalhados pela cidade ou tentassem fugir do país.

Quando o palácio foi atacado pelas forças antigovernistas, a amedrontada família real procurou proteção num grande salão de festas cujas portas foram trancadas e defendidas por empregados fiéis, preparados para resistir.

O presidente Daoud disse à família que não renunciaria. Mesmo que tivesse a oportunidade de se entregar, não se renderia. Antes do fim do dia, toda a família foi assassinada, com exceção de duas princesas que ficaram feridas na confusão e foram levadas para um hospital onde vieram a falecer.

Os muçulmanos têm de ser enterrados nas 24 horas posteriores à morte e geralmente até um inimigo mortal autoriza o sepultamento nesses termos. Contudo, não foram apresentados corpos para serem sepultados. O destino da família real permaneceu um mistério total e somente depois de trinta anos a verdade daquele dia finalmente foi revelada: todos foram assassinados e tiveram os corpos lançados numa vala comum.

Logo soubemos que nosso novo presidente era um homem chamado Nur Muhammad Taraki. Hafizullah Amin, o provável arquiteto do golpe, foi nomeado primeiro-ministro.

Os dois se puseram a discutir com os oficiais soviéticos o futuro do povo afegão.

Três meses depois do golpe, o presidente Taraki anunciou um programa de reformas que obliteraria nossa cultura tradicional. Em dezembro, ele viajou para a Rússia para assinar um tratado de amizade afegão-soviético, um acordo de 21 anos de "amizade e cooperação" que envolvia intervenção militar soviética. Imediatamente começaram a brotar revoltas espontâneas nas províncias. Em Cabul, periodicamente ocorriam explosões. O povo do Afeganistão estava zangado e não tardou a demonstrar esse sentimento.

Fiquei impressionada com as rápidas transformações que ocorriam em nossas vidas pessoais. O currículo da escola foi rapidamente alterado. De repente, nossas aulas de história não tinham qualquer relação com o Afeganistão. Em vez disso, tínhamos classes sobre a gloriosa revolução russa e as realizações impressionantes dos dirigentes comunistas.

O programa teatral da escola já não tratava das lendas tradicionais afegãs como *O Dragão de Pedra* ou *A Sagrada Sepultura do Noivo e da Noiva*, peças folclóricas conhecidas por todas as crianças. Agora tudo o que era apresentado aos impressionáveis estudantes estava saturado de propaganda. Já não cantávamos as canções tradicionais cheias da apaixonada poesia afegã. Em vez disso, tínhamos que cantar nosso apreço pelo novo governo socialista. Eu me lembro de uma canção idiota sobre a prosperidade trazida pelo domínio russo. Outras denegriam os Estados Unidos e a Inglaterra.

Nossa escola virou uma vitrine para os invasores russos. Grupos de dignitários cruzavam os limites da cidade de Cabul para ver que as estudantes afegãs eram um exemplo de juventude comunista.

A cada dia nossas vidas ficavam mais grotescas e a cada dia eu ficava mais zangada. Recordava-me de minha primeira viagem ao exterior, quando fiquei perturbada com a falta de modernização de meu país em comparação com o Paquistão e a Índia. Naquela ocasião, meu pai me lembrou de que eu vivia sob minha própria bandeira, mas o novo governo alterou nosso amado estandarte para torná-lo parecido com o soviético. Eu estava vivendo sob a bandeira de um país estrangeiro.

Um vulcão borbulhante de raiva crescia dentro de meu coração patriótico.

A irmã do novo presidente era uma professora recém-contratada em minha escola. Embora eu não tivesse nada contra ela pessoalmente, não podia aceitar sua associação íntima com o novo regime comunista. Ela apoiava fervorosamente tudo o que minha família e eu detestávamos. Procurava aliciar todas as meninas da turma para que entrassem para um grupo de jovens do partido comunista. Algumas de minhas amigas abriram mão de suas crenças e entraram para aqueles grupos, mas eu me recusei. Como era uma líder na escola, ela me tratou como um caso pessoal, me aconselhando a aderir, e às vezes apelando para ameaças veladas.

— Maryam, se não entrar para o grupo de jovens, você põe em risco suas chances de conseguir uma educação superior.

Aquelas ameaças só alimentavam minha teimosia.

— Não, muito obrigada — respondia eu com a voz calma, apesar de ter vontade de cravar as unhas no rosto dela.

— Maryam, essa atitude terá um reflexo negativo sobre sua família.

Eu olhava para ela sem responder. Sabia que estava tomando a decisão certa. Não sou o tipo de pessoa capaz de fingir concordar com alguma coisa que detesto somente para colher alguns benefícios. Se os comunistas não me deixassem sair do Afeganistão para frequentar uma universidade na Índia, eu poderia cruzar a fronteira sem autorização oficial.

Minha decisão de não participar do grupo da juventude comunista foi considerada subversiva, mas jamais me arrependi. Alunas que cederam à pressão contavam como eram constantemente coagidas a espionar as próprias famílias e a delatar qualquer comentário anticomunista que ouvissem dos próprios pais. Elas eram obrigadas a frequentar reuniões partidárias com participantes de ambos os sexos, o que configura uma ofensa à nossa cultura.

Apesar de ter brincado com meninos antes da puberdade, quando entrei na adolescência não tinha mais permissão para brincar com os garotos da vizinhança ou participar de eventos mistos. Apesar de gostar de alguns aspectos da prática comunista — a igualdade para as mulheres no local de trabalho, o direito feminino ao voto e alguns direitos legais para as mulheres —, isso não significava que me sentia confortável no convívio com garotos que não conhecia. Os comunistas estavam marchando na direção errada no que diz respeito ao Afeganistão muçulmano conservador.

Como tantos outros compatriotas, eu me tornei mais religiosa depois que os comunistas tomaram o poder. Antes da chegada deles, eu não levava a religião muito a sério e me sentia segura em minha fé. Mas com a imposição de tantas mudanças, eu e muitos outros afegãos nos apegamos à fé muçulmana com nova determinação. Durante o Ramadã eu respeitei rigorosamente o jejum e não comi ou bebi nada durante as horas de luz do dia.

No Ramadã, uma equipe polonesa de televisão veio à nossa escola. Antes da chegada dessa equipe, nossos professores nos instruíram a elogiar o novo governo. Aquilo era uma impostura. Todos sabiam que eu me ressentia e até mesmo odiava o novo regime.

Eu estava de mau humor mesmo antes da chegada da equipe de televisão.

Como éramos alunas do último ano, fomos escaladas para ser entrevistadas primeiro. Fomos levadas para o pátio da escola e nos mandaram sentar-nos em círculo. A equipe polonesa dispôs brilhantes refletores a nosso redor.

Vi que um dos jovens da equipe estava comendo uma maçã. No passado, eu não teria percebido nem me incomodado ao ver alguém de outra religião comer durante o Ramadã, mas naquele dia fiquei furiosa. Queria ter o poder de condenar aquele homem idiota a receber umas boas chicotadas.

Como nunca fui capaz de controlar minhas reações, exclamei em farsi:

— Que vergonha, seu idiota! Estamos no Ramadã e você fica aí comendo uma maçã! Onde está o seu respeito por nossa religião?

Várias colegas soltaram risadinhas. Uma delas sussurrou:

— Maryam, sua boca nervosa vai te causar problemas.

— Eles são idiotas demais para entender farsi — retruquei com altivez.

No mesmo instante, o jovem jogou a maçã no chão e respondeu em perfeito farsi:

— Desculpe. Você está certa.

Fiquei surpresa e envergonhada.

Quando a entrevista começou e as câmeras começaram a girar, o polonês da maçã se identificou como apresentador do programa de tevê. Ele olhou para mim.

— *Você* — indicou —, o que *você* acha do novo governo?

Fiquei rubra. Minha rebeldia superou o bom senso. Olhei para ele com raiva.

— Você deve saber. Você é polonês. Você é um fantoche que vive num estado fantoche. Como você se sente?

Ouvi um rumor de desagrado das pessoas a nosso redor, mas minha raiva vinha sendo acumulada havia meses. Estava me precipitando ladeira abaixo.

— Não se esqueça de que somos afegãos — rosnei. — Nós nunca nos curvamos para outra bandeira. Nunca seremos um estado fantoche. Somos diferentes de vocês, vamos expulsar nossos opressores.

As colegas engasgaram de espanto, mas ninguém disse uma palavra até que nossa diretora, estupefata, recobrou a voz.

— Vá para sua sala *agora mesmo*! — gritou.

A diretora era nova na escola Malalai e viera substituir a carinhosa diretora anterior que nós conhecíamos e a quem amamos durante todos os anos do curso secundário. Essa nova diretora era um pau-mandado que não sabia nada a nosso respeito, nem mesmo nossos nomes. Nós a detestávamos.

Quando nos sentamos na sala de aula, ela entrou com o rosto tão vermelho quanto a maçã que o apresentador do programa de televisão estivera comendo. Ela avançou para mim, com a voz ameaçadora:

— Qual é o seu nome?

Eu ainda me sentia ousada e tinha orgulho de ter mostrado coragem.

— Meu nome é Maryam Khail, filha de Ajab Khail. Nós temos orgulho de ser afegãos.

Ela pegou uma folha de papel e uma caneta.

— Quem estava a seu lado?

Pela primeira vez tive um pequeno impulso de arrependimento.

Desde criança fui ousada. Muitas vezes realizei façanhas perigosas e aceitei a punição com um orgulho silencioso, mas minhas amigas eram diferentes de mim. Menti, afirmando não saber quem estava a meu lado.

A professora começou a interrogar minhas colegas. Uma garota medrosa foi facilmente convencida a indicar os nomes de minhas melhores amigas.

A diretora gritou com sua voz irritante:

— Fiquem aqui. Não falem umas com as outras. Vou voltar.

Ela saiu batendo a pesada porta com estrondo.

Depois de alguns minutos de silêncio, minhas amigas começaram a censurar minha imprudência.

— Maryam, agora vamos ter problemas por sua causa. A KHAD (a versão afegã da KGB) vai ser informada. Eles vão mandar nossas famílias para a prisão!

Algumas das meninas começaram a chorar.

Apesar de me sentir muito mal por ter envolvido minhas amigas naquele caso, não me arrependi de expressar minha verdadeira opinião. Na verdade, eu me senti melhor, como uma verdadeira patriota, uma destemida combatente contra os invasores.

Enquanto eu aguardava sentada na sala de aula, cheia de mim, a diretora estava me denunciando para as autoridades. Por sorte, ela entrou em contato com um ministério comandado por um velho amigo de meu pai. O ministro ficou assombrado quando soube que a filha de Ajab Khail tinha criado uma conflagração na escola feminina mais prestigiosa de Cabul. Ele aconselhou a diretora a deixar a questão nas mãos dele e disse que tomaria pessoalmente as providências para que eu fosse punida. Ele pediu que ela não comunicasse o problema aos agentes de segurança da KHAD.

Quando cheguei em casa, meus pais já sabiam de tudo. Mais uma vez me vi diante de uma confrontação furiosa. Minha mãe gritava, enquanto meu pai pedia para ouvir o meu lado da história. Finalmente, minha mãe caiu numa cadeira, em prantos.

— Maryam — disse meu pai entre os dentes —, você vai mandar nossa família toda para Pulecharkhi.

— Pulecharkhi? — repeti mecanicamente. Sob o domínio comunista, Pulecharkhi tornou-se uma das prisões mais temidas do país, famosa pelas torturas e assassinatos. Muitos dos melhores cidadãos do país estavam desaparecendo naquele presídio para nunca mais voltar a ser vistos.

— Sim. Meu amigo no ministério me disse que se ele não entrasse no meio toda a nossa família teria sido presa. Nós evitamos ser presos, mas fomos colocados numa lista de pessoas em observação. Tudo o que fizermos e dissermos vai ser analisado. — Ele deu um suspiro de resignação. — Você nos colocou numa situação de sério risco, Maryam.

Tal como disse meu pai, nossa família ficou visada. Logo os russos fecharam a fábrica de cimento do tio Hakim. A família de Farid ficou em sérias dificuldades financeiras. Os negócios de meu pai também foram prejudicados porque era quase impossível exportar bens locais; além disso, o sócio francês passou a ter muita dificuldade para entrar e sair do país, embora aquele homem corajoso tenha continuado a forçar todas as barreiras.

Naquele ano, o Eid, o festival do fim do Ramadã, parecia mais um funeral do que uma festa. A família se reuniu durante a celebração. Enquanto as crianças brincavam, os adultos discutiam de que maneira poderíamos sair do país. Escutei meu pai mencionar a existência de contrabandistas que ajudavam pessoas a cruzar a fronteira com o Paquistão.

Segundo meu pai, do Paquistão poderíamos ir para a Índia. Tio Hakim discordou:

— Não, na semana passada tive notícias de uma família que contratou um desses contrabandistas. Assim que eles chegaram a uma área deserta, os homens da família foram amarrados e as mulheres foram estupradas. De jeito nenhum, não podemos correr esse risco. — Ele refletiu antes de prosseguir: — Estive pensando, precisamos usar nossos contatos. Nesse momento, Farid está tentando conseguir vistos para todos nós.

Fiquei radiante! Meu herói Farid, meu querido primo, certamente nos salvaria. Depois de ter passado algum tempo estudando na Índia, Farid se matriculou numa boa universidade no Irã, mas aquele país também estava enfrentando uma revolução e o aumento das tensões fez com que meu primo se refugiasse no Bahrein, onde conseguiu um emprego. Sim, Farid nos salvaria.

— Graças a Deus, Farid estava fora do país quando tudo isso começou — suspirou tio Hakim. — Precisamos ser pacientes. Precisamos esperar para ver o que ele pode fazer por nós.

Durante essa reunião de família, o tio Hakim me abraçou e me levou para um canto.

— Maryam, posso ver que você está muito tensa e zangada. Sua mãe me contou da sua explosão na escola.

Olhei para ele e balancei a cabeça, sabendo que ia ouvir um sermão, mas amava meu tio e sabia que ele era um homem sábio e bom, além de ser mais corajoso que a maioria. Ele até mesmo desafiou a brutalidade nazista.

— Maryam, você precisa ficar de boca fechada. Quando eu estava na Alemanha, vi que os jovens eram os mais afoitos para desafiar os nazistas. Você sabe o que aconteceu com eles? — Ele estalou os dedos. — Eles desapareceram, Maryam. Nunca mais foram vistos. Naturalmente, mais tarde descobrimos que Hitler e seus comparsas mataram todos os que ousaram discordar de suas políticas brutais.

Ele se aproximou de mim e pela primeira vez na vida vi lágrimas em seus olhos.

— Maryam — advertiu ele —, os únicos indivíduos tão implacáveis quanto os nazistas são os comunistas. Eles não vão hesitar em executar nossos jovens, até mesmo uma garota como você, mas antes de matá-la, eles vão torturá-la. Você sabe que isso mataria seus pais. Você precisa me prometer que vai controlar sua língua.

Eu prometi. Se meu tio Hakim estava com medo, eu tinha um bom motivo para ter cuidado, mas sabia que seria difícil manter aquela promessa.

Capítulo 10

Para tristeza de nossa família, o aviso de meu tio Hakim foi profético. Logo perdemos dois de nossos primos mais inteligentes e bondosos.

Por causa da conduta desagradável de Shair Khan, nós sempre fomos muito próximos à família de minha mãe e distantes da família de meu pai. Contudo, nós conhecíamos e amávamos alguns membros da família Khail. Entre esses parentes especiais estavam dois jovens primos: um dedicado médico chamado Sabor e seu irmão mais velho, Mohammed, que trabalhava no Ministério da Justiça em Cabul. Eles eram mais velhos e nós os chamávamos de "tio", um sinal de respeito em nossa cultura. Os dois eram casados com primas. Sabor era o pai orgulhoso de uma menina de 6 meses, enquanto Mohammed era o feliz progenitor de quatro crianças pequenas.

Sabor era um homem alto com uma personalidade que transpirava bondade. Ele tinha olhos grandes e expressivos e uma grande semelhança com Clark Gable, o ator de Hollywood. Apesar de ser muito modesto e ficar ruborizado quando alguém elogiava sua aparência, Sabor tinha orgulho da barba e do bigode muito bem tratados.

Era um dos médicos mais atarefados do país e sua dedicação aos pobres do Afeganistão fazia com que só o víssemos raramente. Em geral, uma vez por mês ele aparecia com as mãos e os bolsos cheios de frutas frescas. No fundo eu preferia doces e chicletes, mas ele fazia questão de me dizer que aquelas gostosuras eram prejudiciais à saúde. Ele era um pioneiro na defesa de uma boa alimentação como meio de levar um estilo de vida saudável.

Apesar de sentir falta de doces, eu gostava muito das visitas de Sabor. Estava sempre interessado nos menores detalhes de minha vida e nos presenteava com histórias sobre as fofocas mais interessantes da vida hospitalar e os casos médicos mais notáveis.

Mohammed, o irmão mais velho de Sabor, também era alto e tinha um nariz fino e lábios cheios. Mohammed era bem-humorado e tranquilo, sempre pronto a brincar conosco quando éramos pequenas. Ele ria dos princípios rígidos do irmão e nos passava pedaços de chocolate e outras guloseimas proibidas. Mohammed era tão íntimo de nossa família que assumia parte do papel paternal quando nosso pai estava fora do país. Ele nos buscava na escola e nos brindava com sorvetes e um passeio pelo parque próximo de casa. Todas as noites de quinta-feira, Mohammed levava toda a nossa família para jantar no melhor restaurante de Cabul, que ficava num dos antigos palácios. Depois disso, levava as crianças ao cinema.

Nós não sabíamos que tínhamos pouco tempo para conviver com esses dois homens adoráveis. Logo depois do golpe de inspiração comunista, começaram a surgir relatos de que homens jovens de famílias influentes estavam sendo presos sem motivo ou explicação. Dizia-se que milhares foram detidos e nunca mais foram vistos. Apesar de ficarmos aliviados por Farid viver em segurança fora do país, nós nos preocupávamos com os outros primos do sexo masculino que tinham entre 14 e 40 anos. Naquele novo regime repressor, qualquer coisa poderia lhes acontecer.

Certo dia ouvimos a notícia apavorante de que a polícia secreta tinha feito uma incursão no hospital em que Sabor trabalhava. Sem explicação, meu amável primo foi levado. Mais tarde, no mesmo dia, outros oficiais da KHAD entraram de surpresa no escritório de Mohammed. Ele também foi preso.

Todos os que conheciam aqueles dois homens gentis os amavam e não podiam acreditar que eles tivessem feito algo errado. Agora nós sofríamos com terríveis visões de sua detenção em Pulecharkhi, onde possivelmente seriam torturados.

No Afeganistão, como em muitos outros países orientais, o importante não é quem você *é*, mas quem você *conhece*. Dessa forma, todos os homens de minha família começaram a procurar seus contatos no governo para descobrir por que aqueles homens gentis e inocentes tinham sido presos. Contudo, o estilo soviético era muito diferente de nossas maneiras. Ninguém foi capaz de dar qualquer informação. Mohammed e Sabor estavam totalmente fora de nossa limitada área de influência.

Ficávamos mais ansiosos a cada dia.

Com o desaparecimento de meus queridos primos, o vulcão em meu coração começou a despejar fúria. Eu odiava tanto os comunistas que estava tendo dificuldade em tratar com educação nossos vizinhos russos, pessoas amáveis que não tinham qualquer relação com nossos problemas.

Nós tínhamos dois outros primos que ocupavam posições elevadas nas forças armadas. Felizmente eles não foram marcados pelo novo regime e na verdade puderam ajudar nossa família em diversas questões oficiais de menor importância. Como um desses primos tinha olhos azuis e o outro tinha olhos verdes, os mais jovens da família os chamavam de "tio azul" e "tio verde".

Algum tempo depois do desaparecimento de Sabor e Mohammed, o telefone de minha casa tocou e do outro lado da linha ouvi uma voz:

— Quem está falando é um comandante do exército. — A voz fez uma pausa e acrescentou: — Sou um dos seus tios.

— O senhor é o tio azul ou o tio verde? — perguntei, em tom de brincadeira.

— Sou o tio azul — ele riu. Então, sua voz mudou de tom. — Diga a seu pai para ficar em casa hoje à noite porque preciso falar com ele. Vou chegar às 9 horas.

Quando meu pai entrou em casa, eu me apressei a dar o recado e pude ver que ele ficou satisfeito.

Naquela noite, a campainha soou na hora marcada. Corri para a porta, esperando ver o "tio azul", mas me vi diante de um estranho fardado. Atrás dele estavam dois outros soldados que carregavam metralhadoras. Havia um quarto oficial do exército de pé no vestíbulo. Nenhum deles tinha uma expressão amigável.

— O que vocês querem? — perguntei. Então me dei conta de que a voz ao telefone não era de meu tio. Eu tinha sido enganada.

— Estamos aqui para ver seu pai.

Ouvindo a conversa, meu pai veio da sala de estar para junto de mim.

— O senhor tem que vir conosco — ordenou o oficial.

Perguntei, elevando a voz:

— Por que vocês estão levando meu pai?

Ninguém me deu atenção.

Papai teve uma expressão de surpresa. Desde que recebeu o diagnóstico de câncer, ele deixou de pertencer às forças armadas. Também não fazia parte do governo e já não era jovem.

Nesse momento, minha mãe chegou. Ela estava tão assustada com a visão de homens armados que não conseguiu dizer uma palavra. O oficial gritou para ela:

— Pegue os remédios de seu marido. Ele vem conosco.

Olhamos uns para os outros, com mesmo pensamento, eles tinham um dossiê sobre meu pai, caso contrário não saberiam de sua doença ou de suas medicações.

Minha mãe levou um momento para recuperar o fôlego e saiu rapidamente da sala. Meu peito estava tão apertado que eu quase não conseguia respirar. Olhei para meu pai. Ele tinha um ar de resignação, mas suas mãos tremiam. Jamais o amei tanto quanto naquele momento. No pior momento de minha vida, eu estava impotente. Os homens armados nos observavam. Nós estávamos à mercê deles. Eles podiam nos massacrar e não havia nada que se pudesse fazer.

Meu ódio pelo novo governo aumentou mais um pouco.

Naquele momento, minha mãe saiu correndo do quarto com os remédios de meu pai. Ela também estava jogando numa bolsa uma muda de roupa e alguns cigarros. Graças a Deus ela não tinha perdido a cabeça e tinha preparado uma mala com coisas que poderiam dar algum conforto a meu pai se ele ficasse preso por mais do que algumas horas.

O oficial comandante acenou e um dos soldados pegou a mala. Eles começaram a levá-lo. Finalmente encontrei forças para respirar e gritar ao mesmo tempo. Agarrei meu pai, aterrorizada com a ideia de não voltar a vê-lo, de que ele pudesse desaparecer da mesma forma que Mohammed e Sabor.

Não tive vergonha.

— Não o levem — implorei, quase sem voz. — Ele está doente.

Um dos soldados soltou minhas mãos, que seguravam meu pai. Percebi que estávamos lidando com homens sem piedade. Minha mãe chorava.

— Por favor, não deixe minha filha órfã. Por favor!

Nós estávamos impotentes. Só podia olhar as costas de meu pai se distanciando enquanto ele caminhava para o veículo militar. Ele foi empurrado para o banco de trás e levado, talvez para sempre.

Minha mãe se desmoronou, mas eu rapidamente recobrei o bom senso, corri para o telefone e liguei para o Ministério da Agricultura. O ministro há muito tempo devia diversos favores a meu pai, que conseguiu para ele uma bolsa de estudos numa universidade europeia graças à qual o ministro fez o doutorado. Meu pai também ajudou a colocá-lo no atual cargo no governo. Não hesitei em lhe lembrar esses fatos.

— Por favor, meu pai prestou ao senhor diversos favores e fez isso com a maior boa vontade. Agora ele precisa de um favor seu.

Se o ministro ficou chocado com meu atrevimento, não deu sinal disso. Tenho certeza de que, àquela altura, qualquer cidadão do país que ocupasse um cargo no governo já estaria acostumado com aquele tipo de apelo desesperado.

— Maryam, não posso fazer nada essa noite. Mas prometo cuidar disso amanhã bem cedo — garantiu ele.

Nós estávamos apavoradas com a ideia de que papai tivesse que passar um minuto na prisão. Os parentes próximos e os amigos vieram para nossa casa nos prestar apoio. Ninguém conseguiu dormir. Nós andávamos de um lado para outro e chorávamos, com pavor de pensar que naquele momento meu pai podia estar sendo interrogado e torturado.

A campainha da porta tocou inesperadamente em torno de 2 horas da manhã. Nós nos atropelamos para abrir a porta. Fiquei de pé, atônita, ao ver diante de mim o ministro da Agricultura, com um sorriso no rosto. Ele chegou para o lado e vi meu pai.

Minha mãe e eu começamos a gritar e chorar. Estávamos desvairadas de alegria.

Papai sorria.

— Eu estava para ser interrogado e quem aparece na porta? Meu amigo aqui — ele tocou o ombro do ministro.

Nosso medo não diminuiu enquanto não soubemos o motivo da prisão de papai. Alguns membros da tribo Khail haviam começado recentemente um levante contra o regime russo.

No novo Afeganistão, todo mundo era considerado culpado de *alguma coisa*. Depois da morte de Shair, papai se tornou o líder honorário da tribo Khail. Ele era tão amado e respeitado pelos membros da tribo que foi considerado suspeito de ser o mandante da rebelião. Nada assustava tanto o novo regime quanto a rebelião de uma tribo num país habitado por ferozes guerreiros tribais.

Se o ministro não tivesse interferido, meu pai poderia ter morrido durante o interrogatório, porque a tortura era um recurso popular do novo governo e meu pai não tinha muita saúde. Além disso, ele não poderia contar aos interrogadores o que eles queriam saber por que desconhecia o levante da tribo Khail, embora eu ache que no fundo ele ficou feliz com a notícia. Quanto a mim, estava inchada de orgulho. Nossa tribo estava defendendo nossa preciosa honra. Contudo, mais tarde ficamos sabendo que o regime marcou os membros de nossa tribo para aniquilação. Muitos milhares foram detidos e mantidos presos ou submetidos a um destino pior.

Minha raiva só aumentava.

As piores notícias vieram quando o governo publicou uma lista com os nomes de todos os que foram feitos prisioneiros desde o golpe. Havia milhares de nomes, inclusive os de Sabor Khail e Mohammed Khail. Não havia referência a uma acusação específica contra meus primos, que em toda a vida nunca transgrediram a lei. Eles foram presos somente porque eram instruídos, bem-sucedidos e pertenciam a uma tribo influente. Muito antes do golpe, os comunistas fizeram planos para eliminar qualquer membro da *intelligentsia.* Eles não pretendiam deixar vivo qualquer homem que pudesse planejar ou liderar uma rebelião contra o regime. Muitos de nossos jovens foram mandados para a Sibéria para trabalhar até morrer. Outros foram assassinados por um mero capricho dos interrogadores.

Junto aos nomes dos irmãos Sabor e Mohammed Khail havia uma anotação "mortos na prisão, de causas naturais".

Mortos? *Mortos*? Não existem palavras para descrever o desespero de nossa família. Não podíamos imaginar que aqueles jovens bonitos e carinhosos estivessem mortos. Embora nossa família tenha implorado para receber os corpos, nossas súplicas não foram atendidas. Mais tarde, um amigo no governo finalmente nos disse como eles morreram. Durante o mês que passaram na prisão, Sabor e Mohammed foram interrogados por um dos indivíduos mais brutais do novo regime. Os dois irmãos sofreram ferimentos terríveis durante a tortura. Nenhum deles confessou qualquer ação contra o regime porque os dois eram inocentes. Então, um dia eles foram retirados das celas. Meus primos ficaram eufóricos, julgando que o pesadelo finalmente fosse terminar. Eles acreditavam que estavam voltando para as mulheres e filhos. Em vez disso, foram levados para um helicóptero soviético. Na viagem de helicóptero foram alvo de cruéis zombarias. Disseram-lhes que as suas vidas não valiam uma bala soviética. Numa área desértica, eles foram lançados do helicóptero e seus corpos perfeitos foram destroçados ao cair sobre as pedras da terra que tanto amavam.

A imagem de seus momentos finais era insuportável.

Fiquei tão zangada que não conseguia chorar. Pela primeira vez na vida, senti que seria capaz de matar alguém.

Num dia fatídico, meu pai me deu permissão para sair de carro e buscar uma amiga para tomar um sorvete. No caminho para a casa dela eu tinha que passar por uma das diversas pontes de Cabul. Quando me aproximei da ponte, vi duas mulheres russas que se preparavam para atravessá-la. Elas riam e conversavam como se não tivessem uma única preocupação na vida. Subitamente, a fúria tomou conta de mim. Pensei que com certeza aquelas duas vacas sabiam que seus maridos estavam prendendo e matando jovens afegãos. Talvez um deles tivesse jogado Mohammed e Sabor de dentro do helicóptero.

Fui tomada por uma coragem louca e me concentrei naquelas duas mulheres russas como se elas fossem a fonte de todo o sofrimento dos afegãos. Girei o volante e pisei fundo no acelerador. O motor roncava enquanto eu avançava sobre as mulheres. Elas ouviram o rugido surdo do motor e olharam para trás, vendo avançar sobre elas um carro em alta velocidade. Uma das mulheres agilmente agarrou o beiral da ponte e se lançou por cima da mureta para dentro do rio, não muito abaixo.

A segunda mulher tentou fazer o mesmo, mas era um pouco pesada e perdeu o equilíbrio, caindo sobre a ponte. Eu poderia ter passado sobre ela enquanto ela rolava pelo chão, mas no último minuto descobri que não tinha o coração de uma assassina. Girei o volante para a esquerda, desviando-me da mulher. Para escapar, acelerei ainda mais e fui embora. Pelo retrovisor, vi que a mulher sobre a ponte se levantou rapidamente e cravou os olhos em mim.

Não senti qualquer arrependimento. Pelo contrário, senti uma grande euforia. Disse a mim mesma que tudo é válido quando estamos lutando contra o mal. Minha causa justificava os meios.

Respirei fundo algumas vezes e dirigi com toda calma para buscar minha amiga. Enquanto tomávamos sorvete, ela comentou que eu parecia relaxada como não me via desde o golpe. Tive a tentação de contar a ela os acontecimentos da minha manhã assassina, mas me contive. Fiquei animada durante vários dias.

Uma semana mais tarde, meu pai veio para casa visivelmente perturbado. Ele gritou:

— Maryam, alguém viu nosso carro na ponte. Eles estão procurando uma mulher jovem que dirigia o veículo. O que aconteceu? O que você fez?

Tenho certeza de que fiquei extremamente pálida, mas não respondi.

— Maryam, dessa vez você está numa enrascada! Me disseram que a garota que dirigia meu carro vai ser acusada de um crime muito grave.

Senti a cabeça a mil. Eu devia ter imaginado que minha ação tresloucada viria bater à minha porta. Eu era uma das poucas meninas afegãs que dirigia em Cabul. Provavelmente alguém descreveu muito bem nosso carro e o fato de que estava sendo dirigido por uma mulher jovem. Talvez eles até tenham memorizado o número da placa: *S 54189 Kabul.* Lembrei-me do aviso do tio Hakim e fiquei num pé e noutro, cada vez mais ansiosa. Quais seriam as consequências?

Quando viu minha expressão ansiosa, meu pai soube que eu definitivamente era culpada.

— Maryam — rosnou. — Você está enrascada.

Mordi o lábio, mas não respondi. Não conseguia confessar os fatos daquele dia, pois tinha certeza de que aquilo só deixaria meu pai mais preocupado. Meu amável pai, que nunca havia levantado a mão para a mulher ou as filhas, ergueu uma cadeira e avançou em minha direção. Aterrorizada, me lancei no chão e rolei para baixo da mesa de jantar. Gritei quando ouvi o barulho de algo que se estraçalhava. Meu pai tinha quebrado a cadeira contra o tampo da mesa.

Prendi a respiração, pensando que a qualquer momento ele iria me puxar de debaixo da mesa e me dar a maior surra de minha vida.

Nesse momento, minha mãe chegou correndo.

— O que aconteceu, Ajab? *O que foi?*

— Maryam cometeu algum tipo de crime em nosso carro, mas não quer me dizer o que fez.

— Deus amado! — gritou minha mãe, — Por que tenho uma filha como a Maryam? Por que ela quer matar a todos nós?

Meu pai se afastou.

Esgueirei-me para meu quarto e fechei a porta, evitando contato com qualquer pessoa.

Para meu profundo terror, na mesma tarde uma equipe da polícia secreta veio à nossa casa. Fui na ponta dos pés até o corredor ao lado da sala de estar para ouvir o que se passava.

Os agentes da KHAD foram educados, mas eu sabia que eles não manteriam aquela atitude por muito tempo.

Prendi a respiração enquanto eles contavam a meu pai que na manhã em questão uma das esposas de um general russo de alta patente foi passear com uma amiga. Uma assassina dirigindo o carro de meu pai tentou matar as duas mulheres. As duas escaparam, mas sofreram ferimentos leves e precisaram de tratamento para o trauma psicológico. Agora o general estava decidido a encontrar a pessoa que tentou assassinar sua esposa. Ele queria transformar a culpada num caso exemplar.

— Era o seu carro — disseram a meu pai. — Quem era a mulher? Era sua filha Maryam?

Meu pai falou em voz baixa, porém tranquilo.

— Vocês estão procurando a pessoa errada. A Maryam não faria uma coisa dessas. Eu nem mesmo tenho certeza de que ela tenha dirigido o carro naquele dia.

Finalmente, os agentes da KHAD foram embora, mas intimaram meu pai:

— Amanhã de manhã traga sua filha para ser interrogada.

Depois de levar os agentes até a porta, Ajab telefonou para um amigo influente, o ministro do Planejamento, outro bom amigo que fazia parte do governo.

— Preciso falar com você — disse meu pai. — Não, *agora mesmo*.

Ele desligou o telefone e saiu às pressas.

Tremendo de medo, voltei para o quarto. Amaldiçoei minha falta de autocontrole, que fez meu pai passar por tanta angústia. Talvez toda a minha família fosse executada em consequência de minha conduta deplorável. E eu nem sequer matei as mulheres. Tive que reconhecer que nem mesmo era uma guerrilheira eficaz.

Meu pai ficou ausente por mais de três horas. Quando voltou, discutiu a situação com minha mãe. Ele estava zangado demais até para olhar para mim, portanto minha mãe veio a meu quarto me informar sobre o que esperar.

Papai confessou para o amigo o que havia acontecido: sua filha idiota tinha perdido a cabeça e tentado atropelar as duas senhoras russas. Sabendo que eu seria morta se a polícia secreta confirmasse minha culpa, meu pai e o amigo elaboraram uma história verossímil, responsabilizando a mulher de seu sócio francês. Ela tinha vindo ao Afeganistão para acompanhar o marido numa viagem de negócios. No dia em questão, pediu emprestado o carro de nossa família. Ela não estava acostumada a dirigi-lo e perdeu o controle. Como não falava nossa língua, ficou assustada demais para parar e socorrer as mulheres. Meu pai nem mesmo sabia dos detalhes do incidente até receber a visita dos oficiais da KHAD. Na verdade, ele desconhecia o envolvimento de pedestres no incidente e achava que a mulher do sócio tinha apenas saído da estrada.

O fato é que o sócio francês de meu pai tinha realmente visitado nossa cidade, mas o casal saiu do país no dia anterior ao incidente. Tivemos que rezar para a KHAD não examinar os documentos de viagem e verificar a data da partida do casal. Naturalmente, o sócio e sua esposa nunca mais poderiam voltar ao Afeganistão, pelo menos enquanto os comunistas estivessem no poder.

Eu tinha causado uma imensa confusão.

O amigo de meu pai no ministério ficou indignado com o meu comportamento e afirmou que nunca mais tornaria a me defender. Se eu criasse mais problemas, teria que enfrentar a polícia secreta por minha conta. Eu me senti devidamente advertida.

Minha mãe me chamou de lado e me disse duras verdades:

— Maryam, você é cabeça dura, teimosa e caprichosa. É ignorante, imatura e não tem o menor respeito pela santidade da vida, não só dos estranhos, mas até da sua família. Você deixou seu pai e eu profundamente decepcionados.

No fundo do coração eu sabia que minha mãe estava certa, mas julgava que eles deveriam levar em conta o sentimento idealista que me fez agir por patriotismo. Os russos estavam ocupando meu país e matando meus amigos e parentes, e os afegãos são conhecidos por seu espírito combativo. Eu era uma verdadeira afegã. Só me sentia mal por ter colocado minha família em perigo. Por essa razão, pedi desculpas sinceras a meus pais e ao ministro que nos ajudou.

Quando me desculpei, minha mãe aceitou as desculpas, mas não disse nada.

A reação de meu pai me feriu no âmago. Ele me olhou nos olhos por um tempo tão longo que achei que ele não diria nada. Finalmente, falou:

— Desapareça da minha frente.

No dia seguinte, meu pobre pai teve que voltar ao quartel-general da KHAD. Ele foi sozinho.

— Não tenho a menor certeza de que você não vá agredir os oficiais que preciso apaziguar — resmungou.

Fomos ficando cada vez mais nervosas porque o dia se passou sem que meu pai voltasse. Ele foi detido por muitas horas, sendo repetidamente interrogado sobre as mesmas questões, enquanto tentavam fazê-lo entrar em contradição.

Apesar de não ser um guerreiro, meu pai era muito inteligente e sabia que precisava manter a calma e a concentração se quisesse convencer a polícia secreta de minha inocência e de que a motorista tinha sido uma mulher francesa, agora fora do alcance. A KHAD não estava interessada em criar um conflito com o governo francês, embora mais tarde viéssemos a saber que o general tentou transformar o episódio num incidente internacional. Contudo, por sorte eles deixaram o assunto morrer.

Mais uma vez, eu tinha sido salva.

No entanto, nunca mais me senti feliz em minha terra natal. A partir daquele momento, meus pais passaram a me tratar como uma leprosa. Perdi todos os privilégios e eles elaboraram um regime punitivo rígido. Não podia ver nenhuma das minhas amigas fora da escola. Nunca mais tive autorização para dirigir. Eles concederam longas férias para as empregadas de nossa casa e fui informada de que seria responsável por todo o trabalho doméstico. Tinha que acordar às 5 horas da manhã e limpar a casa antes de ir à escola. Depois das aulas, era levada para o escritório de meu pai, onde fazia todo o arquivamento. Os únicos momentos em que ficava fora das vistas de meus pais eram as horas que passava na escola.

Minha vida era muito infeliz.

Apesar disso, me formei na Malalai. Surpreendentemente, apesar de ter sido marcada como rebelde pelos professores russos, recebi uma bolsa de estudos para uma universidade de Moscou. No entanto, eu detestava a tal ponto tudo o que era russo que abri mão da bolsa.

Meus pais estavam duplamente desesperados, preocupados com meu comportamento e decepcionados porque a filha mais nova não ia cursar a faculdade de medicina.

O embaixador de Cuba no Afeganistão era amigo da família e ofereceu uma bolsa de estudos para uma universidade de Havana. Fiquei feliz com a oferta até que meus pais me disseram que Cuba era um estado-fantoche da União Soviética e que lá com certeza eu receberia uma educação comunista.

Eu poderia ter frequentado a Universidade de Cabul, mas meus pais estavam decididos a tirar do país a filha subversiva. Eles sabiam que se eu permanecesse no Afeganistão seria incapaz de conter meu ódio pelo regime e acabaria na prisão ou em situação pior.

Eu adorava a ideia de estudar na Índia, onde Nadia ainda frequentava a universidade, mas essa possibilidade parecia fora de questão. Depois que os soviéticos assumiram o poder, os afegãos só eram autorizados a viajar para países que não pertencessem ao bloco comunista quando fossem tratar de negócios de interesse do governo.

Milhares de afegãos fugiram ilegalmente do país, viajando de carro ou cruzando as montanhas para o Paquistão ou até mesmo para o Irã, mas essa viagem era muito perigosa. Muitos eram capturados e levados de volta a Cabul, onde eram processados e executados como traidores. Meus pais disseram que essa viagem estava fora de questão.

Foi decidido que eu passaria o ano em casa, estudando inglês, portanto me matriculei num curso. Certo dia, vários meses depois de minha ação criminosa, meu pai disse que eu tinha sido um modelo de bom comportamento. Como recompensa pelo arrependimento, eu poderia sair para almoçar sozinha.

Estava tão cansada da supervisão constante que fiquei eufórica por causa de um simples almoço em liberdade e fui a pé do escritório de meu pai até um dos restaurantes mais próximos, o Sitra, que servia hambúrgueres e churrascos gregos deliciosos. Nunca fiquei tão feliz por estar sozinha.

Depois de terminar a refeição, caminhei despreocupadamente de volta ao escritório. No caminho, passei ao lado de dois carros oficiais russos, que estavam estacionados. Acometida por um instinto que não consigo explicar, como um robô que obedecesse a uma ordem, eu me aproximei dos veículos, abri minha bolsa e peguei meu canivete suíço, que levava sempre comigo. Olhei em torno para ver se alguém estava olhando e apunhalei os dois pneus de cada carro que estavam voltados para a calçada.

Senti em meu corpo uma deliciosa liberação de raiva reprimida. Voltei para o escritório cantarolando baixinho.

Eu não era a única cidadã afegã a me sentir dessa forma. A cada dia o país era mais abalado pela revolta e pela violência. Em fevereiro de 1979, o embaixador dos Estados Unidos no Afeganistão foi sequestrado e assassinado. Em março, os soldados afegãos da guarnição de Herat iniciaram um motim. Em agosto, em um forte do exército próximo de Cabul os militares se revoltaram quando as forças governistas sediadas no forte foram atacadas por um grupo rebelde, o que resultou numa batalha de grande porte. Em setembro, o caos aumentou quando o presidente Taraki foi deposto por um golpe militar. Hafizullah Amin assumiu a presidência e anunciou que seu governo marcava "o início de uma ordem socialista melhor".

Mais adiante no mês de setembro, foi anunciada uma anistia geral. O governo achou que conseguiria aplacar a ira dos cidadãos que detestavam o governo socialista, mas estava perdendo tempo. Os afegãos já tinham suportado demais e não queriam mais saber dos comunistas. Foi quando os países muçulmanos a nosso redor — os vizinhos e amigos Paquistão e Arábia Saudita — começaram a armar os rebeldes afegãos. Como em plena Guerra Fria, a União Soviética era inimiga dos Estados Unidos. Fomos informados de que este país e a Inglaterra, além da China, também estavam dispostos a nos ajudar. Choramos de alegria por saber que aqueles países grandes e importantes estavam tomando nosso lado.

Eu estava encantada, rezando pelo início da guerra e sabendo que ela livraria meu país dos comunistas.

Nessa época, a sorte de minha família também mudou. No final do mês de outubro de 1979, o novo presidente informou à elite instruída do país que autorizaria alguns de seus membros a viajar para a Índia para tratamento médico. Ele não fez um anúncio público, portanto a oferta nunca foi estendida ao cidadão comum. Ele daria um passe especial de três dias a quem estivesse realmente doente. Era preciso pagar ao governo 25 mil dólares afegãos, o equivalente a quinhentos dólares americanos.

Nós recebemos uma ligação telefônica de um dos nossos primos que ainda trabalhava no governo. Ele sabia que minha família inteira temia o próximo ato violento que eu pudesse cometer e que faria com que todos nas famílias Khail e Hassen fossem aprisionados ou mortos. Ele também sabia que eu tinha manifestado interesse em frequentar uma escola de medicina na Índia.

Ele nos aconselhou a usar como pretexto médico meu acidente no território indiano, quando minha perna foi ferida. Tínhamos dois parentes bem relacionados com as autoridades, portanto meu primo sugeriu:

— Digam a eles para amanhã acompanharem Maryam ao gabinete do presidente, onde ela poderá dar detalhes sobre o acidente e preencher um pedido de passaporte para a Índia.

No dia seguinte, meus primos me acompanharam ao gabinete do presidente Amin, onde recebi um questionário para preencher informando por que precisava viajar para a Índia. Depois de contar minha triste história, entreguei o pedido e esperei. Às 2 horas da tarde eu estava diante do presidente afegão. Por incrível que pareça, o líder do governo insistiu em falar pessoalmente com todos os que pedissem um visto de saída para tratamento médico.

Contei ao presidente que precisava de mais uma cirurgia para corrigir meu tornozelo. Entreguei a ele o dinheiro e uma declaração médica assinada por um cirurgião ortopédico indiano. O documento estava comigo desde os dias em que me recuperava do acidente, muitos anos antes. Felizmente, a declaração não estava datada e indicava que Maryam Khail fora submetida a várias operações para tratamento de ferimentos recebidos depois de ser atacada por um touro e atropelada por um automóvel. O documento ainda afirmava a necessidade de mais uma cirurgia. Também pedi autorização para que meu pai me acompanhasse, porque eu era uma mulher jovem e nenhuma família afegã deixaria uma mulher viajar sozinha.

Quando terminei minha história, levantei os olhos e vi o presidente Amin sorrir para mim com um ar travesso. Eu detestava tanto o presidente pelo que ele havia feito de meu país que fiquei surpresa por achá-lo extremamente bonito e sedutor. Ele tinha grandes olhos castanhos, brilhantes e travessos. O cabelo grisalho era cheio e bem-cortado. Suas roupas eram impecáveis.

Ele olhou para mim com apreciação e começou a flertar comigo.

— Ah, Maryam Khail. Você vai mesmo fazer uma cirurgia na Índia ou vai ser atriz em Bollywood? — perguntou com um sorriso.

Fiquei surpresa. Eu ainda era uma adolescente. Para mim, ele era um velho, embora fosse um velho sedutor. Consegui rir da piada e respondi:

— Não acho que esteja pronta para trabalhar no cinema, senhor presidente.

Ele riu. Então, sem mais comentários, assinou meu formulário com um floreio.

— Você vai para a Índia!

Assim que recebi o formulário, caminhei para fora da sala. Quando estava saindo, ouvi a voz dele:

— Quando voltar para Cabul, venha me visitar.

A conduta do presidente era mesmo inconveniente. Eu não respondi.

Embora estivesse feliz por partir, também estava triste e apreensiva porque minha mãe seria deixada sozinha em Cabul. Além de mim, diversos primos tentaram obter permissão para sair do país. Apenas uma prima, Layla, teve a solicitação aprovada. Mona, outra prima, não conseguiu autorização. Muitos membros da família teriam que continuar no país e sofrer com o que estivesse reservado para o pobre Afeganistão e seus cidadãos.

Enfrentamos mais alguns obstáculos. Meu pai e eu precisávamos ter a ficha criminal aprovada, mas não estávamos preocupados porque contávamos com a proteção de amigos nos ministérios. Dentro de um mês recebemos os passaportes e os vistos de entrada concedidos pela embaixada da Índia e reservamos as passagens em um avião da Air India.

Nem uma vez me veio o pensamento de estar deixando meu país para sempre, mas partir sem previsão de retorno era mais difícil do que imaginava. Depois de completar todos preparativos, tive que encarar a realidade. Logo estaria partindo da terra que amava, sem saber o que o futuro poderia trazer para meu país e para minha amada família. E ainda havia a questão de quando minha mãe seria autorizada a se juntar a nós. A liberdade não traria felicidade se ela não estivesse conosco.

Então meu pai me disse que precisávamos manter a ilusão oficial de que iríamos voltar, portanto eu só poderia levar uma mala pequena.

Sempre colecionei pequenos tesouros. Meu coração ficou aflito quando fui avisada de que não poderia levar minhas coleções de moedas e selos. Fiquei muito tempo sentada na ponta da cama contemplando minhas moedas raras, pedras e dúzias de carros em miniatura que guardei desde os dias de minha infância de menina com modos de menino. Passei muitas horas olhando a coleção de selos que ganhei do avô Hassen e que incluía muitos exemplares raros e valiosos.

Fiquei triste quando percebi que os selos e as moedas eram insubstituíveis. Enquanto escondia aqueles tesouros em meu quarto, fiz um juramento de voltar e não perder aquela preciosa herança de família.

Com um grande suspiro, coloquei algumas roupas na mala juntamente com meu diário que era tão valioso quanto uma amiga querida. Na manhã seguinte, fui até o jardim e recolhi um pouco da terra afegã que embrulhei cuidadosamente num pedaço de pano. Ao partir, levaria comigo um pouco do precioso solo do meu país.

Não pude sequer me despedir das amigas e da família porque meus pais não confiavam em mim e temiam que comentários sobre o nosso plano de sair definitivamente do país chegassem aos ouvidos dos agentes do governo. Somente Omar, o irmão de minha mãe, e sua jovem filha sabiam que íamos viajar e só porque eles gentilmente se ofereceram para nos levar até o aeroporto. Minha mãe também nos acompanharia, mas voltaria sozinha para a casa vazia.

No dia 27 de dezembro de 1979, uma quinta-feira, início do fim de semana muçulmano, meu tio Omar e sua filha chegaram cedo. Quando fechamos a porta do apartamento às nossas costas, senti náuseas, mas não disse nada e enxuguei as lágrimas. Muito pouco foi dito na curta viagem até o aeroporto de Cabul.

O aeroporto estava mais cheio e barulhento do que eu me lembrava. Foi difícil abrir caminho pela multidão. Pelo visto, muitos cidadãos do Afeganistão se dispuseram a pagar por um passe médico especial para sair do país. Foi quando me dei conta da razão pela qual o presidente Amin se envolveu pessoalmente no processo de concessão dos passes. Sem dúvida seus bolsos estavam estufados com o dinheiro das taxas.

Apesar de sedutor, nosso presidente era um ladrão.

A família se reuniu na sala de espera e ficou de pé ao nosso redor enquanto meu pai e eu nos sentamos. Nossa sorte mudou para pior quando dois policiais à paisana se aproximaram de nós. Eles conferiram nossos documentos e passaportes e meu prontuário médico. Eles perguntaram a meu pai se ele também ia viajar.

A voz de meu pai estava muito controlada.

— Sim. Minha filha precisa fazer uma cirurgia de manutenção.

O mais alto dos dois agentes olhou para mim com sorriso irônico e disse:

— Cuidado com sua perna acidentada nesse salto alto.

Não respondi, apesar de me xingar mentalmente pela estupidez de usar saltos incompatíveis com um tornozelo e uma perna defeituosos.

Os dois se sentaram do nosso lado e achamos que estavam tentando encontrar um motivo para nos prender. Graças a Alá, alguns minutos depois chamaram nosso voo da Air India. Comecei a beijar e abraçar minha mãe, meu tio e minha prima. Mamãe estava chorando, o que fez meu pai e eu chorarmos também. Quem sabe quando tornaríamos a nos encontrar?

Quando saímos da sala de espera, senti os olhos dos dois policiais sobre mim. Simulei da melhor forma que pude uma dificuldade para caminhar, mas nunca fui uma grande atriz e estou certa de que eles viram o embuste, mas não tentaram nos deter.

Quando papai e eu nos acomodamos em nossos assentos, comecei a chorar de verdade. Apesar de tudo, eu amava meu país. Minha grande tristeza vinha da certeza íntima de que talvez não voltasse mais.

Papai também foi abalado pelas emoções do dia.

— Minha filha, tudo o que eu queria era viver e morrer aqui, na terra em que nasci e onde deveria morrer. — Conteve um soluço. — Esse é um triste final de vida.

Ele voltou os olhos para a janela e eu acompanhei seu olhar, querendo guardar uma última lembrança. Subitamente, ficamos assustados quando percebemos numerosos aviões soviéticos descarregando tanques, armamentos e soldados. Havia soldados russos espalhados por toda a pista do aeroporto. O que estava acontecendo?

Engasguei e o rosto de meu pai ficou pálido. Alguma coisa muito importante estava para acontecer no Afeganistão. Será que estávamos testemunhando a chegada do gigante russo para ocupar nossa terra pela força?

Meu pai começou a tremer. Ele comprimiu os lábios e ficou com os olhos cravados na janela do avião até decolarmos. Durante as duas horas de voo para Nova Délhi, meu pobre pai não disse uma palavra.

Capítulo 11

Durante muitos anos, Nova Délhi foi o lugar onde minha família passava as férias. Sempre chegávamos à cidade num clima de alegre expectativa, mas no dia 27 de dezembro meu pai e eu chegamos, e nosso humor era de seriedade. A primeira parada foi para ver o Sr. e a Sra. Delep, o casal de indianos que nos hospedava nas férias. Eles ficaram surpresos com nossa chegada inesperada, mas eram bons anfitriões e quase imediatamente nos serviram uma elaborada refeição indiana. Enquanto comíamos, meu pai começou a lhes contar os tristes tempos pelos quais vinha passando o Afeganistão. Eles reagiram com solidariedade pelo drama que estávamos vivendo.

Pedi licença e fui discretamente recuperar o saquinho de terra afegã que tinha escondido no sutiã. Voltei para a sala e disse:

— Papai, veja, isso é para o senhor.

Meu pai olhou o saco de terra com uma expressão aturdida até entender seu significado. Ele me apertou nos braços e beijou minha testa e meus cabelos muitas vezes.

Quando a refeição terminou, o Sr. Delep nos levou até a casa mobiliada de dois quartos que íamos alugar na área residencial de Greater Kailash Colony. Ficaríamos instalados perto da casa deles, portanto poderiam continuar a cuidar de nós.

Esperando que a manhã seguinte trouxesse uma explicação para a atividade militar soviética no aeroporto de Cabul, fui cedo para a cama e dormi pesadamente, porque estava exausta.

Na manhã seguinte, os gritos de meu pai me acordaram.

— Maryam! Acorde, Maryam!

Ele estava ouvindo a BBC, sua rádio favorita.

— Maryam! Não acredito! Os russos! Aquilo era uma invasão, quando estávamos partindo, minha filha! O Afeganistão acaba de ser ocupado.

Eu não podia acreditar no que ouvia.

— O que o senhor está dizendo?

— Eles estão todos mortos. Os russos mataram o presidente Amin e toda a família dele.

— Mortos? — repeti, incrédula. Era impossível imaginá-lo morto. Apesar de detestá-lo por ter levado o comunismo para meu país e de ter desejado que ele deixasse a presidência e saísse do Afeganistão, não queria vê-lo morto.

Naturalmente, nosso primeiro pensamento foi para minha mãe e todos os nossos parentes. Eles estavam em perigo. Era insuportável.

Então, Nadia irrompeu pela porta. Ela estava numa faculdade de medicina em Bangalore, mas meu pai a avisou de nossa chegada e ela pediu uma licença para nos visitar em Nova Délhi.

Papai explicou a Nadia tudo o que o aconteceu desde que ela partiu de Cabul. Foi quando fiquei sabendo de uma novidade: em vez de me acompanhar, minha mãe fez questão de que meu pai viesse comigo porque ele estava correndo risco de ser preso. Um amigo com altos conhecimentos no governo o avisou de que o regime comunista estava formulando um plano para exterminar todos os oficiais militares que tinham sido leais à família real. Não importava que o oficial estivesse reformado havia muito tempo. Provavelmente meu pai seria preso e executado se ficasse no Afeganistão.

Era vital tirar minha mãe de lá o mais depressa possível. Primeiro meu pai tentou uma via legal, mandando a seu amigo no ministério uma carta na qual explicava que seu câncer tinha voltado e que eu seria operada, portanto precisávamos desesperadamente de minha mãe para cuidar de nós dois. O ministro respondeu com a má notícia de que a permissão solicitada por minha mãe para nos visitar na Índia tinha sido negada. Ele prometeu continuar a trabalhar em nosso favor, mas meu pai sabia que era inútil. Os russos não deixariam todos os membros de uma família abandonar o país, pois insistiam em manter alguns parentes como reféns. Eles acreditavam que nós retornaríamos se eles recusassem à minha mãe a permissão para viajar.

Agora meu pai revelava que tomara providências para que um contrabandista tirasse minha mãe do país se muito breve ela não fosse autorizada a sair. Ele tinha que trazê-la para a Índia a qualquer custo.

Fiquei terrivelmente ansiosa, sabendo que se ela fosse apanhada tentando fugir do Afeganistão seria imediatamente executada pelo governo vigente.

Meu pai telefonou para minha mãe em Cabul, dizendo que ela "precisava visitar a tia." Aquele era o código para minha mãe entrar em contato com o contrabandista.

O contrabandista veio tão logo foi chamado e trouxe para ela um vestido, calças compridas e um lenço que combinava com as outras peças, um traje tradicional dos nômades. As roupas imundas cheiravam fortemente a suor, de modo que minha mãe além de parecer com uma mulher de uma tribo nômade, ainda teria o cheiro compatível. Mais tarde, mamãe nos contou que o fedor de roupa suja era tão forte que ela sentia ânsia de vomitar, mas se obrigou a vestir as roupas mesmo assim.

Meu pai tinha providenciado para que um dos sobrinhos de minha mãe, um rapaz chamado Qaseem, cruzasse a fronteira na mesma viagem. Qaseem ficou feliz por ter sido escolhido, já que agora todos os membros da família Hassen e muitos dos nossos parentes Khail queriam sair do Afeganistão. Nossa terra natal estava sendo abandonada por quem tivesse uma oportunidade de sair.

Quando minha mãe saiu do edifício, o carro do contrabandista estava à espera na porta. Ela viu Qaseem sentado no veículo. Ele saltou do carro para cumprimentar a tia e acomodá-la para a viagem.

Mais tarde minha mãe nos contou que naquele exato momento ela teve uma premonição assustadora. Algo lhe dizia para não entrar no carro. Ela estava certa de que um grande perigo a ameaçava naquela viagem.

— Tia, vamos embora! — exclamou Qaseem.

— Entre no carro — rosnou o contrabandista.

Mamãe recuou, tomada pelo pânico.

— Não, não posso ir, resolvi que não vou.

O homem ficou zangado.

— Entre no carro, estou falando!

Ele agarrou o braço dela e tentou puxá-la para o banco de trás do veículo.

— Entre no carro agora mesmo!

Minha mãe reagiu, batendo nas mãos do homem.

— Não, eu já disse que não vou!

O rosto dele ficou rubro.

— Não vou devolver o dinheiro!

— Eu entendo, mas não posso ir. — Ela olhou para o sobrinho que estava alarmado. — Não posso ir. Estou com uma sensação ruim. Meu coração está dizendo que isso vai acabar mal, meu sobrinho.

Qaseem tentou argumentar.

— Tia, a senhora está nervosa. Venha conosco. Essa é a única maneira de sair do Afeganistão.

Mas minha mãe se recusou e o motorista furioso deu a volta no carro e sentou-se no banco do motorista.

— Não vou devolver o dinheiro — disse com grosseria, e arrancou com o carro em alta velocidade, levando Qaseem com ele.

Minha mãe ficou triste por ter deixado escapar sua única oportunidade de sair do país, mas estava convencida de ter tomado a decisão correta.

Quando mamãe telefonou para nós em Nova Délhi, meu pai ficou zangado porque ela alterou os planos que ele havia elaborado com tanto cuidado apenas por ter uma "sensação".

Durante três meses, minha mãe ficou sozinha e solitária no Afeganistão enquanto nós sentimos imensamente a falta dela na Índia. Logo meu pai decidiu que nos mudaríamos de Nova Délhi para Bangalore, para ficarmos perto de Nadia. Segundo ele, não tinha sentido ficarmos separados.

Enquanto isso, a família toda estava louca de preocupação porque Qaseem nunca chegou à fronteira do Paquistão. Ninguém teve notícias dele desde que partiu do Afeganistão com o contrabandista. Meu pai começou a achar que o instinto de minha mãe estava correto.

Alguns meses depois, a preocupada família de Qaseem recebeu um telefonema de um complexo carcerário no leste do Afeganistão. O contrabandista e seus clientes tinham sido presos. Todos foram espancados e condenados a oito anos de prisão. Temíamos que o pobre Qaseem não sobrevivesse a uma sentença tão longa porque as prisões afegãs durante o regime comunista eram terríveis. Com certeza minha mãe, ainda mais frágil, nunca teria sobrevivido a tal condenação.

Nunca mais meu pai ridicularizou o instinto e as premonições de minha mãe. Na verdade ele aprendeu a respeitá-los.

Em Bangalore encontramos um hotelzinho pitoresco que hospedava expatriados britânicos. O hotel tinha algumas casas de hóspedes espalhadas pela área e transformamos um desses bangalôs em nosso lar. Como papai não estava trabalhando e eu não estava matriculada na universidade, enquanto Nadia estava ocupada com o curso de medicina, meu pai e eu nos sentíamos solitários e entediados. Para piorar, o Afeganistão estava sempre nos noticiários. Depois que viemos para a Índia, os muçulmanos afegãos se revoltaram. A União Soviética respondeu enviando 40 mil soldados para combater os insurgentes.

Eu sabia que os guerreiros afegãos jamais abandonariam a luta. Com o tempo, até os poderosos russos seriam derrotados. Talvez isso levasse um ano, talvez cinquenta anos, mas os afegãos venceriam os invasores russos. O povo afegão nunca se submeteu aos dominadores. Evidentemente, os líderes da União Soviética não estudaram a nossa história.

A maré estava virando. Como consequência da Guerra Fria e do atrito entre a União Soviética, por um lado, e os

Estados Unidos e a Europa, pelo outro, o resto do mundo ficou atento ao destino de meu país. O presidente Jimmy Carter diversas vezes advertiu os russos sobre sua insensatez. Uma sessão especial da Assembleia Geral das Nações Unidas aprovou a resolução 104-18, que exigia a retirada imediata das tropas estrangeiras do Afeganistão. Jornalistas estrangeiros estavam noticiando massacres e assassinatos.

O Afeganistão estava em estado de guerra. Eu via os noticiários com uma sensação de agonia porque a tela da televisão mostrava hordas de refugiados que cruzavam a fronteira e eram abrigadas no Paquistão em acampamentos considerados verdadeiras cidades de tendas. Víamos mulheres vestidas em burcas, cada uma delas conduzindo quatro ou cinco crianças pequenas. Será que nossos parentes, que sempre tiveram uma vida confortável, estariam tremendo de frio naquelas tendas? Eu nunca fui capaz de aceitar o que estava acontecendo com meu país e com meus compatriotas.

Nossa principal preocupação era com minha mãe. Embora ela tivesse o apoio dos membros da família Hassen, sempre muito unida, temíamos por sua segurança. Durante o mês de fevereiro de 1980, uma greve geral e demonstrações violentas aconteceram em Cabul e outras cidades importantes do país. A milícia comunista infligiu perdas pesadas aos manifestantes. Em abril do mesmo ano, os estudantes da Universidade de Cabul fizeram uma grande demonstração que resultou na morte de cinquenta manifestantes. Quando ouviu essa história, meu pai deu um suspiro de alívio e comentou:

— Graças a Alá não estamos em Cabul. Você seria um dos líderes dessa demonstração, não seria, minha filha? Então o que teria acontecido conosco?

Em junho, diversos grupos tribais conhecidos como Mujahedins (palavra persa que significa guerreiros) se uniram no centro do Afeganistão. Combatentes dos países muçulmanos vizinhos começaram a aderir à luta. Gente de todo o mundo chegava para ajudar na resistência contra o exército soviético.

Nessa época, recebemos boas notícias, o que era uma raridade. O tio Hakim, a mulher dele, Rabeha, e as filhas, Zarmina e Zeby, tiveram permissão para sair do Afeganistão. Eles estavam viajando para a Índia e de lá para a França. Mais tarde iriam ao encontro de Farid, no Bahrein. Apesar de felizes por eles, lamentávamos o fato de que com a partida, o pequeno círculo familiar de minha mãe em Cabul ficaria menor, o que nos deixava ainda mais preocupados com a segurança dela.

Papai manteve o contato com seu amigo do ministério e toda semana eu o ouvia suspirar fundo antes de se sentar à escrivaninha para mandar a ele mais um eloquente pedido de ajuda. Então, quando menos esperávamos, papai recebeu a notícia tão desejada, o amigo dele estivera trabalhando em silêncio para obter uma autorização oficial e um visto de entrada na Índia para a minha mãe. Finalmente ele tinha conseguido que a saída dela fosse aprovada. Mamãe deixaria Cabul no dia seguinte.

Nossa alegria foi infinita quando minha mãe passou pelo portão do aeroporto com a mesma tranquilidade de um visitante de fim de semana, como se nossa reunião não tivesse sido uma questão de vida ou morte. Precisamos de seis meses para nos ver novamente juntos; foram os seis meses mais longos de nossas vidas.

Enquanto isso, meu pai esteve bastante ativo tentando encontrar seus inúmeros contatos, muitos deles conhecidos do tempo em que ele viveu na Europa. Ele nos disse que um agente da CIA com quem ele fizera amizade viria nos visitar. Quando a visita chegou, minha mãe e eu ficamos chocadas ao ver que o agente secreto era uma mulher alta e bonita.

Depois da surpresa inicial, isso me fez sentir uma atração pelos Estados Unidos, um país em que uma mulher podia fazer qualquer coisa. Meu pai e eu ficamos encantados quando a agente nos disse que poderia conseguir nossos vistos de entrada em uma semana e providenciar passagens de avião para a mesma data. Nós íamos para os Estados Unidos, pensei.

No entanto, minha mãe foi contrária à nossa imigração para aquele país. Ela argumentou:

— Eles são todos gângsteres. Nós não vamos nos sentir bem com essa gente.

— Com certeza alguns americanos de Chicago são gângsteres, mas a maioria da população é gente comum — corrigiu meu pai.

— A vida lá vai ser muito difícil, Ajab — contestou minha mãe. — Você vai ter que trabalhar como motorista de táxi ou porteiro. Nadia vai ter que abandonar o curso de medicina. Ela e eu vamos virar faxineiras. A Maryam não vai ter a menor chance, vai continuar sem se formar. Ela vai ter que fritar hambúrgueres numa lanchonete barata.

Tive que me conter para não rir. Minha mãe tinha visto filmes demais. Meu pai e eu defendíamos nossa mudança para os Estados Unidos. Minha mãe e Nadia argumentavam em favor de nossa permanência na Índia.

Meu pai acabou por ficar inseguro quando minha mãe lhe disse que tinha a "sensação" de que alguma coisa terrível nos aconteceria se deixássemos para trás tudo o que conhecíamos e fugíssemos para os Estados Unidos.

Eu também tinha a "sensação" de que minha mãe estava fingindo e usando seu "instinto" para convencer meu pai, mas não tive coragem de acusá-la de falsidade. A meta mais importante tinha sido alcançada, nossa família estava novamente reunida. Eu podia suportar qualquer coisa, embora acreditasse que éramos idiotas por não trocar a vida na Índia pela vida nos Estados Unidos, uma terra de grandes recursos que acenava para nós com seu imenso potencial.

Nadia somou forças com minha mãe e meu pai não conseguiu resistir à pressão da mulher e da filha mais velha. Decidimos abrir mão dos vistos para os Estados Unidos e continuar na Índia.

Foi uma má decisão. Daquele momento em diante, nada em nossas vidas correu bem.

Eu amava a Índia desde o primeiro dia que passei lá, muitos anos antes. Eu tinha adorado todas as férias. No entanto, quando decidimos fazer do país nosso lar permanente, tomei consciência de que agora vivia num país estrangeiro com outros costumes e idiomas. Meu coração me dizia que aquele não era o lugar para meu futuro. Fui ficando cada vez mais desanimada e quase nada me agradava.

Para todos os exilados, o pior inimigo é o excesso de tempo. Todos estávamos meio perdidos. Papai e mamãe ficaram tão deprimidos que começaram a ter problemas de saúde. De puro desespero, eles resolveram viajar para a França e passar um mês em visita ao tio Hakim e sua família.

Quando voltaram da viagem, eles estavam mais felizes e contaram que minhas queridas primas Zeby e Zarmina estavam se adaptando bem. A melhor notícia foi que Farid tinha viajado para Londres e lá tinha conhecido uma garota afegã que conquistou seu coração. Farid ia se casar!

Todos ficamos chocados porque o meu belo primo durante toda a vida fora um filhinho de papai, sempre cercado de mulheres. Apesar das dúvidas, ficamos felizes porque ele estava feliz.

Fiquei mais animada com as notícias de nossa família e por ver meus pais depois de um mês de ausência. Eu não sabia que uma grande tristeza pesava sobre nosso futuro próximo.

Uma semana depois de voltar da França, meu pai se sentiu muito mal. Ele foi levado às pressas para um hospital onde os médicos encontraram novos tumores em sua bexiga. Era preciso fazer uma cirurgia e outros tratamentos. Mais uma vez, estávamos vivenciando o medo de perder nosso apoio.

Papai passou diversas semanas no hospital. Com Nadia na faculdade, minha mãe e eu nos alternamos para lhe fazer companhia. Eu passava a noite com ele e minha mãe passava o dia.

Certa vez, minha mãe não chegou ao hospital. Quando ela não apareceu, ficamos morrendo de medo de que ela tivesse sofrido um acidente. Minha lembrança de touros chifrudos me deixava especialmente insegura. Qualquer coisa podia acontecer num país em que as vacas e touros circulam em liberdade. Eu estava num dilema, sem saber se ficava com meu pai ou partia para procurar minha mãe.

Então, Nadia apareceu na porta.

— Mamãe está doente. Ela está sentindo fortes dores abdominais e está fazendo exames.

Os médicos deram várias explicações para o mal-estar de minha mãe, mas nenhuma das causas prováveis parecia grave. Passei várias semanas correndo de um hospital para outro até que finalmente meus pais tiveram alta. Papai se recuperou rapidamente, mas mamãe a cada dia ficava mais pálida e doente.

No final de 1981, depois de passar por vários especialistas, ela recebeu a notícia mais temida, estava com câncer de estômago. O câncer tinha se espalhado e sua condição era terminal. Passou meses internada, mas quando o hospital já tinha feito tudo o que podia fazer, nós a levamos para casa, onde eu poderia cuidar dela. Eu dava banho, alimentava, fazia massagens e lhe dava carinho. No entanto, apesar de meus cuidados, a condição dela piorava numa velocidade assustadora. Ela gemia de dor até que o médico receitou morfina e me ensinou a aplicar-lhe injeções a cada quatro horas.

Durante a primavera de 1982, minha querida mãe ficou esquelética e com os olhos fundos. Eu carregava em meus braços seu corpo emaciado de um cômodo para outro. Uma noite, ela fez um pedido desesperado:

— Filha, se você me ama de verdade, me ajude a morrer.

Naquela noite fatídica, fui torturada pela dúvida. No dia seguinte, 11 de junho de 1982, acordei cedo sem saber se conseguiria levar a cabo aquela tarefa. Naquela manhã, minha mãe me encarou sem falar. O coração dela falou com o meu, lembrando-me de seu pedido final. O pior momento de minha vida foi quando apliquei em minha mãe a próxima injeção. Eu tinha conscientemente aumentado a dose.

Olhando fixamente para mim, ela balançou a cabeça com satisfação. Meu rosto seria a última imagem que ela veria em sua vida na Terra. Ela era minha mãe e tinha me amado durante toda a minha vida. Eu tinha por ela amor suficiente para atender ao pedido mais difícil que alguém pode receber.

Abracei seu pequeno corpo enfraquecido. Nós nos encaramos por um momento final.

Então, sem mais, minha mãe se foi para sempre.

Capítulo 12

No dia 30 de outubro de 1982, aproximadamente quatro meses depois da morte de minha mãe, meu pai e eu fizemos a emocionante passagem da Índia para os Estados Unidos, a terra dos sonhos de minha infância. Embora nossa preferência fosse voltar para um Afeganistão pacífico, aquele era um sonho impossível. Seríamos presos e executados se voltássemos para nossa casa em Cabul.

Na segurança dos Estados Unidos, estaríamos no sétimo céu se não fosse a situação preocupante do Afeganistão. A insurgência dos Mujahedins muçulmanos continuava num impasse militar infernal contra os soldados soviéticos. Depois de quatro anos de presença militar russa, nosso país virou um satélite de Moscou, os comunistas ainda dirigiam nossas cidades, mas os guerrilheiros controlavam as áreas rurais.

Quando chegamos aos Estados Unidos, fomos recebidos no aeroporto da cidade de Washington pela irmã de minha mãe, a tia Shagul; pelo filho dela, Nasir; a esposa de Nasir, Khatol; e outra prima, Razia. Minha tia era muito parecida com minha linda mãe, tanto fisicamente quanto na maneira de ser, portanto, quando ela cobriu minha testa de beijos, seu amor e seu calor humano me consolaram.

Muitos membros da família Hassen se mudaram para os Estados Unidos antes de nós. Como tinham contatos no meio diplomático, eles conseguiram evitar o triste estilo de vida levado pela maioria dos refugiados afegãos que, habituados a ter as próprias casas, foram subitamente acomodados num acampamento para viver na ociosidade, pobreza, doença e sofrimento. Shagul se estabeleceu no norte da Virgínia. Alguns parentes do lado paterno também fincaram raízes na região.

Passei os primeiros meses num transe hipnótico, experimentando o terreno nesse novo ambiente seguro e confortável. Estava ansiosa por vivenciar todos os aspectos do país que conhecia por meio de filmes e música popular, mas logo descobri que aquela era uma terra de contradições desconcertantes. Em meus sonhos, os cidadãos norte-americanos eram ricos e despreocupados, viviam em mansões maravilhosas, consumiam os alimentos mais refinados, tinham relacionamentos cheios de amor e passavam a noite dançando em discotecas.

No entanto, o país e seus habitantes eram bem mais complexos. Poucos americanos tinham dinheiro suficiente para não ter preocupações. A maioria das pessoas que conheci tinha uma situação financeira modesta e outros eram realmente pobres. Muitos eram imigrantes que trabalhavam demais e tinham pouco tempo para dançar. Esse foi meu primeiro susto.

O segundo susto veio quando observei a maneira pela qual pais e filhos norte-americanos se relacionavam. Eu estava acostumada com uma cultura em que os pais são a autoridade suprema e esperam total obediência dos filhos. As crianças afegãs não respondem aos pais. Elas são muito vistas e pouco ouvidas. As crianças norte-americanas eram muito mais autoconfiantes e beligerantes e às vezes podiam ser vistas tendo ataques de raiva em público. No supermercado, eu via crianças discutirem com os pais a escolha dos alimentos e nas lojas podia vê-los exigir brinquedos ou roupas da moda. Essa impudência era inadmissível em minha cultura.

Um terceiro susto me aguardava. Tendo acabado de adquirir saias curtas e biquínis, eu queria abrir as asas e me livrar do controle de meu pai e de nossos tabus morais tradicionais. Nos Estados Unidos, os direitos das mulheres eram respeitados e eu queria fazer parte desse movimento. No entanto, para minha consternação, meu pai e os outros parentes esperavam que eu continuasse a viver como uma garota muçulmana extremamente conservadora, mesmo no coração da terra que desconhecia nossas tradições e não lhes dava a menor importância. Em uníssono, meus parentes decretaram que não haveria discoteca para Maryam Khail.

As meninas americanas eram livres para se vestir como bem entendessem, ir aonde quisessem sem supervisão e ter amigos do sexo masculino. Além disso, havia no país uma liberdade sexual que uma garota afegã nem podia imaginar. Pouco depois de chegar, conheci uma linda menina americana que estava grávida. Perguntei-lhe sobre seu marido e fiquei horrorizada quando ela respondeu que não era casada. Confusa, perguntei:

— Como você pode estar grávida, se não é casada?

— Isso aqui são os Estados Unidos — respondeu ela secamente. — Se isso te incomoda, volte para seu próprio país.

Papai e eu logo nos mudamos da casa de tia Shagul e fomos para um pequeno apartamento muito agradável nas proximidades. Logo me ofereceram um emprego num restaurante afegão. Apesar de ser garçonete e não cozinheira, não pude deixar de lembrar como minha mãe temia que para mim os Estados Unidos fossem significar uma vida medíocre fritando hambúrgueres.

O trabalho seria uma posição temporária. Eu estava decidida a fazer um curso superior. Jurei guardar meu dinheiro e comprar um carro para poder me transportar até a universidade. Enquanto isso, eu trabalhava. Logo tive boas relações com os clientes do restaurante, que eram principalmente exilados afegãos como eu. Estava bastante satisfeita, apesar de não poder dizer o mesmo de meu pai. Depois da animação inicial de visitar os conhecidos afegãos que moravam na Virgínia, ele ficou muito deprimido. Sua tristeza tinha uma origem — quando minha mãe morreu, foi como se levasse para o túmulo metade da vitalidade de meu pai. Após a morte dela, ele chorou durante semanas e as lágrimas eram um sedativo para sua dor. Apesar de ter conseguido parar de chorar, ele continuou deprimido.

Meu quarto susto veio na forma de uma enxurrada de propostas de casamento. Moravam na região muitos afegãos solteiros e parecia que todos estavam procurando uma noiva. A situação pregressa da família de meu pai e nossa boa reputação faziam com que muitos homens quisessem associar as próprias famílias com a minha. Logo, meu pai estava mais uma vez muito ocupado, analisando pedidos pela mão de sua filha.

Papai levou a tarefa a sério. Ele decidiu que veria a filha mais jovem se casar e fazia questão de que eu desposasse um afegão pashtun. A culpa era de minha irmã: pouco depois da morte de minha mãe, Nadia confessou um fato chocante — em segredo, ela se apaixonou e se casou com um estrangeiro. O escolhido não era apenas alguém que meus pais não conheciam. Nadia tinha atentado contra diversos tabus: tinha se casado com um homem que não era de nossa tribo, de nossa seita muçulmana e nem sequer de nosso país. Ela se casara com um muçulmano xiita iraniano.

Para quem não conhece as duas seitas islâmicas mais importantes, devo informar que elas são conhecidas como sunita e xiita. Essas duas seitas estão em oposição desde a morte do profeta Maomé, que não chegou a nomear um sucessor. Os discípulos mais próximos do profeta não eram unânimes quanto a quem deveria liderar o Islã. A história descreve uma terrível contenda em que cada grupo nomeou seu favorito à sucessão, o que dividiu o Islã em dois grupos. Até hoje, depois de tantos séculos de amarga dissidência, as duas seitas ainda estão divididas. Os pais sunitas decididamente não querem que os filhos se casem com membros de famílias xiitas. Estes não levam a questão menos a sério. Muita gente já morreu por motivos menos graves.

No início, Nadia tentou amenizar o problema dizendo a meus pais que estava apaixonada por um xiita, com quem gostaria de se casar. Só eu sabia que ela já tinha se casado. Contudo, para meus pais, o simples fato de querer se casar era quase tão grave quanto o casamento em si. Eles ficaram arrasados. Contudo, viviam na esperança de que Nadia recuperasse o bom senso e não se casasse.

Os dois esqueceram o caso de amor ilícito de Nadia quando minha mãe ficou doente e morreu. Assim que nos instalamos na Virgínia, papai teve tempo para pensar na desobediência da filha mais velha. Como estava muito longe para controlar Nadia, ele se concentrou na filha mais nova e passou a se dedicar às inúmeras propostas de casamento que chegavam a mim.

Eu não fui consultada porque a cabeça e o coração de meu pai ainda estavam no Afeganistão, onde a escolha de um noivo é considerada importante demais para ser decidida pela filha. Fiquei alucinada. A última coisa que eu desejava era um marido. Eu tinha apenas 20 anos, acabava de chegar a um país muito empolgante e queria continuar os estudos. Com o máximo de delicadeza, pedi a meu pai para esperar e me dar algum tempo. Ele e minha mãe sempre se colocaram contra o casamento antes de se terminar o curso universitário.

Apesar disso, levado pelo medo característico dos pashtuns de que a filha caísse na vida se não fosse controlada por um marido, meu pai teimosamente levou adiante o projeto.

Eu vivia com um nó no estômago. Sentia-me dentro de um grande drama familiar em que todas as pessoas que eu amava só viviam para o momento em que eu fosse casada. Nunca senti tanta falta de minha mãe, pois se ela estivesse viva teria evitado aquela febre casamenteira. A meta de minha mãe para as filhas era vê-las com um diploma universitário no bolso antes de caminharem pela nave da igreja. Mas minha mãe estava morta e enterrada na Índia e já não podia me proteger.

Fiquei surpresa por ver todo o resto da família apoiar integralmente a iniciativa de meu pai. De uma hora para outra, uma grande campanha foi dirigida contra uma garota de 20 anos. A tia Shagul delicadamente me lembrou de meus deveres para com a família.

— Perder sua mãe já foi tão difícil para seu pai — suspirou ela. — A tensão de viver num país novo e de se preocupar com o infeliz romance de Nadia já é demais para ele. Não vá você também desobedecer!

Eu até mesmo recebi um telefonema da França no qual o tio Hakim me falou do estado mental de meu pai.

— Seu pai está solitário, Maryam. Ele precisa de alguma coisa que o faça feliz novamente. Um neto poderia fazê-lo esquecer seu sofrimento.

Eu gemi, sabendo que era de mim que a família esperava esse neto.

Soube que minha posição era perigosa quando outros parentes passaram a achar que minha vida era assunto deles. Eles diziam em coro:

— Deus vai cuidar disso, Maryam. Ele vai te recompensar. Deus vai tornar você a mulher mais feliz do mundo.

O único interesse da minha família era me ver casada o mais depressa possível.

Eu sempre jurei que não me casaria a contragosto. Conhecia bem demais os detalhes da vida trágica de gente como a minha avó Mayana, minha prima Amina e tantas outras mulheres boas. Mesmo assim, sentia culpa pela tristeza do meu pai e também queria ser uma boa filha. Tudo isso entrava em conflito com meu juramento juvenil.

Durante meses, nadei contra a corrente, evitando toda conversa sobre casamento. Esperava que meu pai se cansasse de entrevistar maridos em potencial. Pedi a Deus que alguma coisa ou alguém interferisse no processo. A cada dia, ficava mais ansiosa. Vivia com o coração na boca, esperando que meu pai me dissesse que tinha escolhido um marido para mim. Nunca me senti tão só e angustiada, lutando sozinha contra a vontade coletiva da minha família, e acabei por sentir minha resistência fraquejar.

Um dia, meu pai se sentiu mal. Ele me disse que não acreditava que fosse viver por muito tempo e que logo iria se reunir à minha mãe. Essa conversa criou um momento de tanta fraqueza dentro de mim que finalmente entreguei os pontos. Baixei a cabeça com um sorriso forçado, tentando me sentir bem porque minha atitude ia agradar a todos, e por fim me rendi.

— Papai — disse —, se meu casamento vai deixar o senhor feliz, eu me caso. Não faz diferença quem o senhor vai escolher para meu marido. Se o senhor ficar feliz, eu vou ficar feliz.

A saúde de meu pai melhorou imediatamente. De repente, ele estava cheio de vigor e começou a marcar reuniões com diversos candidatos à minha mão.

Senti algum alívio por ter deixado meu pobre pai tão feliz, mas depois que ele foi tirar um cochilo, tive ânsia de vômito até ficar fraca. Eu me amaldiçoei por ter cedido à pressão.

Minha obediência atraiu para mim elogios de todos os lados. Eu era a boa filha. Contrariando meus sentimentos, ia realizar o desejo de meu pai. Ao contrário de minha irmã, eu era fiel à tradição pashtun.

Por um curto período, senti prazer e até mesmo alguma expectativa. Acreditava que seria vantajoso concordar com um casamento arranjado. Uma mulher solteira não podia frequentar casas noturnas, mas assim que me casasse poderia sair para dançar. Eu era tão ingênua que chegava a ser burra. Em minha idiotice, não percebi que aquela era a batalha mais importante da minha vida.

Logo meu pai me procurou com a notícia de que tinha escolhido um noivo e garantiu que o escolhido era um poço de virtudes.

Meu futuro marido era um homem chamado Kaiss. Ele tinha 35 anos, portanto era quinze anos mais velho do que eu. Tinha quase 1,80 metro de altura. Não era feio. Também não era bonito. Era um pashtun da mesma região meridional do Afeganistão de onde vinha minha família. Quando jovem, meu pai conheceu o pai dele, embora não tenha mantido o contato. Era da máxima importância para meu pai ver a filha casada com um pashtun.

Fui informada de que o noivo estava ansioso por se casar com a filha de Ajab Khail, o Khan da tribo Khail, mesmo que este título fosse apenas honorário.

Kaiss fez a corte a meu pai com uma mesura exagerada e repetidas promessas. Ele não seria um "genro", seria o "filho" de meu pai. Concordou com todas as condições impostas para que o casamento se realizasse.

— Claro, naturalmente Maryam precisa completar sua educação. Eu vou cuidar disso. — prometeu com voz suave, enquanto me olhava com indiscutível orgulho. — Tenho um bom emprego num hotel. Os estudos de sua filha terão prioridade sobre todo o resto, até mesmo sobre o alimento que eu puser em minha boca.

Bem, pelo menos ele é gentil e dócil, pensava eu. Esqueci que muitos homens afegãos fingem ser o que não são para conseguir o que desejam.

Nadia estava nos fazendo uma de suas raras visitas, vinda da escola de medicina na Índia. Ela ainda não tinha dito a papai que estava secretamente casada com um homem cuja origem era tão repugnante para os pashtuns. Minha irmã estava numa pressa desesperada de que eu me casasse com Kaiss, pois achava que o momento de maior felicidade para nosso pai seria o mais propício para ela contar sobre o próprio casamento. Papai estaria tão feliz com minhas núpcias que talvez ficasse menos ofendido com as dela.

— Ele parece muito legal — disse-me Nadia com um sorriso. — Você deve se casar o mais depressa possível.

— Sim, quando papai estiver feliz com meu pashtun vai ser mais fácil para você trazer seu iraniano para casa — resmunguei com sarcasmo.

— Quem você pensa que é, Maryam? Uma princesa esperando pelo príncipe encantado? Você não tem outra pessoa em sua vida, não é mesmo? Pelo amor de Alá, case-se com esse Kaiss e encerre o assunto. — Minha irmã olhou para mim com timidez. — Maryam, se eu fosse você, faria esse sacrifício. É isso que significa fazer parte de uma família. Uma boa filha sempre sacrifica os próprios desejos pelo nome da família.

Tive que concordar. Minha irmã estava certa. Eu não estava apaixonada por outra pessoa e não tinha ideia do que fosse o amor romântico. Além disso, estava refém do respeito e da preocupação por meu pai. Depois da morte de minha mãe, ele passou a ser tudo para mim. Se eu recuasse agora, com o casamento já anunciado, meu comportamento seguramente levaria meu pai para o túmulo. Se lhe causasse tamanha decepção, minha vida seria insuportável.

Eu ia seguir o costume pashtun e ser uma filha obediente.

— OK, vou fazer isso.

Eu era idiota e ingênua por deixar de lado tudo o que aprendi na juventude sobre casamentos forçados.

Satisfeito, meu pai conversou com o exultante Kaiss para apressar o casamento. Meu noivo parecia inebriado com a própria sorte e agia como se tivesse encontrado um grande tesouro em Maryam Khail. O comportamento dele me fez acreditar que depois que nos casássemos eu seria adorada. Acabei por me esquecer de que as mulheres pashtuns são tratadas como deusas antes do casamento e como escravas depois.

Depois que o casamento foi anunciado e os amigos e parentes foram informados do nome de meu noivo, ficamos surpresos quando muitos deles tentaram nos colocar em guarda. Dois amigos da família, antigos moradores de Cabul, nos visitaram para prevenir meu pai.

— Ajab, você precisa cancelar esse casamento — disseram. — Esse homem é violento e tem péssima reputação. Ele é considerado perigoso por todos aqueles que o conhecem em Cabul.

Um pensamento cruzou minha mente, o mal de que eu tinha fugido me seguiu até os Estados Unidos... e agora eu estava presa na armadilha. Apelei para meu pai e pedi para cancelar o noivado.

No entanto, meu pai ficou ofendido. Ele defendeu Kaiss, pois aquele homem caíra em suas boas graças com aquela história de se tornar um filho para ele. Mais tarde, depois que os dois amigos bem-intencionados foram embora, meu pai procurou me tranquilizar.

— É a palavra deles contra a palavra de Kaiss, minha filha, e eu acredito em seu noivo.

Contudo, fiquei sabendo que quando o tio Hakim deu a boa notícia para a família dele, ficou em pânico quando duas de suas filhas gritaram apavoradas:

— Oh, não! Esse homem é horrível. Ele é mau e violento. Você precisa cancelar esse casamento.

Eu implorei a meu pai:

— Alguma coisa está errada! Por favor, papai, adie o casamento pelo menos até nós podermos investigar essas acusações.

No entanto meu pai ficou furioso por eu acreditar naquelas calúnias contra um homem que era um partido tão bom.

Só depois do casamento me disseram que outra parenta que vivia nos Estados Unidos também ficou alarmada quando o genro dela lhe disse com quem eu ia me casar. Ela telefonou para tia Shagul:

— Eu conheço esse homem. Ele é um criminoso. Ele cumpriu pena no Afeganistão por agressão. Você precisa cancelar o casamento.

— É muito tarde.

— Você vai salvar a vida de sua sobrinha. Pelo amor de Deus, fale com o pai dela.

— É tarde demais.

Minha tia nunca avisou meu pai.

Cheia de dúvidas, eu estava fraca de desespero na noite do casamento. Presa numa armadilha, incapaz de encontrar coragem para envergonhar meu pai e meus parentes e enfurecer meu noivo, vesti o belo vestido branco e coloquei na cabeça o moderno toucado. Olhei para minha figura no espelho: por fora, parecia bonita, mas por dentro estava arrasada pelo desespero e pelo medo. Queria ter coragem para fugir do edifício, pegar um carro e dirigir para muito longe.

No entanto, uma ação como essa causaria uma dor infinita a meu pai. Com certeza o mataria. Eu não podia fazer isso.

Fiz meus votos e logo estava casada. Tudo pareceu acontecer num instante. Depois do casamento houve uma grande recepção numa casa de festas. Kaiss caminhava pelo local como um orgulhoso pavão, recebendo os cumprimentos dos amigos, enquanto eu ficava nos bastidores cheia de arrependimento e medo.

Kaiss e eu logo saímos da festa e fomos para nossa nova casa, que ficava num edifício de apartamentos próximo ao hotel onde ele trabalhava.

Por algum motivo, nenhuma mulher da minha família me disse o que eu precisava saber sobre a noite de núpcias.

Assim que entramos no apartamento, Kaiss caiu sobre mim, rasgando minhas roupas e me empurrando para o quarto. Sem nunca ter tido relações com um homem, fiquei chocada e assustada com o assalto. Ele foi tão violento naquela primeira noite de "felicidade" conjugal que acabei numa sala de emergência de um hospital.

Depois de receber atendimento médico, chorei como uma criança.

— Me leve para a casa de meu pai — disse hostilmente a meu marido. Depois de poucas horas, eu já achava a vida de casada tão detestável quando eu temia.

Kaiss me levou para casa e eu corri ao encontro de meu pai. Sentei-me no colo dele, chorando.

— Quero ficar aqui, papai — implorei.

— Que diabos está acontecendo? — perguntou meu pai.

— A barriga dela está doendo — disse meu marido com ironia, fazendo uma careta diante da surpresa de meu pai.

Papai não sabia o que fazer numa questão tão sensível. Ele precisava da esposa para resolver aquele delicado problema feminino.

Ele me afastou com delicadeza.

— Vá para casa, Maryam. Vá para casa com seu marido.

Eu me encolhi. Não tinha para quem apelar, estava vivendo um pesadelo que eu mesma criara.

Meu marido deu um sorriso irônico e me levou. Voltamos para o apartamento dele, onde ele me atacou novamente assim que a porta foi fechada às nossas costas.

Meu casamento com Kaiss era uma luta sem quartel. Meu marido era cruel e brutal. Minha vida diária era um ciclo infeliz de trabalho doméstico, trabalho no restaurante e estupro. Ninguém falava mais em jantares à luz da lua ou noites na discoteca. Meu marido trabalhava, comia e estuprava a esposa. Essa era sua vida. Às vezes me vinha a ideia secreta e assustadora de que talvez o irmão mais velho de meu pai, Shair Khan, tivesse reencarnado como Kaiss.

Logo estaria na época de fazer a matrícula numa universidade. Eu estava ansiosa por essa mudança, louca para frequentar uma escola com gente como eu, para me tornar melhor e me afastar de meu marido por algumas horas. Mais ele riu e disse:

— De jeito nenhum. Você não pode ir. Eu não quero uma mulher de carreira, quero uma mulher exatamente como a esposa de meu pai — uma mulher que me obedeça.

Aquilo foi um choque. Todas as promessas do tempo de noivado se evaporaram.

— Você prometeu a meu pai que eu poderia ir para a universidade — gaguejei.

— É claro que eu prometi. — ironizou ele. — Eu tinha que apresentar uma boa proposta. Um bom vendedor faz os outros comprarem o produto que ele está vendendo. Eu era o produto. Eu tinha que me vender para o idiota do seu pai para conseguir a filha dele.

Eu não ia me submeter àquele monstro nem por um momento, pensava eu.

— Eu vou para a universidade. Você não pode me impedir. Isso aqui são os Estados Unidos.

Kaiss saltou sobre mim, agarrou minha cabeça com as duas mãos e apertou meu crânio até que comecei a achar que ele seria fraturado.

— Não me responda, entendeu? Se você responder novamente, vai se arrepender.

Cambaleei para fora da sala. Minha vida estava se tornando uma cópia da existência desgraçada da avó Mayana.

Eu não era diferente de minha prima Amina. Eu era ainda mais patética, porque não tinha uma criança inocente que me ligasse ao marido brutal. Eu estava vivendo um estado de servidão que tinha jurado nunca suportar. Eu era uma completa idiota! Tinha sido enganada por sonhos de felicidade, de perfeição, de poder dançar a noite toda. Minha cabeça girava, tentando imaginar como poderia fugir de Kaiss e pedir o divórcio.

As circunstâncias mudaram poucas semanas depois, quando comecei a sentir náuseas. Vomitava constantemente e não conseguia reter nada no estômago. Precisava de um médico, mas Kaiss não deixou e só voltou atrás quando fiquei incapaz de sair da cama.

O médico nos deu uma notícia que considerava boa:

— Você não está doente, está grávida. Meus parabéns.

Olhei para meu marido, achando que talvez a notícia o deixasse feliz. Se eu lhe desse um filho, talvez ele mudasse e se tornasse o marido gentil que prometeu ser.

Kaiss deu de ombros com indiferença. Quando o médico disse que eu precisava fazer exames mensais, meu marido ficou rubro. Ao deixarmos a clínica, ele começou a praguejar.

— Aquele filho da puta ambicioso. Ele não vai tirar meu dinheiro. Você não vai abrir as pernas para aquele filho da puta todo mês.

Fiquei quieta, mas tomei nota da data da próxima consulta, sabendo que precisava desafiar Kaiss pelo bem do meu filho. No mês seguinte, quando comecei a sair do apartamento, meu marido bloqueou a porta.

— Você não vai, Maryam. Minha mãe nunca foi a um médico. Depois de nove meses, ela ia para o quarto e paria. No dia seguinte ela voltava à rotina normal. Você vai fazer o mesmo que minha mãe.

Ele me deu um empurrão violento e voltou a se sentar no sofá para ver televisão.

Kaiss nunca acreditou que eu pudesse desafiá-lo, mas enquanto meu corpo nutria meu inocente filho em formação, meu filho nutria minha coragem.

Com a maior calma, me esgueirei para a porta e então saí correndo e gritando:

— Eu *vou* ao médico!

Corri para fora e entrei num táxi antes que Kaiss pudesse me alcançar.

Pela primeira vez entendi por que Amina voltou para casa para ser espancada pelo marido, para poder proteger os filhos. Embora meu bebê ainda estivesse no útero e eu nunca tivesse visto seu rostinho, meu amor por ele já me dominava.

Depois da consulta, fui para casa trêmula de medo, apavorada com o que iria enfrentar. Entrei no apartamento cautelosamente, pronta para correr se Kaiss viesse me agredir. No entanto, ele veio em minha direção sorrindo.

— Precisamos tomar conta de você. Seu pai disse que se eu te tratasse bem, você me daria um filho.

Hesitei, ainda achando que aquilo era um truque para me pegar desprevenida.

— E se a criança for uma menina?

— Se for menina, Maryam, espero que ela morra no seu ventre. Só quero um filho. — Ele aproximou o rosto do meu, com os dentes à mostra. — Está me escutando? Eu só aceito um filho.

Eu concordei, porque tinha medo demais de desobedecer à lei de Kaiss, mas sabendo muito bem que não tinha como garantir que a criança em meu útero fosse um menino.

Durante os meses seguintes, as agressões físicas foram menos frequentes e menos graves, apesar de nossa vida conjugal ainda ser instável e assustadora.

No dia 27 de janeiro de 1984, acordei de um sono profundo com dores agudas nas costas. Enquanto me levava de carro para o hospital, meu marido pedia a Deus:

— Alá, que a criança seja um menino! Não me importo se ele for cego ou aleijado, só quero que seja um menino.

Kaiss repetiu esse mantra bizarro durante todo o tempo que passei na sala de parto. Eu me vi rezando a Deus por um menino, morrendo de medo de que meu marido matasse a criança se ela fosse uma menina.

Alá me ajudou e me deu um menino saudável. Todo mundo ficou aliviado e feliz. Subitamente, Kaiss ficou cheio de atenções e amor, orgulhoso de poder se vangloriar diante de todos por ter um filho grande e bonito. Meu pai entrou no quarto com as lágrimas rolando pelo rosto. Eu tinha dado a ele um motivo para viver, finalmente tinha o neto que tanto desejava.

Naquele dia miraculoso, era até possível amar Kaiss.

Capítulo 13

Quando meu precioso filhinho chegou ao mundo, todos os sofrimentos e tribulações que sofri com o pai dele foram temporariamente esquecidos. Meu amor por meu filho era muito maior do que eu poderia sonhar. Pela primeira vez em meu casamento desastroso, eu me sentia bem. Segurava meu bebê nos braços, olhava para o rostinho dele, para os olhos perfeitos, os bracinhos e as perninhas. Uma criança robusta tinha afastado toda a dor de minha vida e eu estava cheia da mais pura alegria.

Mesmo atentando contra a verdade, chegava a elogiar meu marido porque estava desesperada para evitar que ele explodisse em seus costumeiros ataques de raiva que poderiam assustar meu filhinho. No início, tudo estava ótimo. Kaiss estava exultante por ser o pai de um menino, apesar de não se sentir obrigado a dedicar muito tempo a Duran. Seu estilo paternal indiferente agradava a meu pai e a mim porque sem a tensão da presença de meu marido podíamos realmente desfrutar da alegria dos primeiros dias de meu filho.

Além disso, quando eu via a expressão feliz de meu pai enquanto segurava o primeiro neto, achava que meu casamento infeliz tinha uma razão de ser. Não via meu pai tão alegre desde quando ainda não tinha câncer, antes de perdermos nosso país, antes da morte de minha mãe. Eu tinha sofrido um grande revés quando me casei com Kaiss, mas meu pai estava bem e aquilo me reconfortava. Quando olhava para o rostinho de meu filho, cheio de pura felicidade, pela primeira vez entendia a atitude das mulheres afegãs que conheci, as mulheres que tinham suportado em silêncio a crueldade dos maridos. Nada era mais importante que um filho.

Meu pai era outro homem. Alegremente, fazia compras para Duran, atendendo a todas as necessidades dele, fosse com o último modelo de carrinho de bebê, fosse com uma simbólica colher dourada. Ver meu pai mimar o netinho me fazia sentir uma saudade doída pelas alegrias que minha mãe estava perdendo. Como ela teria gostado de ser avó!

Naturalmente, um abismo ainda me separava de Kaiss, pois nunca pude amar o homem cruel que era meu marido e pai do meu filho. Contudo pensava que talvez pudesse aprender a tolerá-lo, pelo menos enquanto meu filho estivesse crescendo. Porém muito cedo meu marido começou a reclamar dos momentos em que o choro do bebê atrapalhava seu sono. Ele decidiu que Duran e eu devíamos passar o dia na casa de meu pai. Meu marido insensível nem imaginava que o resultado dessa decisão era muito agradável para meu pai, Duran e eu.

No entanto, eu devia ter imaginado que aquela paz não ia durar, porque Kaiss era o tipo de homem que está sempre à procura de uma briga. Meus problemas recomeçaram quando levei o pequeno Duran para nadar na piscina do nosso condomínio. Para não despertar o ciúme irracional de meu marido que costumava causar discussões acaloradas, criei o hábito de deixar bilhetes detalhados explicando exatamente para onde ia sempre que saía do apartamento.

Menos de uma hora depois, Kaiss apareceu na piscina. Senti um calafrio quando vi que ele estava furioso. Sua voz era baixa e ameaçadora quando ordenou:

— Maryam, venha para casa agora mesmo.

O pobrezinho do Duran começou a choramingar, pressentindo uma tempestade. Ele já conhecia as explosões verbais do pai. Quando viram a expressão zangada de meu marido, várias pessoas saíram da piscina e se sentaram a distância. Desesperada para evitar uma cena pública, tive pressa em recolher nossos pertences e fazer o que ele dizia.

Kaiss se afastou. Peguei nossas toalhas molhadas e Duran em meus braços e corri atrás de meu marido. Estava morta de vergonha por pensar que eu parecia uma esposa submissa, embora na verdade eu não fosse outra coisa. Kaiss fechou com estrépito a porta do apartamento. Minha cabeça girava enquanto eu levava meu filhinho para o berço. O que teria provocado aquela reação? Eu não tinha feito nada que pudesse causar tanta raiva, mas sentia que um ataque era iminente.

Ele chegou por trás de mim, com a respiração pesada. Pensei que fosse apenas me estuprar, o que era frequente em nosso casamento. Ele agarrou minha mão e me puxou com violência para dentro da cozinha, empurrando meu corpo contra a bancada. Seria aquilo um novo tipo de ataque sexual? Então, ele abriu uma gaveta e tirou de lá uma de nossas maiores facas.

Fiquei paralisada. Sempre tive pavor de facas.

Kaiss segurou minha garganta com uma das mãos e começou a cortar meu maiô com a outra. Sufocada, eu tentava respirar enquanto meu maiô caía no chão. Eu estava nua. Ele apoiou firmemente o gume da faca contra meu pescoço. Eu sabia que qualquer movimento me faria sofrer um ferimento grave, mesmo que meu marido não me esfaqueasse intencionalmente. Ele chegou o rosto contra o meu e sussurrou com a voz ameaçadora:

— Da próxima vez que minha mulher usar um maiô na frente de outros homens, vou matá-la.

Meu rosto se contorceu de dor quando Kaiss deliberadamente cortou meu pescoço com a lâmina afiada. Senti o sangue escorrer. A visão do sangue deixou os olhos de meu marido dilatados de excitação.

Dessa vez ele vai realmente me matar, pensei, buscando desesperadamente em torno alguma coisa que pudesse salvar a mim e a meu filho.

Nesse momento, Duran chorou dentro do berço. Ele estava com fome.

Kaiss bateu em meu rosto e chutou minha perna.

— Vá cuidar do seu filho — ordenou com grosseria.

Duran salvou a vida da mãe.

Com a mão sobre o corte no pescoço, corri para junto de meu filhinho. Quando me viu, ele gorgolejou. Eu o segurei com uma das mãos e corri para o banheiro. Com a mão livre, amarrei uma toalha sobre o ferimento. Levei meu filho para cozinha e o alimentei. Depois disso, embalei Duran até que ele dormiu.

Voltei para o banheiro e examinei o pescoço com um espelho. A pele em torno da garganta estava contundida onde as mãos de Kaiss tinham apertado meu pescoço. No entanto, o corte não era profundo e o sangramento tinha parado. Dei um suspiro de alívio porque, se o corte precisasse ser suturado, Kaiss nunca me permitiria ir a um pronto-socorro.

Quando tentei voltar para o quarto de Duran, onde pretendia dormir, meu marido saltou de trás de uma porta e me puxou para nossa cama, onde continuou a me bater e depois me estuprou com violência.

Na manhã seguinte, ele acordou ainda de mau humor. Ajoelhou-se na cama, segurou meu rosto entre as mãos, estapeou-me durante alguns minutos e depois tornou a me obrigar a fazer sexo com ele. Meu marido só parecia sentir prazer sexual quando me violentava. Eu tentei empurrá-lo, reagir, mas ele começou a me estrangular e eu desisti e me submeti a suas indignidades. Eu precisava viver para cuidar de meu filho. Se Kaiss me matasse, meu filhinho ficaria indefeso.

Finalmente, ele teve de me deixar em paz porque precisava tomar banho e se preparar para trabalhar. Só depois que ele saiu do apartamento eu sucumbi e comecei a chorar, mas pelo bem do meu filho reagi e evitei pensar em minha existência intolerável.

No mesmo dia, mais tarde, passei por um de nossos vizinhos que olhou o grande galo na minha testa e os cortes em meus lábios. Anteriormente o mesmo vizinho já tinha observado outros ferimentos e hematomas.

— O que aconteceu com você? — perguntou ele.

— Ah, eu caí — respondi baixinho, sem olhar para ele.

— De novo? — perguntou. — Para uma pessoa tão nova, você é bem desajeitada.

— Acho que sou — respondi, envergonhada, e me afastei.

A voz dele ficou cortante.

— Isso não está certo. Você precisa se separar dele.

Fiquei rubra de vergonha. Fui embora depressa, humilhada por ser tão impotente. As lágrimas rolavam por meu rosto. Aquilo me trouxe de volta à lembrança uma mulher numa situação semelhante e um rosto havia muito esquecido surgiu em minha mente.

Quando eu tinha 16 anos, uma mulher adorável chamada Jamila, que vivia na casa vizinha, entrou correndo em nossa casa. Eu estava na sala de estar quando ela entrou de supetão, sem bater. Achei que estivesse sendo perseguida por uma matilha de cães selvagens. Eu a segurei e a ajudei a sentar-se numa cadeira.

— O que houve? — perguntei. Gritei pela babá Muma e lhe pedi para trazer depressa um copo de água.

A babá, já adiantada, cambaleou até nós com um copo de suco numa das mãos e uma toalha molhada na outra.

— Aqui está — disse Muma com uma voz suave e calmante.

— O que aconteceu? — perguntei, apesar de ser evidente que ela tinha sido espancada. Meus pais já haviam comentado entre eles a triste situação daquela vizinha, mas os ferimentos dela nunca tinham sido tão graves. Jamila sempre sofreu em silêncio, inventando alguma desculpa sobre ter tropeçado em uma das crianças ou na soleira de alguma porta, usando a falta de jeito como motivo para suas lesões e arranhões. Apesar dessas explicações, todos sabiam que o marido de Jamila era um espancador de mulheres.

Essa era a primeira vez que Jamila buscava refúgio em nossa casa. Ela choramingava:

— Ele vai me matar com certeza. Posso dormir aqui?

— É claro — assegurei, pensando no que poderíamos fazer para mandar o bruto do marido dela para a prisão. Naquele tempo eu ainda era ingênua e acreditava que a mulher que procurasse justiça, receberia justiça.

Naquela época, Nadia estava na escola de medicina na Índia e estávamos vivendo num apartamento em que eu tinha meu próprio quarto.

— Jamila, você vai dormir no meu quarto — decidi. — Seu marido não vai ter coragem de mostrar a cara aqui.

Ela aceitou, aliviada, mas ainda chorando. Estudei o seu rosto. Quando se casou, Jamila era muito bonita, mas o casamento acabou com ela. Cada ano da vida de casada deixou o rosto mais alterado. Naquele momento, estava todo inchado, com a pele delicada horrivelmente ferida. Ela tinha sofrido um espancamento terrível.

— O que ele usou para bater em você, Jamila?

— A culpa foi minha — respondeu ela, em prantos. — Eu saí da cozinha quando minha filhinha chorou. Queimei o almoço dele. Ele estava com fome e não tinha nada para comer. Foi minha culpa.

— Pare com isso, não foi sua culpa. Sua filhinha está doente há duas semanas. Você precisava cuidar dela.

— Não... não... foi minha culpa. Eu mereci apanhar.

Respirei fundo. Eu detestava a maneira pela qual as mulheres afegãs isentavam seus homens de qualquer culpa. Se uma mulher fosse espancada, a culpa era dela. Se uma mulher fosse assassinada, devia ser uma prostituta e a culpa era dela. Nada era culpa dos homens. As culpadas eram sempre as mulheres.

Naquela noite fiquei deitada sem conseguir dormir enquanto Jamila chorava. Eu me lembro da raiva que sentia de tanta submissão e incapacidade de se defender! Nenhuma das duas dormiu porque a pobre jovem chorou a noite inteira.

Na manhã seguinte ela estava tomando uma xícara de chá na sala de estar quando o marido dela bateu na porta. Muma o deixou entrar.

Ele caminhou na direção de Jamila, sem mostrar um traço de vergonha diante da aparência lastimável da mulher.

— Tá bom, Jamila, vamos para casa. Acabou o pernoite!

Eu fiquei furiosa, sem acreditar que o bruto nem mesmo tentasse se desculpar, apesar de Jamila trazer no rosto as marcas lamentáveis do espancamento. Eu estava tão zangada que bufei, fazendo o marido me perceber pela primeira vez.

— Por que você não está na escola?

— Vou levar sua mulher ao médico. Ela está sentindo muita dor porque você bateu nela.

— Ela não vai a lugar nenhum! — zombou ele.

Com outras mulheres na sala, Jamila criou coragem para enfrentá-lo.

— Maryam vai me levar ao centro de apoio à mulher e denunciá-lo por toda a violência que você me fez! — exclamou Jamila num tom surpreendente de desafio.

O marido chegou mais perto para poder bater nela. O tapa foi tão forte que a cabeça de Jamila foi lançada para trás. Ela deixou cair a xícara de chá.

— Ah, é? Você não vai poder fazer nenhuma denúncia se estiver morta. Agora cale a boca e vá para casa cuidar de seus filhos.

Com isso, o homem virou as costas e saiu.

Ela desmoronou, em prantos. Eu a abracei.

— Jamila, vamos. Ele precisa ser castigado.

— Não. Não. Não posso ir. Ele vai me matar. Se ele me matar, o que vai ser de meus filhos?

Com isso, ela se afastou de mim e se levantou, cambaleando. Durante os anos seguintes, nós continuamos amigas, mas nunca mais ela pediu nossa ajuda, apesar de ser espancada com uma frequência cada vez maior.

Eu sempre pensei sobre esse conflito e nunca acreditei que pudesse me tornar igual a Jamila. Criada por um pai gentil que nunca ergueu a mão para a mulher e as filhas, sempre senti que era poderosa e imune a esse tipo de agressão. Agora, porém, sentia que estava tão indefesa quanto a pobre mulher de quem tive tanta pena. Agora era eu o objeto de piedade.

Eu sabia que a violência de Kaiss estava aumentando e sabia que pelo bem do meu filho precisava sair daquela situação. Quando me comparava com Jamila, Amina e outras mulheres afegãs, eu me lembrava de que agora estava nos Estados Unidos e minha situação na verdade era diferente. Agora eu podia me afastar do meu marido violento. Aqui, as mulheres tinham direitos.

Entrei em ação. Primeiro procurei meu pai.

— Papai, sei que o senhor não quer ouvir a palavra divórcio. Sei que isso é tabu para uma mulher pashtun, mas fui tão idiota que me casei com Kaiss para fazer sua vontade. Casei com ele para que você tivesse pelo menos uma filha casada com um pashtun.

Papai olhou para mim, surpreso, o que me fez pensar como era possível que um estranho visse minhas lesões, mas meu pai, com quem eu passava todos os dias, não visse nada.

As lágrimas desceram pelo meu rosto.

— Esse casamento não devia ter acontecido. O senhor foi avisado de que Kaiss era um homem violento. Papai, isso é verdade, meu marido me bate com frequência. Ele me machuca. O temperamento violento dele é assustador. Ele vai acabar me matando, papai. É isso o que o senhor quer?

Meu pai não disse nada, mas se levantou, trancou a porta da frente e me abraçou. Minhas lágrimas amargas viraram lágrimas de alegria. À sua maneira, meu pai estava me dizendo que eu podia vir morar com ele. Embora os costumes pashtuns proibissem a mulher de pedir o divórcio por qualquer motivo, meu pai ia aceitar que eu deixasse meu marido.

Então ele disse:

— Minha filha, por favor, me perdoe pelo que aconteceu. Foi minha culpa. Eu escolhi esse animal para seu marido.

Eu chorei nos braços de meu pai e o perdoei. Era a primeira vez que ele assumia a responsabilidade por meus sofrimentos.

Três dias depois, Kaiss invadiu o apartamento de meu pai, pedindo outra chance.

— Sim, eu admito que machuquei sua filha, Ajab. Eu amo tanto a Maryam que perco a cabeça por ciúmes. Mas juro que isso nunca mais vai acontecer.

Meu pai ficou olhando para ele.

Eu me perguntei como um homem tão repulsivo podia parecer tão sedutor. Meu marido violento começou a verter lágrimas totalmente falsas. Ele segurou a mão de meu pai e começou a beijá-la.

— Peço que você perdoe meus inúmeros defeitos.

Naquele momento, Duran acordou e viu o pai. Ele fez ruídos de prazer.

Papai olhou para Duran e depois olhou fixamente para mim. Seus pensamentos estavam escritos com clareza em seu rosto: seu filho precisa do pai.

Ouvi a voz de minha mãe sussurrar em meu ouvido:

— A estratégia de seu marido é dividir para conquistar, Maryam. Fuja dele, minha filha. Fuja dele.

Comecei a implorar a meu pai com os olhos, tentando passar uma mensagem silenciosa: Ele vai fazer tudo de novo, papai. Ele vai começar de novo.

Meu pai desviou os olhos, sem saber o que fazer.

Kaiss se jogou a meus pés.

— Estou implorando, Maryam. Prometo que de hoje em diante só vou tratar você com amor e respeito.

Impotente, vi os dois pashtuns de minha vida se unirem contra mim, meu marido e meu pai.

Já no meu caso, eu estava ligada a todas as mulheres pashtuns que um dia viveram. Nós não tínhamos direitos ou poder. Éramos fracas demais para nos defendermos. A avó Mayana sempre me disse que a mulher precisa ser obediente, devotada e abnegada para ser digna de sua herança de muçulmana pashtun. Eu jamais concordei com ela, mas apesar de tudo o que dizia na infância sobre lutar, agora que era mulher também me sentia fraca.

Tal como eu esperava, meu pai pigarreou e insistiu:

— Maryam, vá para sua própria casa. Comece do zero, minha filha. É o melhor para seu filho.

Sem ninguém para me defender, senti minha força desaparecer. Por quê? Não sei. Minha educação afegã me privou do sentimento de amor-próprio.

Com um profundo suspiro, comecei a reunir os pertences de Duran. Kaiss pegou nosso filho nos braços. Fiquei em silêncio enquanto seguia meu marido para fora da casa de meu pai.

Quando Nadia veio da Índia para nos visitar nas férias seguintes, eu tinha voltado a trabalhar. Como jamais ficava segura quando deixava meu filho sozinho com o pai, pedi a minha irmã e meu pai para cuidarem dele, de modo que Nadia pudesse desfrutar das gracinhas de Duran. Um dia fui para casa preparar o jantar de Kaiss, antes de sair para trabalhar. Eu estava na cozinha quando ele entrou e parou atrás de mim. De repente, ele me deu um beliscão nas nádegas com o máximo de força de que era capaz. Gritei e me virei.

— Isso dói, Kaiss! Por que você fez uma coisa dessas?

— Ora, Maryam — ele sussurrou em tom ameaçador —, foi porque você está usando uma calça apertada e sua bunda parecia muito sexy.

Parti do princípio de que ele estava tentando me elogiar, mesmo que de uma maneira estranha, e agradeci o cumprimento.

Antes que eu pudesse me mover, ele pegou uma faca e cortou a parte de trás das minhas calças.

Engasguei e lutei para me afastar.

Ele fechou a mão e me deu um soco no estômago com toda força.

Caí de costas no chão.

Ele chutou minha barriga, gritando:

— Ouça minha lei, Maryam: minha mulher não vai mostrar a bunda para outros homens! — Ele me chutou novamente. — Só Deus sabe quantos homens já pensaram em enfiar o pau em você!

Eu me afastei, lutando para ficar de pé e corri para o banheiro, o único cômodo da casa que tinha fechadura. Rapidamente, bati a porta e passei o trinco.

Ofegante, examinei meu rosto no espelho. Eu não me lembrava de Kaiss ter batido no meu rosto, mas meus lábios já estavam inchados. Num exame mais detalhado, descobri que tinha um longo corte nas costas, onde ele cortou as calças para retirá-las.

Fiquei trancada no banheiro até que eu ouvi meu marido ligar a televisão e me esgueirei até o telefone para falar com meu patrão no restaurante.

— Desculpe — sussurrei —, mas estou me sentindo mal. Não posso trabalhar hoje.

Ouvi meu patrão soltar ruidosamente o ar dos pulmões.

— Maryam, se seu rosto estiver ferido, não venha. Mas se seu marido só chutou suas pernas e ninguém puder ver os machucados, eu preciso muito que você venha trabalhar, porque estou com pouco pessoal.

Tentei conter o choro. Minha vida falsa não enganava a ninguém. Eu era uma criatura patética, que não conseguia se defender de um homem. Nunca me senti tão incapaz. Comecei a chorar.

— Minha filha — sussurrou meu patrão em tom de urgência —, deixe seu marido. Vá embora antes que ele te mate.

Pelo resto da noite, fingi agir com normalidade, mas no dia seguinte levei Duran para visitar meu pai. Telefonei para Kaiss da segurança do apartamento de papai.

— Kaiss, isso não pode continuar. Eu quero desfazer esse casamento. Vou cuidar muito bem do seu filho. Você vai poder vê-lo quando quiser.

— Maryam — ele gritou —, venha para casa, que é o seu lugar! *Você me pertence*!

— Kaiss, escute o que digo. Case-se com outra mulher. Case-se com alguém que não se queixe quando você bater nela. Case-se com uma mulher obediente como a sua mãe. Eu não vou mais obedecer a você. Não vou mais me submeter a seus abusos.

— O único jeito de você me deixar, Maryam, é morta. Você pode me deixar quando enterrarmos seu corpo.

Senti um calafrio na espinha, mas não cedi.

— Segunda-feira, vou procurar um advogado. Segunda-feira vou pedir o divórcio.

Desliguei o telefone. Apesar de sentir medo, me sentia mais otimista do que há muito tempo. Tinha finalmente decidido assumir minha vida.

Kaiss telefonou para meu pai e, abandonando pela primeira vez a fachada de boa pessoa, ameaçou:

— Despeça-se de sua filha, Ajab. Os dias dela estão contados.

Papai percebeu tarde demais que estivera errado na avaliação do meu marido. O produto comprado estava defeituoso. Desde o primeiro dia, o genro estivera tratando de enganá-lo.

Procurei a polícia, mas nos disseram que nos Estados Unidos as ameaças pessoais não são motivo para acionar o sistema legal, a não ser que sejam seguidas por violência.

Pela primeira vez, desejei o sistema afegão, onde as ameaças físicas são retaliadas com a violência tribal.

Na noite seguinte, o telefone de meu pai tocou. Era um amigo íntimo de Kaiss.

— Se ele souber que telefonei para vocês, ele vai me matar, Ajab. Ele vai fazer alguma coisa. Pegue sua filha e seu neto e fuja.

Papai protestou:

— Existe lei nos Estados Unidos. O que esse valentão pode fazer? Ele vai sofrer as consequências.

— Por favor, Ajab, vá embora. Kaiss contratou alguém para fazer o serviço. Ele está falando sério.

— Que serviço? — perguntou meu pai, confuso.

— Por que você me obriga a soletrar? Estou dizendo, seu genro contratou alguém para matar sua filha! Leve a Maryam e o bebê para longe. Saia da cidade. Não diga a ninguém para onde vai! Estou arriscando minha vida para avisá-lo!

Quando soube da conversação, fiquei histérica.

— *Um assassino profissional?*

Mas meu pai ainda não estava convencido, acreditando que fosse uma ameaça vazia para me assustar e me fazer voltar para Kaiss. Eu sabia que não se tratava disso. Eu conhecia meu marido. Ele era um homem brutal e violento. Ele tentara me matar antes. Aquilo já tinha ido longe demais. Nós estávamos num impasse. Eu jamais poderia voltar para ele, mas ele não ia desistir de mim

Farid costumava telefonar para nós com frequência e naquele dia ligou de Paris. Papai contou as últimas notícias. Farid ouviu em silêncio e depois avisou:

— O amigo de Kaiss está dizendo a verdade, meu tio. Pense bem: o que ele ganha por avisar a vocês? É claro que o homem está com medo de ser envolvido numa investigação de assassinato.

— Talvez ele seja tão louco quanto Kaiss — protestou meu pai, esperançoso. A última coisa que ele queria era ter que sair de sua casa confortável.

— Eu vou até aí.

— De Paris?

— Sim. Fique no seu apartamento. Deixe as portas trancadas. Vou pegar o primeiro avião.

Farid não fazia promessas vãs. Vinte e quatro horas depois ele estava no apartamento de meu pai. Meu primo continuava tão maravilhoso quanto sempre. Ele me olhou com seus olhos travessos e disse calorosamente:

— Não se preocupe, *meu irmãozinho*. Seu *irmão mais velho* está aqui para te proteger.

Meu primo nunca me deixou esquecer meu desejo infantil de ser um menino, mas minha ansiedade embotava toda a alegria que a presença dele poderia me proporcionar.

— Farid, ele contratou um assassino profissional. Ele vai mesmo me matar e então vai pegar meu filho e fugir para o Afeganistão.

Meu primo me acalmou e em seguida tomou todas as providências. Duran e eu íamos fugir para o mais longe possível, sem deixar a parte continental do país. Naquela noite ele me levou até o aeroporto, de onde parti com meu filhinho para Los Angeles, Califórnia. Farid tinha bons amigos e parentes naquela cidade. Essas pessoas me receberiam e me manteriam em segurança.

Depois de entregar a casa e fazer as malas, meu pai e meu primo vieram a meu encontro em Los Angeles. Eu tinha esperança de que tudo desse certo e que eu pudesse continuar viva para criar meu filho. Estávamos começando uma vida nova, sem violência, dor e raiva. Pelo menos foi o que pensei.

Capítulo 14

Entrei com o pedido de divórcio. Dada a violência de Kaiss, também pedi a guarda exclusiva de Duran, mas não fiz questão de receber pensão alimentícia. Não queria o dinheiro daquele homem, só queria criar meu filho em paz, sem ser incomodada.

Estar longe de meu marido era reconfortante. Comecei a me sentir novamente humana, experimentando até mesmo momentos de felicidade. Duran era uma criança alegre e robusta e não parecia sentir falta do pai. Logo ele estava dizendo algumas palavras e aprendeu meu apelido, Malo. Ele tentava dizer esse nome, mas só conseguia pronunciar Mano. O som mais doce que eu ouvira na vida era a voz de meu pequeno Duran me chamando: Mano! Mano!

Apesar de tudo, o perigo era real e o medo que eu tinha de Kaiss nos obrigava a manter em segredo nosso endereço e número de telefone e só revelá-los aos parentes mais próximos. Então, uma manhã recebemos um telefonema de minha tia que morava no Texas. Kaiss estivera chamando todos os membros da minha família, alegando que tudo o que desejava era me fazer a mulher mais feliz do mundo. Ele insistia em dizer que amava a mulher e o filho e sentia falta dos dois. Quando percebeu que minha tia estava fraquejando, concentrou os esforços nela e ela cedeu ao carisma dele. Sem saber que estava sendo enganada, ela revelou o número de meu telefone e o meu endereço. Depois de apenas algumas conversas telefônicas, ela tinha certeza de que era a única a conhecer o verdadeiro temperamento de meu marido.

— Maryam — disse ela —, ele é um homem bom. Ele vai ser diferente. Agora ele vai ser um bom marido.

Em minha cultura, o divórcio é tão inadmissível que a maioria dos meus parentes queria que eu aceitasse meu destino infeliz de mulher e tolerasse em silêncio todo tipo de abuso, como as mulheres do Afeganistão sempre fizeram.

Desliguei o telefone e corri até meu pai, gritando:

— A minha tia deu nosso endereço para ele!

Naquele momento, o telefone tocou novamente. Atendi, achando que ainda seria minha tia.

— Maryam — ouvi o sussurro ameaçador de Kaiss —, se você voar até o céu, vou segurá-la pela perna. Se você se esconder embaixo do chão, eu vou te puxar pela cabeça. *Você não pode se esconder de mim*!

Com uma exclamação de medo, desliguei.

O telefone tocou novamente. Papai correu para atender.

— Ajab, estou a caminho de Los Angeles. Vou matar você e a Maryam. Se for preciso, vou matar até meu próprio filho. Você acha que tenho medo da cadeira elétrica? Vou entrar para a história. Um homem afegão que defende sua honra e sacrifica a vida pela satisfação de matar a mulher, o filho e o sogro!

— Se você quer entrar para a história — gritou meu pai —, vá fazer a *jihad* no Afeganistão! Vá combater os russos! Vá e não torne a telefonar para cá!

Meu pai bateu o telefone. Aquele homem gentil nunca havia feito mal a ninguém, mas naquele momento cresceu com a energia de um guerreiro. Se Kaiss aparecesse naquele momento, estou certa de que meu pai teria lutado com ele até a morte.

Apesar de solidária, a polícia mais uma vez nos disse que não podia fazer nada com base apenas em ameaças verbais. Kaiss teria que agredir fisicamente um de nós para que eles pudessem prendê-lo. Ficamos frustrados por descobrir que o sistema jurídico americano favorece de todas as maneiras o criminoso, mas não tem a mesma consideração pela vítima.

Meu advogado preencheu alguns documentos, só para constar.

Kaiss tornou a telefonar. Dessa vez, fiquei surpresa por ver que ele estava calmo.

— OK, eu desisto. Mas quero dizer que não bati em você por ódio. Bati porque te amava. Eu não queria que outro homem olhasse para você. Maryam, se eu pudesse fazer mágica, levaria você no meu bolso o tempo todo. Mas não sou mágico. Sendo assim, como eu te amo, vou abrir mão de você. Vou conceder o divórcio... com uma condição: Você nunca mais vai se casar.

Concordei com ele porque não sabia mais o que fazer.

— Tudo bem, eu concordo. Nunca mais vou me casar. Por que me casaria? Você me ensinou que o casamento é um pesadelo. Tudo o que quero é que você me deixe criar meu filho em paz.

— Certo, vamos entrar num acordo. Vamos agir em conjunto para ser mãe e pai para nosso filho.

— De acordo — respondi, sentindo um pouco de alívio. Será que Kaiss tinha recuperado o bom senso? Será que ele finalmente percebeu que os Estados Unidos eram diferentes do Afeganistão e que o homem americano não costuma bater na mulher?

Uma semana depois, meu marido tornou a telefonar, alegando que precisava ver o filho regularmente. Estava se mudando para Los Angeles.

Entrei em pânico, mas não podia fazer nada para impedi-lo. Os Estados Unidos são uma terra de liberdade. Depois que se mudou para Los Angeles, Kaiss poliu seu "melhor produto" e novamente apresentou sua face sedutora para meu pai. Nunca um homem se dedicou tanto a uma tarefa. Ele se despejava integralmente no momento. Para meu horror, meu pai começou a ceder àquele charme estudado e esquecer que meu marido se revelara um verdadeiro monstro.

Mas eu não fui enganada. Conhecia a fera escondida por trás da máscara de polidez. Fiquei indignada com aquela encenação.

Recusei-me a lhe conceder direito de visita sem supervisão. Portanto eu estava presente toda vez que Kaiss vinha visitar o filho. Na quinta ou sexta vez que saímos, eu estava sentada em um banco em frente a um mercadinho, vendo meu filho brincar com o pai. Kaiss olhou para mim e sorriu, apontando para a loja atrás de mim.

— Maryam, estou precisando de pasta de dentes. Você pode comprar uma para mim?

Eu estava com a guarda baixa. Respondi que sim e corri até a loja para comprar um tubo de pasta. Quando voltei, cinco minutos depois, meu marido e meu filho tinham desaparecido. Meu coração parou. Comecei a correr em torno, como uma louca, procurando Kaiss e Duran, praguejando contra minha estupidez.

Meu advogado não podia acreditar que eu tivesse sido tão ingênua.

— Você ainda não obteve a guarda exclusiva. Não podemos acusar o pai de ter sequestrado seu filho.

Fiquei fora de mim. Eu me culpava, sem saber se algum dia teria meu filho de volta. Não sabia a quem pedir ajuda ou o que fazer. Fiquei no pé do telefone, esperando. Uma semana depois, Kaiss telefonou e disse, em tom irônico:

— Eu te dou um dia para voltar para Virgínia. Dou um dia para voltar a viver como minha mulher. Se isso não acontecer, eu vou sumir e levar nosso filho para o Afeganistão. Você nunca mais vai vê-lo.

Eu queria ter asas para poder voar instantaneamente até meu filho. Pedi demissão no emprego e deixei para trás minha nova casa e meu pai. Eu estava na Virgínia no dia seguinte. Estava decidida a suportar qualquer sofrimento para recuperar meu filho. Minutos depois de entrar no apartamento de Kaiss, antes mesmo de ter oportunidade de abraçar meu filho, fui violentada e espancada.

Kaiss tirou quatro dias de folga no trabalho. Durante esses dias e noites infinitos ele me estuprou repetidamente. Quando voltou para o trabalho, me deixou trancada no quarto sob a guarda de um de seus amigos, um Mujahedin afegão que tinha viajado para os Estados Unidos em busca de tratamento médico depois de ser ferido em combate contra os russos. Ele era duro e cruel, totalmente impiedoso. Era o carcereiro perfeito.

A maioria dos homens afegãos suspeita das mulheres. Eles acreditam que todas são promíscuas e precisam ser isoladas de qualquer homem que não seja parente para não cometerem os atos sexuais mais depravados. Ele aceitava como verdades as mentiras de meu marido e as alegações de que eu era uma mulher imoral. Ele não hesitou em acreditar que eu me recusava a ficar em casa e cuidar do filho e que só merecia confiança se fosse espancada e trancada em casa. Se não fosse vigiada, eu abandonaria meu marido fiel e nosso filho para dançar e praticar sexo com estranhos.

A verdade é que eu vivia apenas para o pequeno Duran, que ficou traumatizado na semana que passou longe da mãe. Meu filho gritava de terror quando não me via. Eu me perguntava o que teria acontecido com ele no período em que o pai ficou encarregado de alimentá-lo e trocar suas fraldas. Kaiss não era um homem paciente. Meu filhinho provavelmente passou fome e talvez tenha apanhado.

Depois de um mês, meu carcereiro, o amigo de meu marido, voltou para a guerra no Afeganistão. Kaiss encheu o apartamento de fechaduras e entrava e saía nas horas mais estranhas para ter certeza de que eu não estava tentando escapar.

O mês sagrado do Ramadã começou, mas pela primeira vez desde que os russos invadiram meu país, não consegui fazer o jejum. Minha vida de tensão e abuso constante estava custando caro e eu estava fragilizada. Perdi tanto peso que os ossos estavam aparecendo. Eu sabia que ia morrer se não saísse daquela situação, mas precisava planejar minha fuga com cuidado para não perder meu filho para sempre. Eu realmente não sabia para onde correr. Minha família acreditava que eu estivesse bem porque Kaiss me obrigou a telefonar para papai e garantir que ele estava mantendo a promessa de ser um marido dedicado e amoroso. É provável que todos estivessem aliviados porque eu não estava desonrando a família com meu pedido de divórcio.

Mas a mudança veio antes do que eu esperava.

Numa tarde, durante o Ramadã, Kaiss entrou na cozinha e me viu preparando comida para Duran e eu. Ele zombou de mim porque não estava jejuando.

— Olhe bem para você, comendo durante o Ramadã. Você foi corrompida pelo Ocidente.

Sem querer levar um soco, mordi a língua. Meu marido estava de mau humor e isso sempre acabava em espancamento.

— Você está horrorosa —gritou —, horrorosa e desprezível.

Ele se virou para meu filho.

— Olha só, Duran. Olha como sua mãe é feia!

Eu ainda não respondi. Duran começou a choramingar, pois meu filhinho sempre temia violência e perigo quando o pai estava por perto.

Eu não disse nada.

Kaiss me empurrou.

— Traga cerveja, eu quero cerveja. Vá até o mercadinho e compre cerveja para mim — ele ordenou.

— Kaiss, por favor, não tome cerveja durante o Ramadã.

— Vá comprar cerveja, sua vaca! — ele parecia um animal selvagem, mostrando os dentes. — Quem é você para falar? Você nem está fazendo jejum! Quando quebro o jejum, quero fazer isso com cerveja!

Respirei fundo e me virei para sair, murmurando "hipócrita!" Muito tarde, me dei conta de ter falado mais alto do que pretendia.

Kaiss ficou louco.

— O que você disse, sua puta? — ele agarrou meu braço e me puxou de volta, passando as mãos em torno do meu pescoço me estrangulando enquanto me sacudia. Tudo ficou escuro. Eu conseguia ouvir Duran gritar de medo. Tentei me afastar, olhar meu filho pela última vez, mas só via sombras escuras. Fiquei histérica. Kaiss estava privando meu filho de mim apenas por ter lhe respondido. Agora Duran ia ser criado por um maníaco.

O telefone tocou, arrancando meu marido do ataque de fúria. Os dedos dele afrouxaram.

— Mato você depois — falou secamente enquanto caminhava para atender ao telefone.

Eu estava sufocada, desesperada por encher os pulmões de ar.

Kaiss falou alguma coisa ao telefone e então saiu do apartamento, batendo a porta.

Rastejei até meu filho e o abracei com força, mas estava sufocada e com ânsia de vômito. Duran começou a beijar o meu rosto.

— Mano, Mano! — ele chorava, em sua doce voz infantil.

Lutei para chegar ao telefone. Disquei para a polícia, pedindo a Alá para terminar de falar antes que Kaiss voltasse. Ele iria finalmente completar o que começou se soubesse que eu tinha alertado as autoridades.

O apartamento ficou cheio de policiais e um deles anotou minhas declarações enquanto o outro fotografava meus ferimentos. Outros revistaram os quartos em busca de indícios de luta. Antes que Kaiss retornasse, Duran e eu fomos levados para um abrigo para mulheres vítimas de violência doméstica, onde eu permaneceria até conseguir uma medida cautelar.

Finalmente, eu estava sendo ouvida e a gravidade da situação chamou a atenção das autoridades. Kaiss foi preso, mas recuperou a liberdade em poucas horas, depois de pagar fiança. Com base em meus danos físicos visíveis, o juiz aprovou uma medida cautelar contra Kaiss. A audiência foi marcada para dali a duas semanas.

Na audiência, Kaiss e seus advogados disseram uma mentira atrás da outra. De acordo com eles, quem praticava violência doméstica era eu, que batia regularmente em meu marido.

Kaiss nunca ameaçou me matar ou sequestrar Duran.

Kaiss era um santo. A mulher dele era um verdadeiro demônio.

O juiz examinou as provas, inclusive as fotografias dos meus ferimentos, feitas pela polícia. Fiquei com a guarda de Duran, mas para meu horror e desespero, o juiz concedeu a Kaiss direito de visita. Eu sabia que na primeira visita ele ia tentar sequestrar Duran e fugir para o Afeganistão. Eu precisava fazer alguma coisa para não perder meu filhinho para sempre.

Capítulo 15

Voltei para Los Angeles com meu filho, planejando mudar a regra da custódia. O advogado também achava que Duran corria um sério risco de ser retirado dos Estados Unidos e levado para o Afeganistão. Nós decidimos esperar até Kaiss chegar para a primeira visita e então lhes pedir para encontrar-se conosco no tribunal. Nós estaríamos preparados para obter uma medida legal.

No período em que eu estava na Virgínia protegendo meu filho de Kaiss, minha irmã Nadia se formou na escola de medicina indiana e veio viver com meu pai. Eu me senti tão feliz quanto era possível nas circunstâncias, mas estava terrivelmente preocupada com o momento em que meu ex-marido viria usar de seu direito de visita.

Ele chegou na quarta-feira, 30 de julho de 1986. Nadia e eu estávamos preparando um jantar para convidados. Meu pai estava sentado na sala de estar, com o Duran. O administrador do condomínio bateu à nossa porta e nos avisou de que Kaiss estava no térreo e vinha visitar o filho.

— Não autorize a entrada dele — instruí, aterrorizada.

Eu sabia que alguma coisa terrível estava para acontecer. Com a voz embargada, pedi:

— Diga a ele que para visitar o filho ele precisa de uma permissão legal de uma corte da Califórnia. Nós nos encontraremos no tribunal na segunda-feira.

Eu estava convencida de que Kaiss não desistiria facilmente, portanto avisei à minha irmã:

— Nadia, se Kaiss vier até aqui, não deixe ele entrar. Ele vai sequestrar o Duran. Nós nunca mais vamos ver meu filho se isso acontecer. Ele já ameaçou levar o Duran para o Afeganistão. Precisamos ficar em guarda.

Mas Nadia tentou argumentar comigo.

— Ora, deixe disso, Maryam. Você já causou problemas demais para nossa família com esse seu casamento! Você está separada de Kaiss. Ele não pode fazer mais nada contra você. Não faça uma tempestade num copo d'água. Deixe o coitado entrar, ele só quer ver o filho.

Eu não podia acreditar na reação de minha irmã. Desde que nasci, nosso relacionamento foi instável, uma relação de amor e ódio, mas agora éramos adultas e eu achava que já tínhamos deixado os problemas para trás. Além disso, eu contei a ela tudo o que aconteceu entre mim e meu ex-marido. Minha irmã sabia que ele tinha tentado me matar. Certamente ela devia me apoiar contra Kaiss.

Para minha surpresa, meu pai concordou com Nadia.

— O que pode acontecer, minha filha? Nós estamos todos aqui. Afinal, ele é o pai do Duran. Só estamos pedindo que você deixe o homem ver o filho.

— Não! — gritei. Na tentativa de mostrar a eles que não estava exagerando, mencionei: — O próprio advogado disse que não devemos deixar o Kaiss chegar perto do Duran. Não podemos fazer isso. Não!

Nadia me puxou pelo braço para o quarto que estávamos dividindo.

— Olha aqui, Maryam — disse ela. — Papai e eu estávamos muito felizes vivendo tranquilos aqui até você voltar com seus dramas. Você não vê que está criando um grande problema à toa? O que ele pode fazer com nós três aqui? *Nada*!

Papai nos seguiu e uniu forças com minha irmã.

— Maryam, agora precisamos tratá-lo bem. Se formos gentis, ele vai retribuir a gentileza e a compreensão. Se você não deixar que o filho veja o pai, o Duran vai crescer com ódio de você. É isso o que você quer? Você quer que Duran te deteste?

Incrédula, olhei para meu pai, lembrando que a vida dele também fora ameaçada por Kaiss. O que estava acontecendo? Com certeza, enquanto eu estava na Virgínia minha irmã convenceu meu pai de que eu estava exagerando. Finalmente, falei:

— Eu conheço esse homem muito melhor do que vocês. Ele não sabe o que é ser bondoso. Ele é um grande trapaceiro. O advogado disse...

— Claro, nós sabemos tudo sobre os advogados — respondeu Nadia depreciativamente.

— Estamos vivendo numa democracia. — lembrou meu pai, a caminho da porta. — Seja razoável. Eu vou lá embaixo buscá-lo.

Tentei seguir meu pai e impedi-lo, mas Nadia me puxou de volta e eu caí sobre a cama. Minha irmã saiu e trancou a porta atrás de si. Eu não podia acreditar no que estava acontecendo! Bati com força na madeira. Sacudi a maçaneta, gritei, tentei escutar através da dela. Ouvi vozes. Em minha imaginação, Kaiss estava agarrando o pequeno Duran e saindo do edifício, pegando um avião e levando meu filhinho para longe, para fora do meu alcance.

Então, a fechadura da porta foi aberta e minha irmã surgiu.

— Ele quer ver você. Tente controlar suas emoções.

Corri para a sala e vi Kaiss beijando meu filho. Ele sorriu calorosamente para mim e para meu pai.

— Eu estou me mudando para Los Angeles para ficar perto do meu filho — explicou. Então olhou para mim. — Só quero ser seu amigo, Maryam, não quero mais nada.

Então ele concentrou a atenção em Nadia, com a voz cheia de um apelo agradável.

— Se pelo menos a Maryam me aceitasse de volta! Ela tentou mandar me prender e me jogar na prisão, mas eu a perdoei. Eu ainda amo sua irmã.

Fechei os punhos com força, furiosa com tanta falsidade. Com os dentes cerrados, respondi:

— Nunca mais vou viver com um homem que bata em mim.

— Bati em você, Maryam, porque te amo.

Indignada, saí da sala, incapaz de suportar aquela encenação por mais tempo.

Kaiss chamou:

— Está bem, não vou pedir para você viver comigo, mas vou me mudar para Los Angeles para ficar perto do meu filho.

Papai e Nadia em uníssono insistiram que ele ficasse para jantar com nossos convidados.

Meu insidioso ex-marido localizou em Nadia uma aliada. Ele redobrou os esforços para ficar em bons termos com ela e com meu pai.

Quando os convidados chegaram, apoiado por minha irmã, Kaiss se colocou na posição de anfitrião, oferecendo chá e sucos. Ele era um ator tão talentoso que conquistou a todos. Sua atitude era insuportável. Quando não consegui mais aguentar a situação, peguei Duran nos braços e fui para meu quarto.

Logo Nadia me seguiu. Ela se sentou na ponta da minha cama.

— Meu Deus, Maryam, ele ainda quer você, mesmo depois do que você fez. E ele é tão gentil, um homem maravilhoso. Com certeza você pode lhe dar mais uma chance.

— Nadia! Ouça o que você está dizendo, minha irmã! Você quer que eu dê a ele mais uma chance de quebrar meus ossos? Que eu dê a ele mais uma chance de tentar me matar? — Cobri os olhos com as mãos. — Não se deixe enganar, Nadia. — Inspirei ansiosamente. — Por favor, seja leal a mim, minha irmã, e não ao homem que me ameaça.

Mas Nadia ignorou meu apelo e deixou claro que me considerava histérica. Fiquei arrasada com a falta de compreensão da minha irmã.

Logo os convidados foram embora e Kaiss também se foi. Ele agiu com esperteza, pois já tinha localizado o elo fraco na corrente que me mantinha fora da vida dele. Uma hora depois de sair, ele telefonou para minha irmã.

— Nadia, por favor, me deixe voltar. Estou muito sozinho nesse quarto de hotel.

Ignorando meus gritos, Nadia deixou o apartamento de papai e foi buscar Kaiss. Eles voltaram em menos de uma hora. Papai gentilmente cedeu a ele a própria cama. Coloquei o berço de Duran ao lado de onde eu descansaria, sabendo que à menor chance Kaiss levaria meu filho enquanto dormíamos.

No dia seguinte, 31 de julho, uma quinta-feira, vinte de nossos amigos iam fazer um piquenique no parque Marina del Ray. Nós fomos convidados. Kaiss pediu a Nadia para incluí-lo no convite. Eu estava cheia de medo. Senti que alguma coisa estava sendo preparada, mas não sabia o que ele estava planejando. Com tanta gente em torno, com certeza ele não achava que seria possível sequestrar Duran. Na vez passada, eu tinha baixado a guarda, mas aquilo não ia voltar a acontecer. Nunca mais eu ia deixar Duran sozinho com o pai.

Apesar dos protestos de todos, fiquei em casa com meu filho, recusando-me a correr um risco ou a encarar outra encenação. Ele foi tão maravilhoso naquele dia! Fiquei com pena de perder o piquenique e lamentei que nossos amigos não pudessem ver como Duran era bonito com sua camisa azul-clara com listras brancas e o short escuro.

Meu pai e Nadia voltaram do piquenique com alguns dos nossos amigos. Para meu desespero, Kaiss agora era um membro da família, aceito por todos. É claro que sua representação de inocência tinha atingido a perfeição. Todos estavam loucos pelo bandido, como se ele fosse o ganhador do prêmio de melhor marido. Vários parentes me chamaram de lado para elogiá-lo.

— Que homem maravilhoso!

— Ele preparou todo o churrasco.

— Ele me pediu para guardar o *kebab* de fígado para você, Maryam. Ele nos disse que mesmo adorando fígado, preferia guardar o assado para você.

Não dei atenção a meus parentes, observando atentamente Kaiss cercar minha irmã na cozinha. Eu me sentei para ver televisão com Duran, que estava tomando suco. Os familiares continuavam a discutir sobre aquele monstro, falando alto para que eu pudesse escutar.

— A Maryam é uma idiota por deixá-lo.

— É mesmo, eu concordo. Ele ainda a ama e quer que ela volte.

— Apesar de ela ter mandado prendê-lo!

Eu sentia que estava num manicômio. Como minha família e meus amigos podiam estar tão enfeitiçados por Kaiss? Eles conheciam a história dele. A ponto de gritar com todos, coloquei Duran no chão, em frente à TV, e pedi:

— Papai, por favor, o senhor pode tomar conta do Duran enquanto vou ao banheiro?

Olhei para a cozinha para me assegurar de que Kaiss ainda estava ocupado com minha irmã. Satisfeita, contemplei meu precioso filhinho e sorri, dizendo:

— Mano vai ao banheiro. Volto já.

Meu tesouro olhou para mim e sorriu, abanando os dedinhos:

— Tchau, Mano.

Fiquei um longo momento admirando meu lindo filho, sabendo que nada em minha vida era tão importante quanto ele. Corri para o banheiro, tentando imaginar de que forma poderia convencer minha família do verdadeiro caráter de Kaiss. Eu precisava encontrar uma maneira de convencê-los do absurdo que era tentar me persuadir a viver com um homem capaz de me assassinar.

Com o rosto entre as mãos, pensei em minha situação, tentando escolher palavras que fizessem minha família e meus amigos escutarem. Eu estava lidando com uma tradição misógina secular. As mulheres pashtuns nunca se queixavam ou se divorciavam dos maridos.

Ninguém se importava com o fato de Kaiss ter tentado me matar. Ninguém se incomodava por ele também ter ameaçado matar meu pai e Duran. Gemi de desespero, ferida pela indiferença daqueles que diziam me amar. Aparentemente, minha família preferia que eu vivesse em sofrimento, fosse espancada diariamente e usada como escrava sexual por meu marido. Aparentemente, qualquer coisa era melhor que uma mulher pashtun procurar a independência e o divórcio.

Pela primeira vez na vida entendi claramente o que minha avó Mayana tinha enfrentado. Compreendi com uma nova percepção a suprema impotência da vida dela.

Ergui os ombros, sentindo a raiva tomar conta de mim. Minha família estava errada e cabia a mim corrigi-la. Eu não era a avó Mayana, uma mulher que se submetia aos homens. Eu era Maryam Khail. Não vivia mais no Afeganistão, estava nos Estados Unidos, um país onde os direitos e as necessidades das mulheres são reconhecidos.

Eu ia resolver aquela situação de uma vez por todas. Eu ia me livrar de Kaiss. Ia violar todas as regras da sociedade civilizada e revelar cada detalhe humilhante dos horrores cometidos por aquele criminoso, de espancamento até estupro.

Entrei na sala de estar e, como de hábito, meus olhos automaticamente procuraram meu filho. Não consegui vê-lo.

— Onde está o Duran? — perguntei.

— Ah, o pai o levou até o shopping para tomar um suco — explicou meu pai.

Parei de respirar. Fiquei paralisada.

— O quê? Vocês deixaram o Kaiss levar o Duran?

Meu pai fez um gesto de descaso.

— Não seja tola, Maryam. Eles só foram até o outro lado da rua. Foram comprar um suco.

Sem uma palavra, saí correndo do apartamento, desci as escadas e cruzei a rua, entrando e saindo desesperada de cada loja. Os vendedores conheciam Duran. Nenhum deles tinha visto meu filhinho.

Voltei correndo ao apartamento. Kaiss e Duran não estavam lá. Comecei a gritar:

— Chamem a polícia! Alguém chame a polícia!

Meus parentes tentaram segurar meus braços, pedindo que eu me sentasse e me acalmasse.

— Tente se controlar, Maryam. Eles vão voltar, não se preocupe.

Eu me libertei deles para chamar a polícia. Horrorizada, escutei em silêncio enquanto me diziam que não podiam fazer nada. Kaiss tinha direito legal de visitar o filho. Nós só íamos mudar as condições da visita na segunda-feira, daí a três dias.

Perdi a cabeça. Chorei, gritei, acusei meu pai e minha irmã de terem facilitado o sequestro do meu filho. Apesar dos meus avisos, eles subestimaram Kaiss.

— Vocês deixaram o sequestrador entrar nessa casa, vocês entregaram o meu filho para ele!

Peguei minha bolsa e as chaves e saí da sala. Ultrapassei todos os limites de velocidade enquanto dirigia até o Aeroporto Internacional de Los Angeles. Por milagre não causei um acidente, porque as lágrimas desciam por meu rosto e eu mal podia enxergar. Deus estava comigo naquele dia porque cheguei ao aeroporto inteira. Corri para o saguão, de um balcão de empresa aérea para o outro, pedindo aos funcionários para me ajudar. Quando ouviram minha história, todos começaram a pesquisar nas listas de passageiros o nome de Kaiss.

Nada.

Eu me recusei a ir embora, mesmo depois de me dizerem que meu marido e meu filho não tinham pegado um avião no Aeroporto Internacional de Los Angeles, a menos que tivessem viajado com um nome falso.

Telefonei para meu pai, esperando que Kaiss tivesse recuperado o bom senso e levado Duran de volta para casa.

Nada.

Passei a noite toda no aeroporto, pensando que Kaiss talvez estivesse escondido enquanto esperava um voo específico.

Nada.

Às 6 horas da manhã, tornei a telefonar para meu pai, mas meu filho continuava desaparecido. Meu pai pediu que eu voltasse para casa, mas me recusei. Finalmente, ele veio até o aeroporto para me convencer. Caindo nos braços dele, em prantos, concordei em voltar para casa. Eu chorava enquanto dirigia.

Nadia tentou me consolar:

— Maryam, ele já fez isso antes. Ele só quer que você volte. Ele vai telefonar.

— Não. Dessa vez é diferente. Eu nunca mais vou ver o Duran.

Sentada em minha cama, fiquei segurando as roupinhas e o travesseiro de Duran. Naquele mesmo momento, meu filho devia estar chorando de medo. Ele era apegado à mãe. Não conhecia o pai, só sabia que ele era assustador.

Chorei convulsivamente. Corri para cozinha, querendo me matar. Minha família tratou de esconder todos os instrumentos cortantes.

Eu era torturada pela última visão de Duran, seu rostinho sorridente e bonito, os lábios mandando beijos e dizendo: "Tchau, Mano!" Chorei lágrimas amargas, sentindo mais falta de meu filho do que poderia suportar. Eu queria tê-lo de volta. Eu precisava ter meu filho de volta. Não seria capaz de viver sem ele. Precisava abraçar aquele ser minúsculo que meu corpo tinha gerado.

— Duran!

Caí na cama, sentindo que a dor ameaçava me afogar. Sabia do fundo do coração que nunca mais ia ver meu filhinho.

Eu tinha 26 anos e minha vida estava acabada.

Capítulo 16

Papai usou todos os recursos e contatos de que dispunha para localizar Kaiss. Logo descobrimos como meu ex-marido saiu dos Estados Unidos. Tal como minha premonição me avisara, Kaiss planejou cuidadosamente a fuga antes de nos visitar em Los Angeles. Ele sabia que se fosse bem-recebido por minha família, em algum momento eu teria que sair de perto. Minha loucura foi acreditar que meu pai tomaria conta de meu filho e o protegeria. Cinco minutos no banheiro e tudo estava perdido.

O ardiloso Kaiss tinha um carro de aluguel estacionado na rua. Assim que meu pai o deixou sair do apartamento com a desculpa de comprar um suco gelado, ele correu para o carro, prendeu Duran com o cinto de segurança e saiu da cidade, cruzou os estados da Califórnia e de Washington e seguiu para o Canadá, onde se escondeu numa pequena cidade. Depois de uma semana, ele pegou um avião para a Europa. Uma vez lá, conseguiu documentos para viajar para o Afeganistão, o único lugar do planeta onde tinha certeza de contar com a proteção tribal e de estar fora do alcance da lei norte-americana.

Muito depressa eu descobri que o governo dos Estados Unidos não podia fazer mais nada a partir do momento em que Kaiss deixou o país. Eles não tinham jurisdição sobre o Afeganistão.

Infelizmente, a realidade mostrou que eu tinha razão, era a única a conhecer o verdadeiro Kaiss, um bruto criado por outro bruto. Eu só conhecia sua história porque, num dos raros momentos em que sentiu algum afeto por mim, ele me contou detalhes de sua infância.

O pai de Kaiss era um homem ignorante e cruel. As primeiras lembranças de meu ex-marido eram de uma família formada por um pai brutal, duas esposas amedrontadas e muitas crianças. Quando pequeno, ele procurava a proteção da mãe, que era cruelmente maltratada pelo marido. O pai de Kaiss tinha um temperamento tão violento que todos os filhos se escondiam quando ele aparecia. Quando o garoto tinha 4 anos, a mãe adoeceu de tuberculose. O pai ficou furioso e espancou impiedosamente a mulher por ter contraído uma doença infecciosa. Ele então contratou alguém para afastar a mulher dos filhos e levá-la para uma fazenda da família, onde ela foi trancada num quarto pequeno e escuro. A pobre mulher só recebia alimentos uma vez por dia e tinha que viver em um quartinho, sem acesso a um toalete. A doença só piorou e com o tempo ela acabou por morrer.

Um dia, Kaiss tinha uma mãe e no dia seguinte não tinha mais. Sem a mãe para protegê-lo, ele com frequência era espancado e também teve que aprender a ser cruel. Ele se transformou numa criança má, que maltratava os animais e batia nos irmãos mais novos. Com orgulho, ele admitiu ter esfaqueado várias pessoas por desentendimentos sem importância. Uma vez ele me mostrou como causar o máximo de dano com um canivete.

Aquilo era a cara do Afeganistão, pensei. Um monstro dando origem a outro monstro. O que seria do meu filho? Seria a natureza afetuosa de meu filhinho destruída pela crueldade do pai? Será que meu carinhoso Duran seria transformado num tirano insensível, à imagem de Kaiss?

Minhas feridas abertas eram agravadas por uma família que desdenhou de meus avisos, mesmo quando Kaiss se mostrou mais esperto que todos eles. O que mais me assustava era saber que meu ex-marido não amava de fato nosso filho Duran. Ele só tinha orgulho de ser pai de um menino porque podia se vangloriar diante de outros afegãos, mas nunca demonstrou afeição pela criança, pelo menos na minha presença. Eu tremia ao lembrar todas as vezes que Kaiss ficou irritado com Duran pelas menores causas, gritou com ele, bateu em mim na sua frente e algumas vezes até mesmo ameaçou dar-lhe um tapa. Meu filho tinha sido salvo da violência somente porque eu estava lá para interceptar a mão do pai furioso.

Na verdade, Duran pouco conhecia Kaiss. A maior parte do tempo ele viveu longe do pai. Para ele, a figura paterna era o avô. Meu filhinho amedrontado devia estar chorando pela mãe e pelo avô. Quando isso acontecesse, eu sabia que Kaiss era muito capaz de bater nele, uma criança de apenas 2 anos, pequena demais para entender a ausência da mãe. Sabia que meu filhinho devia estar desejando a minha presença, tal como eu ansiava por ele.

Telefonei para a parenta favorita de Kaiss, uma meia-irmã chamada Zena, que vivia na Alemanha. Ela simulou simpatia e negou ter qualquer conhecimento do paradeiro do irmão. Ela jurou sobre o Alcorão que me diria se viesse a saber de alguma coisa. Certa de que ela estava mentindo, apelei para o amor dela pelos filhos, mas ela jurou que não sabia nada.

Eu tinha a suspeita de que Kaiss e Duran estivessem vivendo com ela. Uma semana depois, cheguei à Alemanha, no menor prazo em que consegui organizar a viagem. Felizmente, a polícia alemã foi extremamente solidária e entrou em ação, preparando documentos e me acompanhando até a casa de Zena.

Zena ficou em pânico quando viu policiais carrancudos entrarem em sua casa.

— O que eu fiz? — gritou ela, com a mão no peito. — Por que vocês estão aqui?

Os policiais revistaram a casa, mas não encontraram nada. Eles separaram Zena dos filhos e interrogaram cada um individualmente. Zena finalmente deixou de lado o silêncio e confessou aos policiais que Kaiss e Duran tinham passado várias semanas com ela e que estavam lá no dia em que telefonei para implorar por alguma informação. Ela também confessou, chorando, que o meio-irmão era cruel com o filho e que ele admitiu que só tinha levado a criança para me ferir. Então a polícia alemã descobriu que uma semana antes da minha chegada, meu ex-marido e meu filho tinham pegado um avião de Frankfurt para Moscou, e de lá para Cabul.

Meu filhinho agora estava preso num país perigoso, mergulhado na violência. Era setembro de 1986 e o Afeganistão estava em meio a uma guerra sem quartel. Naquele mesmo ano tinha sido promulgada uma lei que obrigava qualquer indivíduo do sexo masculino com mais de 18 anos a prestar serviço nas forças armadas. E se Kaiss fosse convocado e obrigado a partir para a frente de batalha? Nesse caso, que estranho seria encarregado de cuidar de meu filho? Eu lia as notícias das ofensivas no vale de Panjshir, perto de Cabul, onde os combatentes Mujahedins enfrentavam os russos.

Tanto as tropas soviéticas quanto os combatentes afegãos sofriam perdas pesadas, mas minha maior preocupação era o fato de que as perdas também eram expressivas entre a população civil. Eu também estava angustiada porque quando Kaiss estava voando para Cabul, uma bomba explodiu no aeroporto internacional daquela cidade. Duzentos civis ficaram feridos ou morreram. Outro relato perturbador citava um recente programa soviético que retirava crianças pequenas dos pais afegãos e as levava para a União Soviética para passarem por dez anos de doutrinação.

O Afeganistão não era lugar para Duran. Eu perdia a cabeça só de pensar no caos e no perigo que cercavam meu filhinho inocente. Eu caía de joelhos e gritava como uma louca.

Algumas semanas depois de voltar da Alemanha, recebi pelo correio um grande envelope de papel pardo, sem endereço de retorno. Eu tremia de medo do que iria descobrir dentro do envelope.

Ao abri-lo, encontrei uma fotografia recente de meu filhinho adorável mandando um beijo. Na parte de baixo da foto, Kaiss tinha escrito em grandes letras: "Tchau, Mano!"

Perdi os sentidos e caí no chão.

Capítulo 17

Minha dor era insuportável.

Quase enlouqueci.

Cobri as paredes do apartamento com fotos do pequeno Duran. Beijava sem parar aquelas imagens e perguntava:

— Alá, como está meu filho? Estará com fome? Meu Deus, meu filho estará com frio?

Certo dia, quando saí para comprar mantimentos, vi um garotinho pedir à mãe para lhe comprar um doce. Ela se recusou e a criança começou a chorar. Não aguentei ver aquilo, desembrulhei uma guloseima e a ofereci à criança. A mãe recuou, desconfiada, quando implorei:

— Por favor, dê o doce para ele. Meu filhinho também adorava doces, mas agora ele se foi e eu não posso lhe dar mais nada.

Olhando o rostinho da criança, comecei a chorar e saí do mercado. Aquela mulher bondosa pegou o filho e me seguiu até o carro, onde eu chorava convulsivamente. Ela me abraçou e chorou comigo.

Incapaz de controlar minhas emoções, logo aprendi a evitar os lugares atraentes para crianças. Em casa, falava sozinha e dormia com o cobertorzinho e os bichinhos de pelúcia favoritos do meu filho. Meu estado de depressão fez a minha pele se abrir em erupções que coçavam e ardiam. Nenhum remédio curava aquilo.

Eu era assombrada pelas ameaças de Kaiss, que me mantinham acordada durante toda a noite. Ele sempre afirmou: "Maryam, se você for embora, vou encontrá-la e matá-la, mas primeiro vou matar seu filho. A última coisa que você vai ver será a morte do seu filho." Será que ele levou Duran para o Afeganistão para matá-lo?

Meu medo era de que, mesmo que não fosse morto pelo pai, meu filho pudesse morrer na guerra. O ano de 1986 não foi melhor que os anos anteriores para os cidadãos de Cabul. Refugiados exaustos, famintos e traumatizados invadiram a cidade, no que se mostrou uma das maiores migrações da história. A população de Cabul dobrou, chegando a 2 milhões de habitantes. Cinco milhões de afegãos deixaram seus lares. Quatro milhões se refugiaram em outros países. Os números eram assustadores.

Embora eu continuasse a acompanhar os acontecimentos em meu país desde que saí de lá, depois que meu filho foi para Cabul fiquei ainda mais obcecada com as notícias. Com as fotos de meu filhinho pregadas em todas as paredes, eu beijava o rosto dele, chorando, e era tomada pela raiva quando o noticiário da televisão mostrava explosões e bombardeios, morte e caos. Estimava-se que mais de 12 mil civis afegãos tivessem morrido nos últimos meses. De acordo com o noticiário, a situação no meu país estava próxima do genocídio. A tribo de meu pai combateu os invasores russos desde o início e ouvi o relato da morte de setecentos membros da resistência tribal mortos na província de Paktia, o lar ancestral de minha família.

Como um garotinho poderia sobreviver a semelhante holocausto? Desde que ele nasceu, eu o protegi e mantive seguro e feliz. Quem iria preparar as comidas favoritas dele? Quem iria mantê-lo aquecido? Quem contaria histórias para ele? Quem brincaria de esconde-esconde, para fazê-lo rir?

Kaiss não era o tipo de homem que perde tempo com uma criança pequena.

Meu pai tentou me consolar.

— Estou rezando, pedindo a Alá para trazer o Duran de volta muito breve. — Ele fez uma pausa e então soltou um comentário infeliz: — Pelo menos você sabe que seu filho está com o pai.

Eu não perdi tempo lembrando a meu pai mais uma vez o fato de que Kaiss era um homem brutal, que confessou para a própria irmã que não amava Duran. Eu simplesmente me afastei.

Nadia era incapaz de admitir que tinha errado.

— Você devia ter ficado com Kaiss. Nada disso teria acontecido se você tivesse ficado com seu marido.

— E ser espancada até morrer? — gritei, incrédula.

— Ele só batia em você porque você respondia. Você não devia ter faltado com o respeito por ele.

Nadia não estava envolvida com meus problemas porque papai finalmente lhe deu permissão para se casar com o namorado xiita iraniano, sem saber que na verdade ela já estava casada há vários anos. Dessa forma, com o casamento finalmente revelado, sua vida estava maravilhosa, enquanto a minha era insuportável.

Eu planejava entrar secretamente no Afeganistão para procurar meu filho, mas meu pai temia que eu fizesse isso, portanto escondeu meu passaporte dizendo que ia guardá-lo em um lugar seguro. Nada podia convencê-lo de que eu devia contratar alguém para me fazer entrar no Afeganistão assolado pela guerra, recuperar meu filho e voltar com ele para os Estados Unidos. Apesar de não pensar sobre isso na época, talvez meu pai estivesse certo, porque aqueles eram os dias em que a guerra com a Rússia estava no auge e as fronteiras estavam fechadas. Mesmo guerreiros experientes tinham dificuldade para se movimentar dentro do país. Aquela era uma terra sem lei. Em pleno conflito, ou você estava dentro do Afeganistão, ou estava fora. Meu filho estava dentro; eu estava fora.

Meu pai nunca perdeu contato com os membros da família e os amigos que ficaram lá. Agora ele passou a procurar aqueles conhecidos, pedindo o apoio de todos para tentar localizar meu filho. Ele prometeu lealmente:

— Vou trazer seu filho de volta, Maryam. Eu garanto.

Oito meses depois do sequestro, meu pai recebeu um endereço. Pela primeira vez, soubemos onde Kaiss e Duran estavam vivendo. Corri ao Departamento de Estado em Los Angeles, ingenuamente convencida de que o governo americano agora mandaria soldados para resgatar meu filho. A resposta deles foi mais do que decepcionante. O funcionário me disse que não havia nada que eles pudessem fazer, pois "o governo dos Estados Unidos não mantêm relações diplomáticas com o atual governo afegão".

Acostumada a um país cujos líderes com frequência se envolvem com as necessidades dos indivíduos, escrevi para o gabinete do presidente Reagan, pedindo a ele para tomar alguma providência que trouxesse meu filho de volta. A resposta foi uma carta impressa com a mesma mensagem que já tinha sido passada pelo Departamento de Estado: *Os*

Estados Unidos não mantêm relações diplomáticas com o Afeganistão.

Quando entrei em parafuso mais uma vez, meu pai me mostrou um artigo de jornal sobre um garotinho da Flórida que tinha sido sequestrado e assassinado.

— Por que o senhor está me mostrando isso? — perguntei, em pânico. Será que alguma coisa tinha acontecido a Duran e essa era a maneira de meu pai me dar a notícia?

— Pense na sorte que você tem — respondeu meu pai. — Pelo menos, seu filho não foi sequestrado para ser assassinado por um estranho. Pelo menos ele está com o pai, Maryam.

Eu só consegui balançar a cabeça, assombrada com a falta de compreensão e de compaixão da minha própria família.

Soubemos que Duran ainda estava vivo quando Kaiss me mandou uma mensagem por intermédio de um parente de meu pai no Afeganistão:

— Se a Maryam colocar um pé dentro do Afeganistão, vou cortá-lo e mandar o resto do corpo dela de volta para Los Angeles.

Os amigos e parentes que viviam em Cabul continuaram a tentar ver Duran. Alguns até mesmo levaram alimentos e presentes para meu filho, mas foram recebidos na porta por Kaiss que, furioso, ameaçou suas vidas. Ficamos sabendo que Kaiss tinha trocado de lado, deixando os amigos afegãos e se tornado um pau-mandado dos russos. Ele tinha um serviço de bufê para servir aos soviéticos e ganhava um bom dinheiro com isso. Pelo menos, Kaiss não estava na frente de batalha, deixando Duran entregue a estranhos. Apesar de meu ex-marido estar ajudando o inimigo do país, eu esperava que ele usasse parte do dinheiro inimigo para cuidar de meu filho.

Uma mulher conseguiu chegar até Kaiss e ver Duran, apenas porque meu ex-marido não sabia que ela era minha amiga. Segundo a mulher, eu não devia me preocupar porque meu filho estava vivo, apesar de chorar muito e chamar "Mano! Mano!" toda vez que uma mulher chegava perto dele. Ela ficou surpresa quando soube que essas palavras me fizeram gritar de agonia.

Muitas vezes, eu pedia a Deus que meu filho me esquecesse, pois desejava qualquer coisa que deixasse a vida dele menos infeliz. Contudo, era evidente que Duran estava tão traumatizado que ainda procurava por mim, mesmo depois de dez meses de separação. Saber disso fazia meu sofrimento aumentar e eu ficava ainda mais desesperada. Os amigos e parentes comentavam em voz baixa o temor de que eu me matasse ou morresse muito breve.

Quando soube que diversas primas estavam costurando minha mortalha, me convenci de que precisava procurar ser forte. Se eu morresse, quem iria continuar a tentar trazer meu filho de volta? Depois que meu epitáfio fosse escrito, eu sabia que o destino infeliz de Duran seria esquecido.

Foi quando decidi que minha única opção era continuar a viver.

Capítulo 18

Em outubro de 1987, comecei a trabalhar numa atividade rotineira como recepcionista numa vídeo-locadora. Meu patrão nunca tinha contado com alguém tão confiável naquela função. Virei um robô: chegava cedo, trabalhava num ritmo alucinante e saía tarde, sem pedir pagamento das horas extras. A loja se transformou em minha única preocupação e o contato com os clientes era minha única vida social. Alguns homens me convidaram para sair, mas recusei todos os convites. Finalmente, um deles perguntou se eu era lésbica. Dei de ombros, sem me dar ao trabalho de explicar que um homem e um casamento tinham destruído minha vida. Não queria investir num novo relacionamento.

Mais ou menos nessa época, Nadia teve uma filha. Um pouco de alegria retornou à minha vida quando olhei para a filhinha de minha irmã. Minha sobrinha Suzie virou o centro da minha existência. Embora em alguns momentos eu voltasse a ter um profundo sentimento de perda, era hora de voltar a viver.

Pouco depois do nascimento de minha sobrinha, um homem alto, natural do Oriente Médio, entrou na loja para alugar um vídeo. Pedi o cartão da locadora e um documento de identidade. Ele apresentou a identidade de outra pessoa e explicou que estava visitando o cunhado e estava ali para alugar um filme para a família. Então ele informou que era saudita e eu perguntei, sem pensar:

— Você trouxe suas quatro esposas com você?

Ele riu, bem-humorado.

— Nem todos os homens sauditas têm quatro esposas. Eu, por exemplo, não tenho nenhuma.

Ele passou a vir diariamente e um dia me convidou para jantar com ele.

— Tudo bem — respondi, sem entusiasmo.

Muitos muçulmanos consideram a Arábia Saudita e os sauditas retrógrados, principalmente pela dureza com que tratam as mulheres, mas o meu saudita era um perfeito cavalheiro e eu o achei interessante. Então, ele me surpreendeu.

— Você acredita em amor à primeira vista? — perguntou.

— De jeito nenhum.

— Pois eu acredito. Eu me apaixonei por você na primeira vez que a vi. Quer se casar comigo?

Comecei a rir e pedi que ele me levasse para casa.

No dia seguinte, ele voltou à locadora com outro saudita. O amigo dele era moreno e bonito, usava bigode e tinha grandes olhos verdes.

— Esse é meu amigo Khalid — apresentou. Então disse para o amigo: — Essa é a mulher com quem vou me casar.

Voltando-se para mim, informou:

— Maryam, preciso voltar hoje para a Arábia Saudita, mas Khalid vai cuidar de você. Por favor, pense em minha proposta enquanto estou fora.

Eu ri, pensando que os homens sauditas se apaixonavam muito depressa, talvez porque a sociedade deles fosse tão fechada. Naturalmente, eu nunca mais ia me casar, portanto para mim aquela proposta era apenas uma brincadeira.

Khalid passou a vir com frequência até a locadora e conversar comigo. Ele nunca mencionava o amigo e eu também não.

O tempo passou devagar. Minha vida estava centrada em dois pontos: o trabalho e o luto pela ausência de meu filho. No entanto, fiquei muito animada em 1989, quando os russos foram derrotados e expulsos do Afeganistão, porque isso me deu a esperança de que em algum momento eu poderia entrar no país e buscar meu filho. Àquela altura Duran já estava com 5 anos, ainda pequeno demais para prescindir de uma mãe. Contudo, quando comecei a fazer planos para viajar, a situação voltou a degringolar. Assim que os russos se retiraram e os líderes guerreiros afegãos quebraram os grilhões soviéticos, teve início a luta pelo controle do Afeganistão, contra o governo apoiado pelos soviéticos. Um dia, os chefes guerreiros estavam combatendo os russos e no dia seguinte estavam lutando entre si. Logo o país mergulhou na guerra civil.

Desfiz as malas, sabendo que os guerreiros afegãos lutariam até se destruírem mutuamente. Eu acompanhava atentamente os combates, desde a batalha de Jalalabad até a queda de Cabul, na corrida pelo controle do Afeganistão.

Será que meu filho nunca ia conhecer a paz?

Khalid, o saudita, virou um elemento diário em minha vida. Ele alugava tantos vídeos que um dia perguntei:

— Como você consegue estudar? Você só assiste filmes!

O belo saudita não se defendeu, limitando-se a mostrar seu sorriso doce.

Então, certo dia ele telefonou e me pediu um conselho.

— Maryam, qual é o restaurante mais romântico à beira-mar? Vou convidar uma moça muito especial para jantar e quero levá-la ao melhor restaurante.

— Tem um restaurante indiano maravilhoso, com uma vista fantástica, no píer em Redondo Beach — sugeri.

Naquela noite, quando eu estava fechando a loja, Khalid apareceu.

— Maryam, eu queria te pedir para vir comigo ao restaurante. Gostaria que você conhecesse essa moça especial.

— É muita gentileza sua, Khalid, mas não posso. Estou muito cansada.

— Você deve estar com fome.

— Sim, estou, mas estou cansada demais para sair.

— Por favor, você disse que a comida era ótima.

Pela primeira vez, olhei bem para Khalid, sem entender por que ele convidaria alguém para participar do encontro dele com sua moça especial.

— Por favor.

— OK, tudo bem.

Eu estava com fome e pensei que se fosse ao restaurante não precisaria cozinhar. E Khalid devia ter um bom motivo para querer que eu conhecesse sua amiga. Ele era uma pessoa muito legal. Talvez ele quisesse a opinião isenta de alguma mulher.

Esperamos trinta minutos pela moça especial, que não chegava. Finalmente, protestei.

— Sua majestade está atrasada e eu estou morrendo de fome.

Khalid se levantou.

— Espere um momento.

Ele se afastou. Achei que tivesse ido telefonar para a convidada. Alguns minutos depois ele voltou. Estava segurando uma rosa vermelha de haste longa e trazia um vasto sorriso. Ele me entregou a rosa.

— Maryam, você é a garota especial por quem esperei a vida toda.

Surpresa, pensei que a situação estava ficando ridícula.

— Khalid, qual é o problema dos sauditas? Primeiro seu amigo me pede em casamento no primeiro encontro. Agora você me diz que eu sou sua garota especial. Isso é normal em seu país? Os amigos costumam se apaixonar pela mesma mulher e pedi-la em casamento? Isso é um costume nacional de que eu nunca ouvi falar? — brinquei.

Ele riu.

— Maryam, não posso falar por meu amigo, mas ele voltou para a Arábia Saudita e me disse que descobriu como é difícil levar uma esposa estrangeira para nosso país. Acho que ele desistiu. Mas eu estou aqui e vou ficar aqui. Quero te conhecer melhor.

No início, não o levei a sério. Mas ele continuou a telefonar para mim todos os dias e logo comecei a esperar por suas chamadas. Aos poucos, começamos a namorar sério. Ficamos muito próximos.

Um dia ele perguntou:

— Maryam, por que seus olhos são tão tristes?

Desde que meu filho foi levado, fiquei muito mais introspectiva. Descobri que as pessoas raramente falam sobre as coisas mais importantes. Desde que meu filhinho foi roubado, guardei as lembranças dele num lugar especial do coração. Nunca confiei a ninguém os meus segredos.

Khalid parecia tão carinhoso e atencioso que desviei os olhos.

— Algum dia vou te contar o motivo, mas não hoje.

Naquela noite, pensei muito em Khalid. Ele era o homem de temperamento mais agradável que eu conhecia. Nunca o vi levantar a voz. Ele nunca me criticou nem discutiu comigo. Se discordávamos sobre alguma questão, conversávamos tranquilamente sobre ela. Khalid me respeitava e o respeito de um homem era uma experiência rara para uma mulher afegã.

Khalid era o inverso de Kaiss.

Por essa razão, eu me apaixonei por Khalid.

Quando contei à minha irmã que tinha me apaixonado por um saudita, ela se exaltou.

— Saudita? Santo Deus!

— Sim, um saudita, e ele é o homem mais gentil que já conheci.

— Você faz ideia do que é a vida de uma mulher na Arábia Saudita?

— Me diga, Nadia, como a vida de uma mulher na Arábia Saudita pode ser pior que a vida de uma mulher no Afeganistão?

— Acontece que é — ela insistiu. — Você tem ideia de como os homens sauditas veem as mulheres?

— Melhor do que a maneira pela qual os homens afegãos tratam suas companheiras. Ouça, esse saudita me trata com respeito e amor. Ele é maravilhoso. Não existe no Afeganistão um homem que se compare com ele.

Nadia me olhou longamente.

— O papai já sabe?

— Não, e você não vai contar. Você já destruiu minha vida uma vez, Nadia. Não vou deixar que faça isso de novo.

Confesso que tinha medo de contar a meu pai. Desde que meu filho foi sequestrado, a felicidade desapareceu da vida dele. Ele não gostaria nem um pouco de saber que eu estava namorando, mas namorar um saudita seria inaceitável, porque os homens afegãos acreditam que os outros muçulmanos são inferiores. Nem mesmo o rei da Arábia Saudita seria considerado digno de uma mulher pashtun.

Para evitar discussões, usei uma amiga de confiança como álibi para poder ver Khalid.

Numa noite especial, contei a meu namorado tudo o que me acontecera. Sem procurar solidariedade, falei sobre a brutalidade do meu primeiro marido e os abusos que tinha sofrido. Finalmente, falei da perda de Duran. As lembranças dolorosas reacenderam meu medo pela segurança de meu filho, porque o Afeganistão ainda era um inferno na Terra. Mesmo antes de terminar minha confissão, eu estava chorando nos braços de Khalid.

Ele foi muito carinhoso e enxugou minhas lágrimas.

— Não perca a esperança, Maryam. Um dia seu filho vai voltar para você.

E então ele me pediu em casamento.

Eu estava feliz pela primeira vez em muitos anos quando respondi.

— Sim! Sim, Khalid, eu quero me casar com você.

Capítulo 19

As coisas não correram tão bem com meu pai. Eu estava nervosa demais para contar pessoalmente a ele sobre o casamento, portanto, sentida, escrevi uma carta que deixei sobre seu travesseiro.

> *Papai, eu me apaixonei por um homem maravilhoso. Ele é carinhoso e bom, tudo o que Kaiss nunca foi. Khalid é saudita. Peço sua permissão para me casar com ele. Por favor, me dê seu consentimento. Se o senhor disser não, vou me casar com ele assim mesmo. Por favor, me diga sem demora que vai abençoar meu casamento. Sua filha que o ama, Maryam.*

Eu desejava que meu pai sorrisse em aprovação, mas ele não respondeu. Um mês se passou sem que eu tivesse coragem de tocar no assunto. Então, meu pai pediu que eu o levasse ao aeroporto. Ele ia passar três meses de férias na França, visitando o tio Hakim e outros parentes. Quando me deu um beijo de despedida, ele me entregou um gordo envelope. A expressão dele era solene.

— Maryam, por favor, pense com muito cuidado sobre o que diz essa carta. Eu espero que você me dê uma resposta positiva.

Então ele foi embora sem se despedir com o carinho habitual. Meu coração ficou apertado e eu guardei a carta na bolsa para ler mais tarde, quando voltasse a nosso apartamento.

Minha filha, se você se casar com esse Khalid, nunca mais vai me ver. Você vai deixar de ser minha filha. Khalid é um saudita. A sociedade em que ele vive é a mais conservadora do mundo. Você nunca poderia sobreviver lá. Na Arábia Saudita, os homens têm a guarda exclusiva dos filhos. Se você se casar com ele e tiver filhos, caso ele decida abandoná-la, não vai precisar sequestrar as crianças. Elas serão legalmente dele.

Ele só está vivendo nos Estados Unidos para terminar os estudos e quando voltar para seu país vai abandoná-la. Você vai ficar com o coração partido.

Você não aprendeu nada, Maryam?

Não se esqueça de que, se quiser voltar a ver Duran, não pode se casar. Você precisa ser paciente e esperar que seu filho seja devolvido. Eu estou tentando encontrar uma maneira de pegar o Duran e trazê-lo de volta, mas se você tiver um novo marido, ninguém no Afeganistão vai nos ajudar.

O mais importante, Maryam, é você não esquecer que é uma pashtun. É seu dever se casar com um homem da mesma etnia. Por favor, não esqueça a história de sua família. Minha própria mãe viveu corajosamente submetida à regra rígida do irmão. Ela nunca tornou a se casar e viveu somente para os filhos. A não ser que se case com outro pashtun, minha filha, você tem que fazer o mesmo.

Eu chorei de desespero. Como meu pai podia esquecer a própria luta contra as tradições antiquadas quando decidiu se casar com a mulher que amava e que não era da mesma tribo? Como ele pôde retornar com tanta facilidade à idade das trevas? Quem poderia ser mais perigoso, pernicioso e degradante que o homem com quem eu fora casada, um pashtun escolhido especialmente para mim?

Na verdade, desde o dia em que meu filho foi levado, fui acumulando uma raiva crescente contra meu pai e minha irmã. Eu sentia que meus parentes mais próximos tinham facilitado o sequestro de Duran por Kaiss. Sem o apoio de Ajab e de Nadia à causa de meu ex-marido, meu filhinho ainda estaria ao lado da mãe. Minha raiva atingiu o auge e eu me convenci de que nunca mais iria deixar alguém tomar decisões por mim, nem mesmo meu pai.

Fui até a cozinha, peguei uma tesoura e cortei a carta de meu pai em pedacinhos. Então, telefonei para Nadia, que estava vivendo temporariamente em Maryland, onde fazia a residência médica. Eu estava tão zangada que gritei com ela ao telefone.

— Vou me casar com Khalid, quer você e papai gostem disso, quer não! Não dou a mínima para vocês.

Nadia ficou a tão chocada por ver a filha "boa" tão agressivamente decidida que não disse uma palavra.

Khalid e eu nos casamos enquanto meu pai ainda estava na França. Fomos de carro para Las Vegas, para uma verdadeira lua de mel. Pela primeira vez na minha vida adulta, eu me diverti. Finalmente, tinha encontrado o verdadeiro amor com um homem maravilhoso.

Três meses depois, minha coragem tinha desinflado um pouco. Depois que meu pai voltou, não tive coragem de confessar que estava casada. Em vez disso, procurei negociar.

— Papai, li sua carta com a maior atenção e pensei muito sobre ela, mas eu realmente amo esse homem. Nunca vou ser feliz com outro. Por favor, só peço que o senhor o conheça. O senhor vai gostar dele, papai, eu garanto.

Meu pai não respondeu.

Enquanto isso, Khalid estava morando com amigos enquanto eu tentava convencer meu pai. Logo ele ficou impaciente e insistiu num encontro, portanto anunciei para meu pai:

— O Khalid vem aqui em casa hoje à noite. Por favor, trate-o bem.

O pobre Khalid estava tão nervoso que trouxe o sobrinho com ele. Mais tarde ele me contou que, para ganhar coragem, ele parou para recitar versos do Alcorão antes de entrar em nosso apartamento. Papai recebeu as visitas com um aperto de mão frouxo. Então sentou-se em sua cadeira favorita e enfiou a cara no jornal.

Khalid pigarreou e perguntou em voz baixa e polida:

— Como o senhor tem passado?

Meu pai não respondeu.

— Papai — intervim, envergonhada. — Khalid perguntou com muita educação como você está passando.

Meu pai tirou os olhos de jornal.

— Em que universidade você está estudando? — rosnou.

— Na Universidade da Califórnia do Sul.

— Qual é a sua área de estudo?

— Administração.

Papai grunhiu e deixou claro que não tinha mais nada a dizer. Levantou-se, foi para o quarto e fechou a porta.

Fui atrás dele.

— Papai, não faça assim. Essa atitude não é digna do senhor.

— Quero ver o noticiário — disse ele. — Feche a porta quando sair.

— Papai, o senhor mesmo não se casou com uma mulher pashtun. Será que preciso lembrá-lo das dificuldades que enfrentou para se casar com minha mãe?

— Isso é diferente — respondeu ele, virando as costas para mim.

— Diferente, por quê? Porque o senhor é homem e eu sou mulher? Isso não combina com sua maneira de ser. Estou muito decepcionada.

No dia seguinte, meu pai abruptamente deixou a Califórnia para visitar Nadia em Maryland e ajudá-la a cuidar da filha de 2 anos. Assim que ele chegou lá, minha irmã alegremente traiu minha confiança e contou a ele que eu já estava casada. Por intermédio dela, meu pai me mandou um recado: "Diga a Maryam que não quero vê-la nunca mais. Nunca mais vou falar com ela."

Não sou do tipo de filha que consegue viver sem falar com o pai, portanto telefonei para o tio Hakim e pedi a ele para servir de mediador. Meu pai sempre levou em conta a opinião do tio Hakim, mesmo quando não aceitava ouvir mais ninguém. Os resultados foram rápidos.

Khalid e eu fomos convidados para visitá-lo em Maryland. Embora no começo meu pai tenha sido seco e rude com meu marido, logo ele não pôde deixar de apreciar as maneiras polidas de Khalid. Finalmente, ele concordou em voltar para Los Angeles e viver conosco. Eu voltei a estudar, fazendo um curso de fisioterapia respiratória. Eu gostava do curso e amava meu marido.

Como o tempo, Khalid e meu pai ficaram muito amigos e pela primeira vez em muitos anos eu me senti como parte de uma família feliz. Contudo, faltava uma peça em nosso círculo familiar: o pequeno Duran, ainda mantido refém no Afeganistão. Eu tinha medo de que meu pobre filhinho não tivesse visto um momento de paz desde que foi levado para o território Afegão. Desde aquele dia de julho de 1986, meu filho passou pela guerra contra os russos e agora estava passando pela guerra civil. Apesar da queda de Cabul, a cidade ainda estava sob bombardeio constante porque nenhum dos poderes em conflito aceitava a derrota. O governo socialista estava combatendo até o final. Os oponentes faziam o mesmo. Aqueles homens violentos iam lutar até que o país fosse reduzido a escombros. Eu mal podia suportar ver as notícias que mostravam Cabul em ruínas. Aos meus olhos, parecia que nenhum edifício estava intacto. No meio de toda aquela destruição, onde estava meu filho? Eu passava muitas horas lendo o Alcorão e rezando pela segurança de Duran.

Em janeiro de 1990, a tia Shagul anunciou que decidira fazer a perigosa viagem para o Afeganistão para ver uma das filhas que estava retida lá. Uma vez no país, ela pretendia procurar Kaiss e visitar meu filho. Ela era uma mulher decidida e eu sabia que ela conseguiria ver Duran de um jeito ou de outro. Eu queria mandar roupas e brinquedos para meu filho, mas não conseguia entrar numa loja de artigos infantis sem desmoronar, portanto papai, Nadia e tia Shagul compraram presentes para Duran, reunindo muitos artigos que poderiam agradar uma criança de 7 anos. Por incrível que pareça, meu filho ia fazer 7 anos durante a visita de minha tia, pois o aniversário dele era no dia 27 de janeiro.

A tia Shagul chegou a Cabul sem problemas, embora a cidade estivesse sob ataque. Ela não teve dificuldade para encontrar Kaiss, pois ele ainda tinha um serviço de bufê. Inicialmente, tinha trabalhado para os russos. Quando estes foram derrotados, Kaiss passou a trabalhar para o governo pró-soviético, até esse grupo perder o poder. Sua falta de lealdade a qualquer grupo tornava fácil para ele aliar-se a quem estivesse mandando. Com o tempo, ele tinha reunido uma fortuna, segundo soubemos.

A casa de Kaiss era grandiosa, espaçosa e bonita. Um empregado atendeu à campainha, mas meu ex-marido apareceu em seguida para descobrir a identidade da visitante. Ele se lembrava de tia Shagul, que encontrara em diversas reuniões familiares. Enfurecido, ele gritou com ela:

— Fique longe do meu filho!

Minha tia respondeu em voz baixa, mas com firmeza:

— Eu só quero vê-lo, Kaiss. Não vou fazer uma encenação. Dou a minha palavra.

A tranquilidade dela finalmente convenceu meu ex-marido a deixá-la entrar na casa. Tia Shagul logo descobriu que Kaiss tinha tornado a se casar, com uma mulher muito tímida que estava sentada em silêncio na sala de estar.

Kaiss chamou Duran, que desceu as escadas com uma expressão intrigada. Minha tia ficou surpresa ao ver o quanto ele tinha crescido e como estava bonito.

Meu filho olhou para o pai e perguntou calmamente em inglês:

— Quem é essa senhora?

— Sou sua tia-avó — respondeu Shagul docemente. — Trouxe alguns presentes para você.

Kaiss resmungou com sua voz áspera.

— Esses presentes são daquela senhora do retrato, a que foi minha secretária. Agora pegue tudo e leve para seu quarto.

Duran calmamente reuniu os presentes e saiu da sala sem se despedir da minha tia, para quem ele pareceu ser uma criança triste e reticente.

Tia Shagul olhou para Kaiss.

— Ele não sabe nada sobre a mãe?

— Não. E se você disser alguma coisa, eu te mato.

Então minha tia olhou para a mulher de Kaiss.

— Vocês têm filhos?

A mulher se encolheu, assustada demais para responder.

— Não — Kaiss respondeu por ela. — Ela não tem filhos. Ela está aqui para cuidar do meu filho. Quando meu filho crescer, eu vou deixar que ela tenha os próprios. — Ele encarou minha tia. — Pronto, você já viu o garoto. Acabou o show. Agora vá embora. Se algum dia você voltar aqui, vai se arrepender.

— Kaiss, por favor, me dê uma fotografia dele. Para a mãe.

Ele abriu a porta.

— Vá embora. Eu vou mandar uma fotografia.

Enquanto ela saía, ele gritou em tom de ameaça:

— Diga a Maryam que se algum dia vier a Cabul, vou mandar os pedaços dela para o pai num saco de plástico.

Algumas coisas nunca mudam.

Por incrível que pareça, Kaiss manteve a promessa. Depois de cinco longos anos, finalmente eu tinha uma nova fotografia. Meu filhinho agora era um garoto muito bonito e com um ar muito sério. Beijei aquela fotografia centenas de vezes. Mandei ampliá-la e emoldurá-la e a coloquei num lugar de destaque na sala de estar. Olhava para ela por vezes e mais vezes. Chorei de alegria ao ver como ele parecia saudável e chorei de tristeza porque meu filho nem suspeitava de que eu existia.

Capítulo 20

A guerra civil no Afeganistão nunca terminava. Muitas vezes pensei que o conflito pudesse durar para sempre. Quando os soviéticos finalmente se retiraram, deixaram o país cheio dos mais modernos artefatos bélicos. Esse material foi requisitado pelos chefes militares afegãos, que se mostraram ainda mais brutais e impiedosos que os russos para com a população civil. Uma guerra civil de grande porte teve início quando os diversos chefes militares não conseguiram se entender sobre nenhuma questão.

Nós todos estávamos em pânico com a segurança de Duran. Num esforço para salvar meu filho do conflito e da loucura, meu pai escreveu para Kaiss e se ofereceu para pagar para o neto um internato na Índia ou em qualquer país que o pai do menino preferisse. Ele deixaria todas as decisões nas mãos de meu ex-marido se pudesse tirar meu filho daquela situação de risco. Meu pai mandou inúmeras cartas, mas nunca soubemos se Kaiss leu a correspondência emocionada do ex-sogro, embora ele e seus homens tenham espancado diversos de nossos mensageiros.

Amigos que ainda viviam em Cabul e que tomaram conhecimento da minha situação fizeram algumas tentativas de sequestrar meu filho de volta. Algumas dessas iniciativas foram mais sérias que outras. Em particular, um amigo meu e seu irmão mais novo estavam decididos a corrigir aquele erro e assumiram a causa do meu filho. Eles vigiaram a casa de Kaiss, registrando quando o pai estava fora e quando o filho saía para a escola pela manhã.

Num determinado dia, no momento exato em que meu filho saía para escola, os dois estacionaram o carro perto da casa de Kaiss. Quando Duran saiu, o irmão de meu amigo foi até ele e tentou convencê-lo a caminhar até o carro, onde meu amigo esperava por eles.

Tal como minha mãe me avisou da possibilidade de ser sequestrada por Shair Khan quando eu era pequena, Kaiss tinha deixado o filho aterrorizado com um possível sequestro para resgate. Quando meu amigo se aproximou, movido pela lavagem cerebral paterna, o pobre de Duran saiu correndo e gritando. O pai que, contrariando seus hábitos, estava em casa, foi alertado pelos gritos e correu para socorrer o filho.

Meus dois amigos fugiram, mas foram vistos e identificados pelo pai de Duran.

Naquela mesma noite, Kaiss e um bando de capangas foram à casa de meu amigo, armados de metralhadoras. O irmão do meu amigo foi espancado até ficar inconsciente e teria sido metralhado se a mãe dele não se agarrasse aos pés de Kaiss e implorasse pela vida do filho. O agressor exigiu a presença do meu amigo, mas este não estava em casa na hora, portanto meu ex-marido ameaçou voltar e matar toda a família. Como Kaiss contava com a proteção dos poderosos do momento, não havia como recorrer à lei. Meu amigo e o irmão foram obrigados a fugir para o Paquistão.

No entanto, aquela tentativa fracassada teve consequências graves para mim porque Kaiss pegou a atual mulher e o filho e saiu de Cabul para um destino desconhecido. Todo o conhecimento que tínhamos do paradeiro de Duran foi perdido.

Mais ou menos nessa época os exilados afegãos começaram a ter notícia de um novo grupo que se erguia de dentro das ruínas das antigas edificações grandiosas do Afeganistão: o Talibã. Liderados por um clérigo chamado Mulá Mohammed Omar, o grupo emergiu de Kandahar em 1994. Os afegãos ouviram contar como o Mulá Omar e seus fiéis discípulos religiosos, um grupo armado, inicialmente se apresentaram como defensores da população contra a brutalidade e a corrupção dos líderes militares. O grupo se tornou conhecido quando tomou a iniciativa de libertar algumas meninas de uma família pobre que foram estupradas na estrada para Kandahar.

No começo, os talibãs foram recebidos de braços abertos pelos civis afegãos, que estavam exaustos de passar por anos de violência e lutas constantes entre os guerreiros Mujahedins.

Meu pai e eu ficamos moderadamente otimistas porque os talibãs eram estudantes de religião (*talib* é a palavra árabe que significa estudante; no Afeganistão o termo designa os alunos de escolas religiosas que estudam o Alcorão em árabe). Embora nunca tivesse desejado ser governado por um movimento religioso, meu pai tinha esperança de que um grupo de guerrilheiros dedicados a Deus trouxesse paz para nossa terra.

Nunca imaginamos que o Talibã fosse comandar uma repressão inacreditável, trazendo sofrimento e desgraça para nossos pobres conterrâneos.

Durante esse período de ansiedade, Khalid completou os estudos universitários e me pegou de surpresa com a proposta de nos mudarmos para a Arábia Saudita. Meu marido pertencia a uma família numerosa, com dez irmãos e irmãs. Conheci vários de seus irmãos que vieram nos visitar em Los Angeles. Eles me causaram boa impressão.

— Mas antes do casamento nós combinamos nunca viver na Arábia Saudita — lembrei.

— Não vamos passar muito tempo. Só quero que minha família te conheça.

— Mas, Khalid, *Arábia Saudita*? — eu não queria dizer o óbvio, mas nenhuma mulher em plena posse das faculdades mentais ia querer viver num ambiente tão restritivo, apesar de afluente.

— Ah, você vai adorar Jeddah — ele garantiu.

Eu não tinha muita informação sobre o país do meu marido. Só sabia que as mulheres ainda usavam véu e não podiam dirigir e que os homens sauditas geralmente se casavam com mais de uma mulher. Ao longo dos anos, vi matérias sobre mulheres americanas impedidas de sair da Arábia Saudita depois que os maridos se casaram com outras mulheres ou, pior ainda, histórias de homens sauditas que sequestraram os filhos que tiveram com mulheres americanas e as crianças nunca mais viram as mães.

Todo mundo sabia que aquele país não era amigável para mulheres. Não admira que eu preferisse viver numa terra em que as mulheres têm direitos legais, como nós dois sabíamos. O Afeganistão também é um país assustador para as mulheres e segundo as notícias mais recentes, estava cada dia pior nesse sentido. Por que eu iria deixar a liberdade dos Estados Unidos para viver em outro país misógino?

Mesmo assim, concordei em mudar com Khalid para a Arábia Saudita. Ele deixou que eu decidisse, prometendo que, se eu não quisesse mudar, nós não nos mudaríamos

Essa atitude me fez confiar ainda mais em meu marido. O mais importante é que o casamento não mudou Khalid. Ao contrário do que fez Kaiss, ele não se transformou da noite para o dia de namorado amoroso em besta furiosa. Eu podia confiar em Khalid. No entanto, papai e Nadia se opuseram à minha mudança, tentando mais uma vez me dizer o que fazer — um grande erro, já que depois do fiasco com Kaiss eu jurei nunca mais deixar nenhum dos dois tomar decisões por mim.

Resolvi tentar. Sabia no fundo do coração que Khalid não guardava surpresas desagradáveis.

Minha família ficou louca com minha decisão. Papai estava ficando mais velho e aos 77 anos reconhecia que seu tempo na Terra era limitado. Ele queria ter as filhas por perto. Mesmo assim, segui adiante com meus planos de mudança, prometendo passar metade do ano nos Estados Unidos.

Quando nos despedimos no aeroporto, papai falou francamente:

— Khalid, acho que minha filha não vai se sentir muito bem na "terra antimulher" (o apelido de meu pai para a Arábia Saudita).

Khalid sorriu, mas não se ofendeu.

E foi assim que fui viver em Jeddah. No avião fiquei tensa quando Khalid me entregou um saco de plástico contendo uma roupa preta e explicou:

— Quando chegarmos lá, você vai ter que usar isso.

Tirei da embalagem um manto preto de tecido leve e um lenço. Abri e examinei pela primeira vez o disfarce obrigatório conhecido como *abaya*, o traje usado por todas as mulheres na Arábia Saudita. A roupa era totalmente preta. Pensando no clima causticante do país, eu sabia que ia parecer um espectro, mas um espectro em ebulição. Apesar de ser muito diferente das burcas pregueadas usadas pelas mulheres afegãs, a *abaya* tinha a mesma função: esconder as mulheres atrás de uma cortina. Minha mãe tinha violado a lei afegã quando se recusou a usar uma burca. Por minha vez, só usei a burca uma vez para pregar uma peça nos parentes e amigos. Quando era garota, quis fingir que era uma mendiga que pedia dinheiro para pagar o ingresso do cinema. É claro que isso me rendeu um sermão das minhas tias, segundo as quais uma mendiga usaria o dinheiro para comprar comida e não para se divertir.

Se minha mãe estivesse viva, estou certa de que ela rasgaria aquela roupa em frangalhos antes de permitir que a filha se submetesse a uma tradição tão retrógrada. Em que eu estava me metendo?

Pouco menos de uma hora antes de nosso avião aterrissar em Jeddah, observei que as mulheres sauditas que pareciam loquazes e animadas a bordo do avião ficaram muito contidas à medida que vestiram as *abayas* e amarraram os lenços. Algumas chegaram mesmo a cobrir o rosto com um véu preto. A atmosfera do avião mudou assim que as alegres mulheres se transformaram em sombras negras.

A pedido de Khalid, joguei o manto sobre meu vestido e amarrei frouxamente o véu sobre os cabelos. Dei de ombros, pensando que eu tinha mais sorte que as mulheres nascidas sauditas porque sempre poderia ir embora, se achasse o lugar muito opressivo. Pelo menos, era o que eu pretendia.

Capítulo 21

Cheguei a Jeddah no dia 29 de outubro de 1994. A cidade era surpreendentemente bonita, às margens do mar Vermelho e com casas e edifícios cercados de palmeiras oscilantes. A família de Khalid era como eu me lembrava: amigável e muito contente de me receber em seu país. Não me senti mal.

Apesar disso, mesmo amando a cidade, tendo conseguido muitas amigas e adorando a família de meu marido, estaria mentindo se dissesse que a Arábia Saudita é um lugar agradável para mulheres. Apesar de ter crescido no Afeganistão, um país conhecido pela discriminação feminina, em meu novo país de residência eram tantas as "restrições para mulheres" que ficava difícil manter o bom humor.

Não poder dirigir era irritante, apesar de Khalid ficar feliz em me levar aonde eu quisesse ir. Além disso, depois de chegar ao país descobri, preocupada, que não poderia viajar para nenhum lugar se não tivesse uma permissão por escrito do meu marido. Sair da Arábia Saudita não seria tão simples quanto eu imaginava. Se Khalid passasse por uma mudança de personalidade e começasse a querer me controlar, eu estaria aprisionada. Também era difícil para uma mulher conseguir um emprego, apesar da minha experiência como profissional de fisioterapia respiratória. A vida social também não era como eu estava acostumada, já que nas festas as mulheres só interagiam com mulheres e os homens com homens.

A lista de restrições contra as mulheres era infinita.

Onde os homens detêm todo poder, muitos tratam as mulheres com extrema crueldade. Os sauditas não eram diferentes nesse aspecto.

Até mesmo alguns homens da família de meu marido eram culpados de crueldade com as mulheres. Um dos primos de Khalid tinha se casado mais de vinte vezes. Como o Islã limita a quatro o número de esposas, aquele homem ficava muito ocupado divorciando-se e tornando a casar. A primeira mulher dele era sua prima em primeiro grau. Na Arábia Saudita, casar-se com um primo em primeiro grau é considerado uma garantia contra o divórcio, já que muitos homens evitam criar problemas com a família ao se separar de uma parenta próxima. O primo de Khalid era extremamente rico e durante o Ramadã costumava dar às esposas presentes em dinheiro. Uma das mulheres, a mais nova e atraente, recebeu um presente muito maior que o das mulheres mais velhas e menos bonitas. Pela lei do Islã, é tabu dar a uma das mulheres presentes mais valiosos ou mais atenção que às outras. Nesses casos, as mulheres enciumadas muitas vezes citam o Alcorão. As quatro esposas começaram a discutir, deixando o primo de Khalid tão fora de si que ele anunciou a intenção de se divorciar das quatro de uma vez.

Ele se divorciou da segunda, da terceira e da quarta esposa, mas quando encarou a prima, a primeira esposa, para dizer as palavras "eu me divorcio de você", ela desmaiou. Quando a viu caída no chão, o marido ficou com pena e não teve coragem de se divorciar dela. Ao ouvir a boa notícia, ela esqueceu que estava fingindo ter desmaiado e se levantou, pulando de alegria.

— Graças a Alá! Alá seja louvado!

— Então — perguntei a ela —, quer dizer que agora você é a única esposa?

Ela deu uma gargalhada.

— Não, Maryam! Ele logo se casou com mais três mulheres. Meu marido precisa de quatro esposas, eu já me conformei com isso.

Ela parecia tão feliz com a situação que eu também ri, mas na verdade queria chorar.

Eu sabia que Khalid queria ter filhos e que ele seria um pai maravilhoso, mas fiquei tão apreensiva com a perda do primeiro filho que não acreditava que pudesse voltar a conceber. Além disso, estava vivendo num país em que as crianças são consideradas propriedade exclusiva do pai e onde a mãe não tem qualquer direito. Embora Khalid ainda fosse o homem carinhoso com que me casei, eu sabia que nada na vida está garantido e isso me preocupava.

Então um dia, sem mais, meu marido declarou:

— Maryam, aconteça o que acontecer, eu jamais vou tirar um filho de você.

Olhei para ele com gratidão, mas não prometi nada.

Não ajudava saber que algumas de minhas amigas americanas casadas com sauditas estavam sofrendo humilhações terríveis. Uma delas era uma norte-americana chamadas Linda, que tinha se casado com um saudita quando ele estava estudando nos Estados Unidos. Depois que Mohammed se formou, a família se mudou para a terra dele. Eles já eram pais de duas crianças. Pouco tempo depois que eu conheci Linda, Mohammed chegou em casa com uma mulher saudita. Linda achou que ela fosse parente dele, até que o homem laconicamente informou que se tratava de sua nova esposa, que devia ser bem-recebida.

Linda ficou tão espantada que não conseguiu falar. O marido nunca tinha agido de uma forma que a levasse a julgá-lo capaz de um comportamento tão pouco civilizado.

No dia seguinte, ela telefonou para mim, chorando.

— Maryam, por favor, venha até aqui e traga umas caixas. Eu vou deixar meu marido.

Linda acreditava que só precisaria de um advogado para se divorciar e sair do país levando os filhos.

Khalid teve tanta pena de Linda que me levou de carro a várias lojas para conseguir caixas. Quando chegamos à casa dela, Linda estava fora de si de desespero. Ela tinha telefonado para a embaixada americana para buscar orientação e eles informaram que ela só tinha duas opções. Podia deixar o país, mas perderia os filhos. O governo saudita jamais permitiria que ela levasse os filhos com ela. As crianças pertenciam ao marido. Ela tinha dado à luz, mas pela lei saudita não tinha direitos sobre as crianças. A segunda opção seria permanecer no país e dividir o marido com a segunda esposa. Sem querer perder os filhos, Linda permaneceu naquela situação infeliz. A nova esposa transformou o marido, antes carinhoso, num homem detestável e maligno.

Meses mais tarde, outra amiga chamada Joyce passou por uma experiência semelhante quando o marido também a surpreendeu com uma segunda esposa. O marido de Joyce, Ahmed, foi ainda mais cruel que Mohammed. Além de trazer uma segunda esposa, ele tirou os filhos de Joyce de junto dela e os levou para viver com um tio em outra cidade. Joyce tinha permissão para "visitar" os filhos uma vez por mês. Ela ficou com muito medo de pedir o divórcio e deixar Ahmed depois que ele a avisou de que nunca mais veria os filhos.

Essas histórias aumentavam minha tristeza constante pela perda do meu filho, embora soubesse que ficaria no Sétimo Céu se tivesse oportunidade de ver Duran pelo menos uma vez por mês.

Khalid me deixou muito feliz quando encontrou para nós uma casa adorável, com três quartos e à beira-mar. A vista era maravilhosa e o ruído das ondas era incrivelmente tranquilizante.

Foi quando inesperadamente fiquei grávida. Khalid ficou muito feliz. Ele era tão diferente de Kaiss em todos os aspectos, que logo também me senti feliz. Meu marido insistia em me acompanhar ao médico em todas as consultas. Descobri o prazer de desfrutar de uma gravidez normal com um marido carinhoso.

Naturalmente, como a Arábia Saudita era o que era, todo mundo queria que a criança fosse um menino. Uma das primas de Khalid perguntou: "Como vai esse garoto saudável que está crescendo em sua barriga?"

Fiz uma careta e ri.

— Dessa vez eu gostaria de ter uma menina saudável.

— *Não! Não!* Não diga isso! — ela exclamou com uma voz sibilante, agitando supersticiosamente a mão como se quisesse apagar minhas palavras. — Maryam, jamais deseje ter uma filha! Uma filha não é uma coisa boa. Deseje ter um menino. Ter filhos homens é a única maneira de conquistar o respeito da família.

Tive que morder a língua para não dar uma resposta desaforada.

A vida na Arábia Saudita tinha outras limitações que me irritavam. Um dia, Khalid chamou a empresa de TV por assinatura para colocar uma antena em nossa nova casa. Eu estava sentada na sala de estar e a empregada estava limpando a sala quando o homem chegou. Pela primeira vez, meu marido levantou a voz para mim e ordenou:

— Vá para o quarto agora mesmo, Maryam, e fique lá até eu chamar.

Fiquei envergonhada porque a empregada ouviu Khalid falar comigo de forma tão grosseira.

— Por quê? — perguntei.

— Porque eu estou mandando.

Tivemos nossa primeira discussão depois que o técnico de televisão foi embora.

— Por que a empregada pode ficar na sala e eu fui expulsa? — perguntei.

— Porque ela é uma empregada, Maryam. Não seria correto você ser vista por um estranho em minha casa. Você é minha esposa. É só isso.

Da próxima vez que um técnico veio à nossa casa, decidi mostrar que eu tinha razão. Com a modéstia protegida pela *abaya* e pelo véu, deliberadamente continuei sentada na sala de estar. No entanto, Khalid me pegou pelo braço e me levou para o quarto. Fiquei furiosa quando ele trancou a porta.

A mãe e as irmãs de Khalid apoiaram a atitude dele.

— A empregada não é ninguém. Não faz diferença ela ser vista por um estranho. Você é uma esposa, você é alguém. Você tem que ser respeitada.

As coisas eram assim!

Eu não queria uma guerra aberta, mas não estava feliz com a situação. No dia seguinte, porém, esqueci a raiva que tive de Khalid quando descobri a terrível brutalidade que acontecia na casa ao lado. Quando a campainha tocou, abri a porta. A visita era Sarah, nossa vizinha, uma mulher saudita de 23 anos, que tinha um filho de 4 aninhos, Ali. Eu a recebi em minha casa apesar de surpresa, porque até então ela não tinha me procurado. Os sauditas não se relacionam facilmente com os vizinhos e se contentam em conviver apenas com a própria família. No entanto, fiquei feliz de vê-la, pois tinha uma afeição especial pelo garotinho, que me lembrava Duran. Minha fluência em árabe não era boa, mas ela falava um inglês razoável e conseguimos nos comunicar.

Era o mês de julho e o calor úmido em Jeddah era insuportável. Logo percebi que Sarah e o filho estavam com calor, sede e fome. Como eles tinham se mudado há pouco tempo e na Arábia Saudita as casas alugadas não têm geladeira e fogão, não achei nada demais que ela pedisse para comer e beber e fiquei feliz de poder dar a eles um lanche e bebidas.

Depois de satisfazer a fome, eles foram embora.

No mesmo dia, mais tarde, preparei alguns sanduíches e enchi uma garrafa térmica com água e gelo e fui até a casa ao lado para levar os alimentos. Quando toquei a campainha, o marido de Sarah atendeu. Ele apertou minha mão, o que me surpreendeu porque os homens sauditas fazem questão de não tocar em mulheres que não sejam da própria família. O marido me pareceu agradável. Em inglês fluente ele me disse que era um piloto da força aérea e que tinha sido treinado na França.

Fiquei muito feliz por ter vizinhos tão simpáticos.

No dia seguinte, Sarah e Ali voltaram. O menino correu para a lixeira e começou a revirar o conteúdo. Achei que ele estava passando por uma fase de curiosidade exacerbada e não achei nada demais até que o vi retirar e comer um resto de carne de uma carcaça de frango. Sarah começou a apontar para própria boca, também pedindo comida. Rapidamente, coloquei algumas coisas na mesa e os vi devorarem os alimentos e beberem dois copos grandes de suco, antes de irem embora abruptamente.

Certa noite, já bem tarde, eu estava com insônia e pensei ter ouvido um gato miar. Olhei pela janela, mas não vi nada.

Na manhã seguinte tornei ouvir aquele ruído e mais uma vez procurei localizar de onde vinha. Fiquei surpresa por ver que se tratava de Sarah fazendo barulhos estranhos. Ela estava batendo na janela do segundo andar e a ouvi chamar meu nome através da vidraça.

— Maryam!

Abri minha janela e gritei:

— Sarah? O que está acontecendo?

A pobre mulher começou a chorar.

— Estamos trancados. Meu marido saiu. Estamos com fome. Precisamos de comida, meu filho vai morrer se não comer. Você pode jogar alguma coisa pela janela?

O que estava acontecendo?

Na Arábia Saudita, todas as casas são cercadas por muros altos e têm grandes portões de metal. Saí de nosso jardim para a rua e testei o portão deles. Estava trancado. Parti do princípio de que a porta da frente também estaria trancada, caso contrário Sarah teria escapado, em vez de pedir ajuda de uma janela do segundo andar. Reuni alguma comida da cozinha e subi a escada até ficar acima do nível do muro. Ela abriu a janela e comecei a lhe jogar pão e queijo, embora a maior parte tenha caído no jardim.

Khalid estava viajando a negócios, mas quando nosso jardineiro veio trabalhar, pedi insistentemente:

— Venha cá! Preciso que você entre na casa vizinha. Tem uma mulher trancada lá e o filho dela está com fome.

— Madame, não posso fazer isso — respondeu o jardineiro com a voz trêmula, olhando em torno como quem procura uma maneira de fugir. — Sou um pobre indiano que veio para esse país trabalhar para sustentar a família. Se eu invadir a casa de um saudita, nunca mais vou sair da prisão e toda a minha família vai passar fome.

Entendi que os trabalhadores imigrantes da Índia e de outros países asiáticos muitas vezes são maltratados na Arábia Saudita. Parti pessoalmente para a ação. O que os sauditas fariam a uma mulher muçulmana e grávida, casada com um saudita? Nada, pensei. Peguei um martelo na caixa de ferramentas de Khalid, carreguei uma cadeira para fora e subi no muro que dividia nossas casas. Sem esquecer que estava com seis meses de gravidez, fui extremamente cuidadosa quando desci no jardim da casa vizinha.

Como pensei, todas as portas da casa estavam trancadas, portanto peguei o martelo e quebrei uma grande janela do primeiro piso. Depois de retirar o vidro quebrado, entrei e fui esmagada pelo calor sufocante. O ar-condicionado estava desligado, embora a cidade fosse quente e úmida. Chamei por Sarah e segui o som da voz dela até chegar a uma porta trancada no andar superior. Quebrei a fechadura e libertei a mãe e o filhinho. O quarto tinha um cheiro pútrido.

Nós três fugimos para a segurança da minha casa.

Coloquei a mão na testa dos dois. Depois de passarem dois dias trancados numa casa pequena sem ar-condicionado, os dois tinham febre. Insisti em fazê-los tomar um banho frio enquanto eu preparava uma grande refeição.

Eles devoraram a comida.

— Sarah, preciso chamar a polícia.

Ela começou a chorar.

— Não! Não! Ele vai me matar.

Antes que eu pudesse responder, o marido de Sarah irrompeu pela porta da frente da minha casa sem fazer a gentileza de tocar a campainha. Ele avançou para mulher, deu dois ou três tapas na cabeça dela e começou a puxá-la pelos cabelos. Ali estava gritando.

A cena violenta me trouxe de volta as horríveis lembranças do tempo em que Kaiss me batia diante dos olhos de meu filho aterrorizado.

— Como você pode deixar sua mulher e seu filho trancados em casa passando fome? — gritei. — Qual é o seu problema?

Ele se virou para mim e rosnou. Eu vi o homem, antes educado, se transformar num animal. Então ele empurrou e chutou a esposa para fora de minha casa, enquanto ela gritava.

Fiquei furiosa. Quando Khalid chegou, tive pressa de lhe contar a história. Ele ficou horrorizado ao saber que eu tinha me envolvido num assunto particular de marido e mulher.

— Maryam, isso é a Arábia Saudita. Os homens podem fazer o que quiserem com as mulheres e os filhos. Ninguém vai interferir. Em casa, quem faz a lei é o homem. Isso é considerado uma questão privada, mesmo pelas forças de segurança. Se ele quiser, pode matá-la. Ninguém vai protestar.

Assenti, sabendo que ele estava falando a triste verdade. Embora a Arábia Saudita seja rica e o Afeganistão seja pobre, quando a questão é a forma de tratar as mulheres, os dois países são muito semelhantes. As mulheres também são impotentes no Afeganistão.

Passei a maior parte da noite acordada, pensando em Sarah. Ela estava vivendo o mesmo pesadelo que um dia suportei, embora a situação dela fosse mais difícil. Nos momentos mais perigosos, eu pude correr da casa de Kaiss para a casa de meu pai. Sarah não tinha essa possibilidade.

No dia seguinte, Sarah me surpreendeu ao voltar à minha casa e bater na porta da frente. Ela estava gritando, com sangue escorrendo pelo corpo. O marido correu atrás dela. Tão depressa quanto consegui com minha barriga de grávida, peguei a única arma que vi, uma grande faca de cozinha.

Voltei para a sala, onde o animal continuava a espancar a mulher. Levantei a faca e gritei:

— Vou chamar a polícia!

O piloto da força aérea olhou para mim e começou a rir ao ver uma mulher grávida, de camisola, segurando uma faca acima da cabeça.

— Vá em frente, chame a polícia! Eu posso discar o número para você! O chefe de polícia também bate na mulher.

Eu estava com medo, mas fiquei firme.

— Isso aqui não são os Estados Unidos —provocou ele. — Fique longe da minha família, senão vou dizer a seu marido para bater em você também.

Mais tarde, Khalid se recusou a se envolver com o problema.

— Por favor, Maryam. Não podemos fazer nada. Ninguém vai dizer ao marido para não bater na mulher. Ninguém, nem mesmo a família dela.

Mais uma vez, meus pensamentos tristes me trouxeram à lembrança a minha própria família. Minha irmã, meu pai, minhas tias e tios e meus primos tinham pedido que eu salvasse meu casamento a qualquer preço, mesmo que isso significasse voltar para uma vida de violência física e de infelicidade abjeta.

O que estava errado com o mundo?

Khalid me abraçou.

— Ouça, você está grávida. Você vai dar à luz um filho. Esse homem pode tentar machucar você. Você precisa parar de se envolver com essa situação.

Eu queria fazer o que meu marido pedia, mas não consegui. Na noite seguinte, quando fui jantar na casa de minha sogra, falei de novo sobre a questão. Pedi a minhas cunhadas para conversarem com os maridos, um dos quais conhecia o chefe de polícia da cidade.

— Se vocês não fizerem isso, vou tomar uma providência, mesmo que Khalid fique com raiva de mim.

Para evitar que eu me envolvesse, um dos meus cunhados falou com o chefe de polícia. No dia seguinte, a polícia veio à casa de meu vizinho. Quando foi informado de que era alvo de uma queixa, o piloto da força aérea ficou tão furioso que se divorciou de Sarah diante dos olhos do policial. Ele disse que não queria voltar a vê-la nunca mais. Por incrível que pareça, deixou Sarah ficar com o filho e mandou os dois viverem com o pai dela.

Antes de ir embora do bairro, Sarah veio me abraçar.

— Obrigada, Maryam. Nunca vou te esquecer, você salvou minha vida.

Eu fiquei feliz até Khalid me dizer que Sarah só poderia manter o filho com ela até os 7 anos, a idade em que o con trole sobre o futuro dos filhos do sexo masculino tradicionalmente passa à alçada do pai saudita. Eu argumentei que pelo menos Sarah teria o filho por mais alguns anos. E tudo podia acontecer. Se Sarah tivesse ficado casada com o marido violento, com certeza teria sido morta. Ali perderia a mãe.

Capítulo 22

As primeiras informações sobre o Talibã chegaram ao Ocidente em 1994. Em apenas dois anos os talibãs varreram o Afeganistão e tomaram o poder. Em novembro de 1996, eles impuseram sua lei, baseada na própria interpretação da Chariá e ainda mais rígida que qualquer código vigente em qualquer país do mundo islâmico. Na época, meu pai estava nos fazendo uma visita em Jeddah. Depois de ler as leis no jornal, ele ficou furioso e afirmou que a interpretação do Talibã não estava de acordo com a visão aceita pelos estudiosos islâmicos.

A mensagem básica do decreto era simples: não haveria alegria ou liberdade para qualquer habitante do Afeganistão.

A maioria dos editos dizia respeito às liberdades anteriormente adquiridas pelas mulheres. Elas tinham que ficar dentro de casa. Somente as médicas teriam permissão para trabalhar fora. Nenhuma mulher poderia frequentar uma escola.

Se fosse obrigada a sair de casa, a mulher deveria estar coberta da cabeça aos pés por uma burca e até mesmo os olhos teriam que estar cobertos por um véu espesso. Se um pedaço do pé aparecesse, a mulher seria imediatamente açoitada pela polícia religiosa.

As mulheres já não podiam mais lavar roupas nas margens do rio, uma prática adotada pelas afegãs desde o início dos tempos. Como poucas casas estavam equipadas com máquinas de lavar, a manutenção da higiene virou um grande problema.

Mesmo nas festas de casamento, era proibido dançar. A música foi banida. Se fossem encontrados cassetes de música, o proprietário seria encarcerado.

As médicas não podiam tratar pacientes do sexo masculino. Uma mulher doente só poderia consultar uma médica, o que levou a terríveis tragédias, impossibilitando o tratamento para várias mulheres. (Mais tarde, as médicas foram proibidas de trabalhar.)

Os motoristas de táxi estavam proibidos de transportar mulheres que não estivessem cobertas na forma da lei. Se uma mulher fosse encontrada sozinha na rua, o marido poderia ser espancado ou preso.

Quando a lei foi imposta, os homens afegãos só tiveram um mês e meio para deixar crescer a barba. A partir daí, qualquer homem que cortasse ou raspasse a barba poderia ser condenado à prisão.

O passatempo muito popular de fabricar ou soltar pipas foi proibido. Todas as lojas de pipas das cidades deveriam ser fechadas e quem fosse apanhado fazendo uma pipa poderia ser condenado à prisão.

A fotografia foi considerada uma idolatria. A televisão foi banida. Todas as câmeras, fotografias, filmes e retratos deveriam ser destruídos.

Até mesmo rir audivelmente em público podia resultar numa sentença de prisão.

Em seguida começamos a ver filmes em que homens do Talibã espancavam mulheres cobertas por burcas. O motivo do espancamento nunca era claro. Os talibãs pareciam detestar as mulheres pelo simples fato de existirem.

Embora nas áreas rurais as mulheres nunca tenham deixado de usar o véu, nas cidades haviam muitos anos elas já usavam roupas ocidentais. Poucas estavam habituadas à burca tradicional, o claustrofóbico traje feito de metros e metros de tecido plissado, com um capuz e cuja única abertura é uma pequena tela bordada sobre os olhos. De acordo com a lei, mesmo embaixo da burca a mulher devia estar vestida com modéstia, embora se esperasse que os agentes do Talibã não fossem olhar embaixo da burca das mulheres.

Fiquei feliz porque minha mãe, tão ligada em moda, não viveu para ver aqueles dias. Com certeza ela teria sido uma das primeiras mulheres a ser espancada pela polícia religiosa por castanholar seus saltos altos pelas calçadas de Cabul.

As histórias nos chegavam por meio de comunicações da família e dos amigos. Embora alguns parentes e amigos tenham sido humilhados pelo Talibã, outros incidentes eram de molde a transformar e até mesmo ameaçar a vida.

Uma prima contou que as novas restrições eram impostas sem aviso prévio. Com frequência, os cidadãos eram espancados ou presos por ações que eles nem sabiam que eram ilegais.

Todas as mulheres a partir da adolescência começaram imediatamente a usar a burca, mas poucas se deram conta de que o estilo dos calçados também atraía a atenção indesejada do Talibã. Um dia minha prima foi com o marido ao mercado. Ela usava um par de sapatos brancos com que já tinha saído muitas vezes sem ter problemas. Sem aviso, um membro do Talibã, com o rosto vermelho de fúria, avançou para o casal, gritando ameaças. Eles ficaram paralisados de medo, sem saber o que tinham feito. Logo, o homem deixou claro que tinha ficado furioso ao ver a ponta de um sapato branco aparecer embaixo da volumosa burca azul-celeste de minha prima.

Ela disse que esperou ser executada naquele momento. Minha prima pediu a Alá para voltar viva e cuidar dos filhos, que ficariam sem teto caso se tornassem órfãos. No entanto, graças a Alá, o casal não foi morto, embora o Talibã tenha atacado o marido com os punhos fechados e tentado pisar nos pés de minha prima. Felizmente ela era bastante ágil e pulou para longe no último instante. O incidente significava que ela não poderia mais sair de casa porque só tinha aquele par de sapatos brancos.

Um amigo homem teve a audácia de usar jeans, o que o Talibã considerava um artigo pecaminoso importado do Ocidente. Ele foi atacado por um grupo de homens. Achando que estava sendo assaltado e que ia perder o único dinheiro de que dispunha para comprar pão, reagiu. Foi rapidamente dominado e empurrado para cima da calçada. A calça jeans foi arrancada do seu corpo. Ele ficou realmente apavorado, acreditando que ia ser estuprado, mas os homens o deixaram vestido com a roupa de baixo rasgada enquanto o ergueram do chão e o amarraram com o rosto voltado para trás em cima do jumento de um pobre agricultor. Os atacantes se divertiram muito desfilando pela cidade aquele exemplo de homem corrompido pelo Ocidente. Meu humilhado amigo nunca recuperou a calça jeans.

O mundo estava louco.

Outras histórias mais horripilantes nos deixavam ainda mais preocupados.

Outra colega dos tempos do colégio desafiou o Talibã mantendo em casa uma pequena escola, pois as meninas estavam proibidas de estudar. Ela estava dando aulas somente para a própria filha, as sobrinhas e duas meninas vizinhas, mas uns talibãs suspeitaram de algo errado quando viram quatro meninas caminhando juntas. Eles seguiram as garotas até a casa de minha amiga e ficaram do lado de fora, onde puderam observar a chegada de mais garotas, uma das quais carregava um livro.

Os membros do Talibã invadiram a casa, destruíram os poucos lápis e livros de minha amiga e prenderam todo mundo, inclusive as crianças. A prisão feminina era uma casa dos horrores, sem aquecimento até mesmo no inverno. O único alimento distribuído era pão seco, uma sopa rala e água. Minha pobre amiga era chicoteada toda semana e foi mantida presa durante dois anos. No decorrer de todo esse tempo ela não teve permissão para ver as filhas, que foram libertadas depois de algumas semanas.

A saúde dela foi comprometida. Um ano depois de ser libertada, ela morreu de câncer. O destino das duas filhas é ignorado porque o pai delas também foi assassinado pelo Talibã por alguma transgressão pouco relevante.

Outra amiga querida, chamada Nooria, que trabalhou arduamente para sair de uma condição de pobreza absoluta, também foi destruída pelo Talibã. Antes da guerra com os russos, o pai dela morreu e a mãe precisou se tornar empregada doméstica, lavando roupas e limpando casas para que a filha pudesse frequentar a escola. Nooria era a melhor aluna da turma e o sonho de sustentar a mãe finalmente virou realidade depois que ela se formou e conseguiu um emprego como professora numa escola feminina.

No dia em que começou a trabalhar, ela prometeu à mãe que esta nunca mais precisaria lavar roupas sujas de estranhos ou limpar a casa de outra mulher. Nooria nunca atrasou o aluguel ou deixou de atender às necessidades materiais da família. Ela tinha muito orgulho de poder sustentar a mãe.

Minha amiga decidiu não se casar porque o marido talvez a proibisse de sustentar a mãe, mas a irmã dela se casou e teve cinco filhos, todos muito amados por Nooria e pela mãe dela. Infelizmente, durante a guerra com a Rússia a casa da irmã foi bombardeada. O casal e dois filhos morreram. Nooria adorava as três crianças que sobreviveram e as recebeu em sua casa para sustentá-las. Ela amava os sobrinhos como se fossem filhos dela.

Depois da retirada dos russos, o país mergulhou na guerra civil, mas Nooria conseguiu manter a família unida. Então o Talibã assumiu o poder. Um dos primeiros atos foi fechar as escolas femininas. Em seguida, eles proibiram o trabalho feminino. Tantos homens tinham sido mortos nas guerras recentes que a família de Nooria era apenas uma das inúmeras famílias que não contavam com um homem adulto para sustentá-las.

Sem um homem para ganhar o pão e com o trabalho feminino proibido, de uma hora para outra a família de Nooria estava ameaçada de morrer de fome.

Apesar de não permitir que as mulheres tivessem empregos respeitáveis, os talibãs com frequência fechavam os olhos para a prostituição. Com três crianças famintas em casa, Nooria ficou desesperada. Ela fez o que era inimaginável para uma afegã respeitável: vendeu o corpo. Como era virgem, recebeu um bom dinheiro pela primeira relação sexual. No entanto, logo o ganho diminuiu e ela foi obrigada a atender a diversos clientes por noite. Como não tinha permissão para sair de casa sem um homem, precisou tomar para guardião o sobrinho de 12 anos quando saía para atender os clientes. A pobre criança precisava esperar do lado de fora, no frio, e escutar a atividade sexual da tia querida.

Foi isso o que o Talibã trouxe para o Afeganistão.

Apesar das vidas trágicas de muitas mulheres afegãs no tempo da minha infância, nunca imaginei que essas mulheres teriam que enfrentar níveis ainda mais críticos de sofrimento.

Minha tristeza era multiplicada quando eu pensava em meu pobre filho, ainda prisioneiro do pai, vivendo no mundo louco do Talibã. Como eu queria ver Duran livre daquele inferno!

No entanto, apesar de toda essa tristeza, longe do meu país e na Arábia Saudita finalmente encontrei uma fonte de alegria para completar minha vida.

Capítulo 23

No dia 31 de março de 1996, às 7h40 da noite, eu me tornei mãe novamente. Dei à luz um lindo menino, a quem imediatamente chamei de Duran. Minha família e a família de Khalid não aprovaram essa decisão, alegando que traria má-sorte chamar o segundo filho pelo nome de um primeiro filho que tinha sido perdido. Só Khalid me apoiou.

— A Maryam pode dar a nosso filho qualquer nome que a deixe feliz.

Duran era uma criança perfeita, embora eu fosse uma mãe imperfeita, que entrava em pânico ao menor gemido e corria com ele para o médico ao primeiro espirro. Depois de fazer meu motorista ultrapassar três vezes o limite de velocidade no mesmo dia para chegar ao hospital, o médico me chamou para me passar um sermão.

— Maryam, os bebês choram. O Duran está muito bem. É com você que estou preocupado.

— Desculpe, doutor, mas meu primeiro filho foi sequestrado quando não tinha nem 2 anos. Eu não o vejo desde que isso aconteceu. É por isso que eu fico tão apavorada pela saúde desse meu filhinho. Nenhum mal pode acontecer a essa criança. Eu não sobreviveria nem um minuto.

Embora o nascimento de Duran tenha trazido muita alegria a nossa família, a saúde de meu pai estava declinando. Ele precisou receber oxigênio. Os médicos disseram que dois anos eram uma expectativa de vida muito longa para ele. Khalid concordou que eu tinha que dedicar o máximo de tempo que pudesse a meu pai e decidimos que eu passaria seis meses na Virgínia e o traria de volta a Jeddah para passar os outros seis meses. Fico muito feliz por ter feito isso, porque contei com cada momento precioso da presença de meu pai antes que ele morresse.

Estávamos em Jeddah quando a saúde dele piorou. Eu estava na cama quando a empregada bateu à porta para me dizer que meu pai respirava com muita dificuldade, estava suado e com os olhos revirados. Em pânico, eu me vesti rapidamente e pedi ao motorista e ao jardineiro para levarem meu pai da cama para o carro. Corremos para o hospital. Quando estávamos chegando lá, meu pai me olhou e murmurou:

— Minha filha, estou com muito sono.

Eu o segurei, mas ele tinha partido. Saltei do carro e comecei a correr pelo estacionamento, gritando:

— Socorro! Socorro! Alguém me ajude!

Porém as enfermeiras e os médicos não conseguiram ressuscitá-lo. Meu pai tinha uma expressão de paz ao morrer, mas eu estava desvairada.

Na Arábia Saudita, nada é fácil, nem mesmo a morte. Como todos os muçulmanos, meu pai tinha manifestado o desejo de ser enterrado em Meca, nossa cidade sagrada, mas o governo saudita recusou o pedido. Telefonei para o cônsul americano e ele disse que poderia conseguir a permissão dentro de três dias. Nós não tínhamos três dias porque, de acordo com nossa religião, *temos* que ser enterrados nas 24 horas seguintes à morte. Portanto, Khalid tomou as providências para que meu pai fosse enterrado em Jeddah. Como tantos outros eventos na Arábia Saudita, os funerais também são atividade exclusivamente masculina. Os sauditas acreditam que as mulheres ficarão emocionadas demais no funeral de seus amados e talvez arranquem os cabelos ou rasguem as roupas, portanto elas têm que ficar em casa e chorar a portas fechadas. Dessa forma, fui proibida de comparecer ao enterro de meu pai. Pela primeira vez tive que admitir que meu pai tinha razão. A Arábia Saudita não é lugar para uma mulher.

A morte dele me abalou mais que a morte de minha mãe, talvez porque agora eu fosse realmente órfã.

Visitar o túmulo pode ser um conforto para quem sofreu a perda de um ser amado. Depois de uma semana, resolvi sair e visitar o túmulo de Ajab, embora as mulheres sejam proibidas de visitar cemitérios públicos. Obriguei nosso motorista a me levar ao cemitério e subornei o administrador. Uma vez lá dentro, telefonei para Khalid.

— Khalid, onde fica o túmulo de meu pai?

— Por que você quer saber?

— Porque estou no cemitério e quero visitar meu pai.

— Você está ONDE? — gritou meu marido.

— Vou visitar o túmulo de meu pai. Você pode me dizer onde ele fica ou posso caminhar pelo cemitério e perguntar a qualquer um que encontrar.

Meu marido ficou exasperado. Ele sabia que eu estava decidida. Com medo de que eu fosse presa, ele me deu as indicações para achar o túmulo, mas me mandou voltar diretamente para casa e cuidar de não ser vista por ninguém.

As sepulturas sauditas não têm lápide, mas existem marcas de identificação no chão. Khalid me orientou da melhor forma que pôde.

Coloquei flores no túmulo, disse algumas preces, conversei com ele e me senti melhor.

Estava com tanta saudade de meu pai que criei o hábito de visitar a sepultura dele uma vez por semana, apesar de nunca contar a Khalid o que estava fazendo. Meu motorista logo aceitou a situação e o administrador do cemitério ficou feliz com o dinheiro extra. Aquilo era um grande conforto para mim.

Não me importava com o fato de estar quebrando o tabu idiota dos sauditas quanto a mulheres nos cemitérios. Essas regras absurdas são feitas para ser quebradas.

Viver no Afeganistão e depois na Arábia Saudita me ensinou que as mulheres estão sempre em perigo quando não têm controle sobre as próprias vidas. Isso ficou demonstrado no caso de uma amiga muito querida, uma mulher de ascendência iraniana e saudita chamada Soraya. Eu a conheci no Egito antes de vir para a Arábia Saudita. Nós nos tornamos muito amigas desde aquele tempo.

Certo dia, Soraya me telefonou e disse que estava no hospital. Ela me pediu para ir depressa até lá. Corri para a emergência e fiquei espantada ao ver que ela estava muito doente, respirando com dificuldade. Entre uma inspiração ofegante e outra, ela começou a se maldizer por ter decidido viver na Arábia Saudita.

— Soraya! Economize o ar dos pulmões! Por favor, me diga o que aconteceu!

Ela contou que no meio da noite começou a se sentir mal e viu que estava com febre alta. Telefonou para a emergência do hospital, pedindo uma ambulância.

— Onde está seu *mahram*? — perguntou o operador que atendeu ao telefone, querendo falar com o guardião de Soraya.

— É o meu irmão, mas ele está em viagem de negócios.

— Então a senhora precisa esperar que ele volte — respondeu o homem. — Seu *mahram* precisa assinar os papéis para a ambulância trazê-la para o hospital.

— Até ele voltar, eu já vou ter morrido. Acho que estou com pneumonia — disse Soraya.

Num tom despreocupado e totalmente pragmático, o homem sugeriu:

— Se a senhora ainda estiver viva quando ele voltar, torne a telefonar para nós.

Pobre Soraya! Manifestei solidariedade à minha amiga. Eu não tinha sido autorizada a assinar os documentos para a circuncisão do pequeno Duran. Não pude acompanhar a família de Khalid numa viagem a Taif porque na ocasião meu marido estava fora da cidade a trabalho e não pôde assinar a autorização.

Contudo Soraya era uma mulher criativa. Ela se vestiu com dificuldade e se arrastou até a rua principal, onde chamou um táxi e conseguiu convencer o motorista a levá-la para o hospital. Chegando lá, ela precisou enfrentar mais obstáculos: recusaram-se a tratá-la porque seu guardião não estava lá para assinar a admissão. Felizmente, um médico ocidental interferiu e Soraya finalmente foi internada na emergência e medicada.

Infelizmente, por causa do atraso no tratamento, a pneumonia tomou conta do corpo de Soraia. Minha querida amiga não resistiu e morreu pouco depois de minha visita. Outra boa companheira estava morta em consequência das absurdas restrições sauditas contra as mulheres.

Mais uma vez, não fui autorizada a assistir ao enterro de Soraya. No entanto, como estava se sentindo culpado por minha tristeza, naquele dia Khalid se ofereceu para me levar ao cemitério em visita ao túmulo de meu pai. Foi quando me vangloriei para meu surpreso marido de visitar com frequência a sepultura de meu pai.

O coitado do Khalid deu um tapa na testa, mas me levou ao cemitério Eve.

— O que estamos fazendo aqui? — perguntei, intrigada.

— Eu pensei que você quisesse visitar o túmulo do seu pai.

Fiquei irritada por meu marido ter esquecido onde o sogro estava enterrado.

— Mas ele está no cemitério Quasuim.

Khalid olhou para mim, espantado.

— É lá que você tem ido? Ao cemitério Quasuim?

— Claro, tenho visitado a sepultura de meu pai no cemitério Quasuim!

— Maryam, seu pai não está enterrado *lá*. Ele está enterrado *aqui*, no cemitério Eve.

— Como é possível? — gaguejei. — O Stalleh me levou para lá.

Khalid começou a rir.

— Maryam, o Stalleh não assistiu ao enterro de seu pai. No dia do funeral, eu o mandei fazer outras coisas. É claro que ele pensou que seu pai estava enterrado no Quasuim, mas ele está errado.

Fiquei furiosa, pensando em todo o suborno que paguei ao administrador, nas flores que coloquei onde eu achava que meu pai estivesse enterrado, nas preces que fiz, nas longas horas que passei sentada ao lado da sepultura... de um estranho!

— Você e seu país estúpido! — gritei com meu marido. — Se estivéssemos vivendo nos Estados Unidos, eu saberia onde meu pai estava enterrado e poderia visitá-lo abertamente! Até mesmo no Afeganistão eu poderia enterrar meu pai e visitar sua sepultura.

Khalid achou o incidente divertido, mas eu estava furiosa. Outra decepção me aguardava, quando descobri que o responsável pelo cemitério Eve não aceitava suborno. Fiquei profundamente ferida quando Khalid e Duran puderam entrar e visitar o túmulo de meu pai enquanto eu era banida e obrigada a esperar do lado de fora, sob o sol causticante.

Nunca mais pude visitar o túmulo de meu pai. Ironicamente, durante alguns meses cuidei carinhosamente da sepultura de outro homem.

Apesar de ser muçulmana e ter crescido num país muçulmano, eu gostava mais de conviver com ocidentais do que com sauditas. Na sociedade saudita as mulheres tinham inibições demais. Virei um membro ativo do Comitê das Senhoras Americanas de Jeddah, onde nos mantínhamos ocupadas com atividades beneficentes.

Aos 4 anos, meu pequeno Duran era uma criança feliz e ajustada, com um pai carinhoso e uma mãe cheia de amor. Ele era muito inteligente e extremamente sensível e dedicado às outras pessoas, o que eu considerava melhor ainda. No entanto, o amor por esse filhinho não alterou o amor por meu primeiro filho, que eu agora chamava de "Duran Grande". Pensava nele muitas vezes por dia e lamentava ter perdido sua infância. O Duran Grande era doze anos mais velho que o Duran Pequeno, portanto estaria agora com 16 anos, um adolescente, o que eu achava impossível imaginar.

Quando o Duran Pequeno alcançou a idade de compreender, contei que ele tinha um irmão mais velho que um dia viria fazer parte de sua vida. Meu filhinho ficou muito excitado com a ideia e começou a guardar os brinquedos de que mais gostava, dizendo que ia dá-los ao irmão quando ele viesse nos visitar.

Quando pensava que Duran Grande estava se tornando um homem sem sequer saber que tinha uma mãe que nunca parou de procurá-lo, eu tinha o impulso de tentar visitar o Afeganistão. Embora o país ainda fosse controlado pelo Talibã, eu não me importava. Contudo, por saber que Kaiss tinha ameaçado me matar se eu entrasse em meu país, meu marido me proibiu de tentar. Apesar disso, redobrei os esforços para localizar meu filho e as novas tecnologias abririam caminhos de pesquisa para mim.

Capítulo 24

Em 2000, quando Khalid e eu começamos a ter acesso à internet, mandei criar uma página em homenagem a Duran Grande. Nela publiquei a história de minha vida e tudo o que sabia sobre meu filho. Despedia-me com um pedido: "Não vejo meu filho há quase quatorze anos. Ele foi tirado de mim quando tinha apenas 2 anos. No dia 27 de janeiro ele vai fazer 16 anos. Em meus sonhos, estou com meu filho. Por favor, ajudem-me a encontrá-lo."

Muitas pessoas foram solidárias, mas uma, em especial, começou a me mandar mensagens de provocação, afirmando conhecer a família de Duran.

Pedi mais informações e a resposta foi: "Se você quiser saber mais sobre seu filho, primeiro precisa se tornar minha amiga."

Respondi: "Serei sua amiga, mas primeiro preciso ter notícias diretas de meu filho."

Nunca mais tive notícias dessa pessoa, mas sempre me perguntei quem seria aquele correspondente anônimo.

Escrevi para três ministros do Talibã. Como eles eram considerados religiosos, apelei para sua caridade e pedi ajuda: "Um verso do Alcorão afirma que o céu fica embaixo dos pés das mães. Se vocês forem realmente muçulmanos, ajudem-me a entrar em contato com meu filho."

Eu não tinha muita esperança de obter resposta e fiquei surpresa quando um dos ministros do Talibã telefonou para minha casa na Arábia Saudita. Ele me disse com firmeza, mas de forma gentil:

— Sou muito amigo do pai de Duran, Kaiss. Duran é um bom garoto e é leal ao pai. Ele vai muito bem, mas pertence ao pai. Deixe-o em paz. Ele tem uma família e a família dele está aqui.

Amaldiçoei aquele talibã, pensando que todos os homens se unem contra as mulheres.

Comecei a reunir informações de amigos que permaneceram no Afeganistão dominado pelo Talibã. Não fiquei surpresa quando soube que Kaiss tinha passado para o lado dos novos poderosos. Ele agora maldizia o regime comunista ao qual tinha servido e estava numa posição de poder próxima da liderança. Também ouvi dizer que depois que minhas cartas chegaram aos ministros talibãs, estes alertaram Kaiss e colocaram uma guarda para proteger meu filho de mim, de sua própria mãe. Outros amigos me disseram que meu filho tinha sido treinado em inglês técnico e que seus talentos de informática eram usados pelo Talibã para os propósitos do regime. Talvez meu filho estivesse mais seguro do que eu imaginava, embora não me agradasse saber de sua associação íntima com homens que eu considerava criminosos. Evidentemente, meu filho adolescente estava sendo usado pelo pai como um peão para aumentar seu prestígio com os dirigentes talibãs.

Quando eu pensava que as coisas não pudessem ficar piores, elas se agravaram.

No dia 11 de setembro de 2001, eu estava em Jeddah vendo pela TV as cenas terríveis que vinham dos Estados Unidos. Urrei de desespero diante da visão de tanta morte e destruição. Eu amava os Estados Unidos e os americanos, o país e o povo que me receberam quando meu próprio país estava em chamas. Não podia suportar a visão do sofrimento de inocentes numa escala tão assustadora.

Quando ouvimos a notícia de que Osama Bin Laden era responsável pelos ataques e estava sendo protegido pelos talibãs no Afeganistão, ficou claro que agora os dias daquele grupo estavam contados. Os Estados Unidos teriam que deflagrar uma ação militar em resposta ao ataque a seu território.

Quando as bombas americanas começaram a cair sobre meu país, cheguei muito perto de ter um colapso nervoso porque sabia que meu filho estava vivendo na região que era alvo do bombardeio. Deus o manteve seguro durante a guerra contra a Rússia e durante a guerra civil, mas agora o Afeganistão estava em guerra com os Estados Unidos, a nação mais poderosa do mundo! Será que algum dia meu país ia conhecer a paz?

Segurei o Alcorão e rezei: "Alá, por favor, salve o povo do Afeganistão. Alá, por favor, salve meu filho."

O bombardeio sobre o Afeganistão foi tão devastador que, segundo os noticiários, as pessoas simplesmente evaporavam. Será que meus olhos algum dia voltariam a ver meu filho? Fui a Meca, apoiei a mão sobre a porta da Kaaba e pedi a Alá que protegesse meu filho querido daquelas bombas.

Em dezembro, a infantaria americana entrou em ação e tirou do Talibã o poder sobre minha terra natal. Os amigos que moravam no país informaram que Kaiss ainda estava com os talibãs e Duran estava com ele. Meu maior medo era de que os militares americanos matassem meu filho adolescente acreditando que ele fosse um talibã.

Escrevi dezenas de cartas para a embaixada americana contando tudo o que sabia sobre Kaiss e Duran e pedindo que eles procurassem meu filho e o devolvessem para mim. Fiquei arrasada quando me disseram que Duran tinha completado 18 anos em janeiro e agora era considerado adulto, tendo saído da jurisdição da autoridade americana. Pela lei americana meu filho tinha o direito de viver com quem quisesse. A única maneira de trazê-lo de volta para mim seria pela própria vontade dele.

Foi quando fiquei sabendo que meu primo Farid ia para o Afeganistão recuperar e reabrir os negócios da família. Fiquei alarmada. Com exceção de alguns escassos redutos controlados pelos americanos, o Afeganistão ainda era uma terra selvagem e violenta.

— Você tem um bom emprego em Paris! — argumentei. — Por favor, não arrisque sua vida por esse motivo, Farid.

— Mas esse é um momento especial, Maryam. Nossa terra precisa de cidadãos patrióticos. — Ele acrescentou: — Além disso, alguém tem que ir para lá e encontrar seu filho!

Meu coração parou por um instante. Farid sempre foi meu protetor especial, mesmo agora que eu era uma mulher adulta e casada. Ele operava milagres. Talvez fosse capaz de finalmente trazer Duran de volta para mim.

No entanto, antes que meu primo chegasse a Cabul, recebi um telefonema de um parente, que me deu as notícias mais espantosas: ele conseguira ver Duran!

— Maryam, seu filho é um garoto feliz. Ele fala inglês fluente e é um gênio da computação. Ele já começou o primeiro ano da universidade.

— Vou para Cabul agora mesmo! — gritei ao telefone.

— Não, Maryam, ele não quer te ver. Eu contei a ele sobre você. Ele sabe que tem uma mãe, mas sofreu uma lavagem cerebral. Ele acredita que você o vendeu para o pai por 5 mil dólares.

Desliguei o telefone na maior agitação. Apesar de estar triste por saber que meu filho não queria ter qualquer contato com a mãe, estava radiante pela certeza de que ele estava vivo e sabia da minha existência. Pelo menos, aquilo era o início. Naquele dia, voltei a ter esperança e meu coração me disse que finalmente eu ia rever Duran. Talvez isso não acontecesse amanhã ou nem mesmo naquele ano, mas um dia eu ia rever meu filho perdido havia tanto tempo. No entanto, certa de que o pai iria continuar a envenená-lo contra mim, comecei a pensar se o melhor não seria encontrá-lo em território neutro. Quem sabe eu pudesse levá-lo para os Estados Unidos?

Minha irmã Nadia viajou para Cabul na primavera de 2002. Enquanto estava lá, ela tentou ver Duran, mas descobriu que ele já não estava mais na cidade. Nadia me telefonou para passar as últimas novidades.

— Maryam, pelo menos você não precisa se preocupar com a segurança de Duran. Kaiss mudou de lado mais uma vez. Primeiro ele apoiou os comunistas, depois o Talibã e agora está ajudando os americanos contra o regime.

Quando se tratava de Kaiss nada podia me surpreender. Aquele homem não era leal a ninguém. Ele mudava de lado com a mesma facilidade com que mudava de posição na cama.

Decidi imediatamente que não podia esperar nem mais um minuto.

— Nadia, eu também vou para Cabul. Vou para casa encontrar meu filho.

Nadia gritou:

— NÃO! Você não pode vir, Maryam. Sua presença aqui vai colocar em risco a vida de todo mundo.

— Por quê?

Nadia passou telefone para um primo nosso, que explicou pacientemente:

— Kaiss fez planos cuidadosos para o dia em que você tentasse ver seu filho. Ele espalhou muitas mentiras e virou todos contra você. Quando chegou de volta, Kaiss espalhou que a mãe de Duran era uma americana não muçulmana que morreu. Ele nunca admitiu o fato de ter sequestrado Duran. Quando a nossa família relatou a verdade para as autoridades, eles apelaram para a tribo de Kaiss. Os líderes da tribo concordaram em interrogar seu ex-marido. Eles vão perguntar de novo a ele por que saiu dos Estados Unidos. Se eles decidirem que ele mentiu, ele será obrigado a usar o chador.

Forçar um homem a usar um chador é um insulto terrível. No entanto, quando um homem mentiu ou se comportou de maneira vergonhosa, os mais velhos da tribo podem condená-lo a usar aquele traje. Se isso acontecesse a Kaiss, ele seria ridicularizado por todos. Na verdade ele seria obrigado a sair do país para evitar a vergonha.

Meu primo continuou:

— No entanto, Maryam, se os mais velhos decidirem que a culpa do divórcio foi sua e não dele, você será condenada à morte, mesmo sendo cidadã americana.

— Ah, é assim? Então a punição do homem é ser humilhado, mas a da mulher é a morte? — Meu sangue fervia. — Quer saber? Vou ao Afeganistão e vou levar meu ex-marido à justiça. Com os americanos, a história será diferente.

Meu primo elevou a voz:

— Você acha que as tribos afegãs seguem a lei americana? Kaiss vai dizer e fazer o que quiser e eles vão acreditar nele, porque ele é um homem. Você sabe que as mulheres não têm poder. Você sabe que a palavra de um homem vale mais que a palavra de uma mulher. Ninguém vai acreditar no que você disser, porque você é mulher. Se vier para Cabul, você vai provocar uma guerra entre duas tribos. Nesse caso, quem vai cuidar de nossos filhos?

Fiquei tremendo de ódio quando meu primo prosseguiu:

— Seu filho agora sabe que você existe. Se ele quiser ver você, vai procurá-la. Se ele não quiser, aceite seu destino. Agora, por favor, nos deixe em paz!

Nadia voltou ao telefone e perguntou:

— Agora você entendeu?

Minha decepção foi imensa. Eu esperava impacientemente um contato de Duran Grande e sonhava com nossa primeira conversa. O que diria a meu filho? O que ele me diria? Parecia simples: eu diria a ele o quanto o amava e como tinha saudade dele.

No entanto, para meu desespero, não tive notícias de Duran. O silêncio foi total. Parecia claro que Kaiss tinha virado meu filho contra mim. Com o coração pesado reconheci o fato de que talvez nunca mais visse Duran Grande.

No verão de 2003, Duran Pequeno e eu fomos visitar minha prima Zeby, que estava vivendo em Dusseldorf, na Alemanha. Estávamos relaxando e tomando o café da manhã quando o telefone tocou. Das palavras de Zeby, deduzi que era Khalid. Então ela murmurou:

— Ah, meu Deus amado, muito obrigada!

E começou a chorar.

Corri até ela. Eu a vi escrever um número de telefone. Os dois primeiros números eram 93, o código telefônico internacional do Afeganistão.

Perdi completamente a compostura e comecei a correr pela sala como uma criança.

— *É o telefone de Duran! Ele chamou!*

Zeby tentou me acalmar. Eu não consegui conter a excitação e tomei o telefone dela.

— Khalid? Khalid? Ele chamou?

— Meu amor — disse meu marido, com sua voz doce —, respire fundo. As notícias são boas. Ouça, sua irmã está novamente em Cabul. Ela encontrou seu filho. Ele telefonou para você. — A voz de Khalid falhou. — Ele deixou o número do telefone. Ligue para ele. Vou desligar agora, depois me conte o que ele disse.

Eu estava fora de mim de tanta alegria. Talvez Nadia finalmente tivesse reconhecido o papel que desempenhou na perda de meu filho. Se ela fosse a responsável por nossa reunião, eu perdoaria tudo o que ela fez.

Disquei o número de Duran, errando várias vezes. A combinação de dedos trêmulos e lágrimas tornava aquela ação impossível.

Finalmente, o marido de Zeby pegou o telefone e discou o número para mim.

Meu coração batia com toda força. Todas as palavras ensaiadas sumiram da minha mente.

Uma voz masculina atendeu.

— Alô.

Com certeza aquele homem não era meu pequeno Duran.

— Alô? — falei com a voz embargada.

O homem repetiu:

— Alô!

— Duran?

— Sim?

— É sua mãe, Duran. Sua Mano! — comecei a soluçar. — Você se lembra de quando era pequeno? Você me chamava de Mano.

A voz fria respondeu:

— Por favor, pare de chorar.

Quem era aquele homem ao telefone? Era meu filhinho?

— Parar de chorar? Parar de chorar? Como eu posso parar de chorar? Estou esperando por esse momento há dezessete anos!

Todas as palavras erradas se precipitaram de minha boca.

— Ouça, vou até você agora mesmo. Vou pegar um avião para Cabul.

Mas um homem gritou de volta:

— Eu a proíbo de vir para cá.

— Proíbe? Mas, Duran... meu filho... meu amor, eu preciso te ver.

Aquela voz fria que estava me matando ficou mais fria ainda.

— Escuta aqui, dona, trate de não vir para cá. Se você mostrar sua cara feia por aqui, eu me mato.

Eu chorava convulsivamente.

— Por quê? Por que você diz isso? Eu sou sua mãe. Eu só vivi para o dia de te ver de novo. Eu...

— Escuta aqui, dona, não existe divórcio na lei de Paktia.

Eu não conseguia pensar. Por que meu filho me chamava de "dona" com aquele tom de voz cheio de ódio? Por que ele estava sendo intencionalmente cruel?

Quando não respondi, ele gritou:

— Como você se atreveu a se divorciar de meu pai?

— Duran, Duran, não é o momento de falar sobre isso, mas se você precisa saber, eu me divorciei do seu pai porque ele me espancava.

— Meu pai disse que você não quis ficar comigo depois do divórcio e que me vendeu para ele por 5 mil dólares. Ele me disse que você nunca me amou.

Meu coração batia acelerado. Apertei o peito como proteção.

— Duran, ouça o que vou dizer. — Minhas palavras se atropelavam, na tentativa de fazê-lo entender. — Isso não é verdade. Posso mostrar documentos que provam que seu pai sequestrou você. Duran, seu avô e eu fizemos de tudo para encontrá-lo. Você precisa acreditar. — Fiz uma pausa. — Duran, você não vai me chamar de *Mouri*? (*Mouri* significa mãe em pashto).

— Antes que eu te chame de mãe, você precisa responder a muitas perguntas — disse ele, friamente. — Então vou decidir se quero te ver.

Zeby pegou a extensão.

— Agora vocês dois precisam se acalmar. Essa é a primeira conversa. É emoção demais para os dois.

Duran desligou sem dizer mais nada.

Eu estava tão abalada que mal podia falar. Durante anos tive o sonho de conversar com meu filho e lhe falar do meu amor e de como nunca parei de procurá-lo. Agora, o sonho tinha se transformado num pesadelo. Meu filhinho, meu adorável Duran, parecia não ter amor pela mãe. Na verdade, ele dava todos os sinais de me detestar.

Zeby tentou me consolar, em vão.

— Maryam, o pai de Duran passou dezessete anos fazendo a cabeça dele. O garoto não sabe o que pensar. Ele vai mudar de opinião, dê um tempo a ele.

Chorando lágrimas amargas, telefonei para Khalid e contei o que havia acontecido. Como sempre, meu marido não se perturbou.

— Não se preocupe, meu amor. Ele vai voltar a telefonar quando estiver pronto para isso. E isso pode levar algum tempo.

Sentia-me como um animal enjaulado, andando de lá para cá, cheia de medo de ter dito as coisas erradas. Queria gritar com meu marido imperturbável e descontar nele meu mal-estar. Dar-lhe um tempo? Dezessete anos não era tempo suficiente para viver sem meu filho?

Duran tornou a telefonar dois dias depois. Dessa vez consegui controlar meus sentimentos, mesmo com dificuldade. Pedi a Deus que ele estivesse me chamando por ter alguma lembrança do passado, mas infelizmente não se tratava disso. Ele só me procurou por uma razão: estava preocupado com o pai. Tinha medo de que eu fosse criar problemas para Kaiss.

— Sua irmã me contou a história. Eu volto a falar com você se prometer perdoar meu pai. Você não pode abrir um processo contra ele. Você não pode criar problemas para ele.

Eu teria prometido a meu filho qualquer coisa que o fizesse manter contato.

— Meu filho, eu prometo não fazer nada para prejudicar seu pai.

— Você também tem que perdoá-lo

Fiz uma longa pausa antes de dizer aquelas palavras difíceis, apesar de saber que faria praticamente qualquer coisa para reencontrar meu filho.

— Está bem, eu perdoo seu pai, Duran.

Instantaneamente, ele mudou de tom e, por estranho que pareça, começou a falar num tom amigável e a fazer planos para deixar o Afeganistão.

— Acho que vou estudar na Índia. Posso deixar você me ver lá. Mas nunca vou querer ir para os Estados Unidos, porque foi lá que você se divorciou de meu pai.

Eu queria meu filho comigo na Arábia Saudita ou que ele fosse a meu encontro nos EUA, mas tentei ser paciente.

— Duran, só quero que você seja feliz. Vou fazer o que você quiser.

Ele pareceu satisfeito por ver que me controlava.

Algumas semanas depois de minha volta para Jeddah, ele telefonou pela terceira vez. Três telefonemas em menos de um mês! Eu estava fora de mim de tanta alegria. Durante o terceiro telefonema, ele de repente me chamou de "*mouri*".

— Duran! Meu filho!

Então fiquei espantada porque ele confessou que agora acreditava em mim e já não achava mais que eu o tivesse vendido para o pai dele por 5 mil dólares.

— Escute — disse ele —, eu confrontei meu pai. Agora sei que ele mentiu para mim. Eu não gosto mais dele, eu o detesto. Estou cheio da vida no Islã. Agora resolvi ir para os Estados Unidos.

Meu filho não sabe o que quer, pensei. Primeiro ele detestava os Estados Unidos e agora queria ir para lá e viver lá.

— Por que você não vem para cá, para a Arábia Saudita, morar comigo e com a minha família?

— Eu detesto os árabes — disse ele, com uma segurança perturbadora. — É isso mesmo, eu detesto os árabes.

Não respondi, mas fiquei insegura com essa afirmativa. Afinal, o padrasto dele era árabe e o irmão menor era meio-árabe.

Imediatamente após nossa conversa, procurei a embaixada americana em Cabul e disse que meu filho tinha finalmente entrado em contato comigo. Eu queria tomar as providências necessárias para que ele recebesse um passaporte americano. Se Duran queria ir para os Estados Unidos, sua mãe, cidadã americana, faria todo o possível para realizar aquele desejo.

Uma semana depois, ele me telefonou pela quarta vez, novamente com uma mensagem perturbadora.

— Meu pai me disse que vai me deserdar se eu me encontrar com você. Ele disse que eu não vou mais ser filho dele. Quando eu falei que ia para os Estados Unidos, ele bateu em mim. Tive que fugir. Meu pai está me procurando por toda parte. Está ameaçando me matar.

Fiquei muda de espanto. Eu realmente acreditava que Kaiss fosse capaz de matar Duran para impedi-lo de me ver. Minha cabeça fervia.

— Onde você está agora?

— Eu me escondi. Estou sendo protegido pelos combatentes da Aliança do Norte.

Não gostei do que estava ouvindo. Kaiss tinha uma associação muito forte com os talibãs, que usaram os conhecimentos de meu filho em prol de sua causa. Eu sabia que o Talibã e a Aliança do Norte eram inimigos mortais. Talvez aqueles soldados também tentassem matar meu filho.

Para mim, o Afeganistão estava cheio de assassinos, todos procurando por meu filho. Se eu pudesse entrar no país, defenderia Duran com as mãos nuas, mas estava na Arábia Saudita, longe demais para protegê-lo.

Encontrar meu filho somente para perdê-lo novamente era demais. Foi quando pensei em Farid. Graças a Deus, meu primo ainda estava em Cabul, tentando restaurar os negócios do pai. Telefonei para ele, dei as informações que tinha sobre Duran e pedi que ele o encontrasse e o protegesse do pai.

— Não se preocupe, *irmãozinho* — respondeu ele, rindo. — Prometo de todo o coração que vou proteger seu filho.

De fato, em poucos dias Farid conseguiu localizar Duran, não sei como. Ele levou meu filho para a embaixada americana em Cabul. Lá, o garoto foi entrevistado pelo pessoal consular. Eles disseram que não teriam problemas em dar a Duran um passaporte americano, *se* ele fosse meu filho, mas que seria necessário um teste de DNA para provar que ele era quem afirmava ser.

Imediatamente, decidi ir até onde meu filho estava para fazer o teste e resolver esse problema de uma vez por todas. Era difícil demais fazer os testes no Afeganistão e sugeriram que eu fosse ao encontro de Duran no Paquistão. As autoridades americanas providenciariam o teste de DNA naquele país.

O maior obstáculo era o fato de que meu filho não tinha um passaporte válido. Foi decidido atravessar Duran pela fronteira. Eu não sabia por onde começar a tomar as providências para isso, mas ainda dessa vez o abençoado Farid cuidou de todos os detalhes. Meu primo conseguiu contrabandistas confiáveis, homens que cruzavam ilegalmente a fronteira há muitos anos.

Como eu poderia agradecer a Farid? Meu primo, meu "irmão mais velho" constantemente demonstrava uma incrível dedicação a mim. No entanto, alguns dias antes de Duran embarcar nessa perigosa viagem para o Paquistão, meu primo me telefonou, visivelmente preocupado.

— Maryam, preciso avisá-la: não deixe o Duran usar seu telefone celular quando você encontrá-lo no Paquistão. E não lhe dê dinheiro.

— Por que você está dizendo isso?

Farid fez uma longa pausa.

— Maryam, para ir da felicidade ao desastre, basta um pequeno passo.

— O quê? De que você está falando, Farid?

Percebi que meu primo estava escolhendo as palavras com muito cuidado; na verdade, com excesso de cuidado.

— Ele é seu filho, Maryam, mas sinto que não o conheço. Faça o que eu digo, tenha muito cuidado.

Conhecia Farid tão bem quanto me conhecia. Ele estava apreensivo. O que teria acontecido para despertar essas suspeitas sobre meu filho?

Eu estava atormentada pela preocupação, mas estava perto demais do reencontro com que sonhava há quase dezoito anos.

Nada podia me manter longe de Duran.

Capítulo 25

Khalid ficou muito preocupado por eu ir sozinha para o Paquistão para me encontrar com Duran.

— E se Kaiss estiver esperando por você? Isso pode ser uma armadilha, Maryam.

Balancei a cabeça e afastei Khalid.

— Nada vai me impedir de me encontrar com meu filho.

Meu marido suspirou.

— Não vejo meu filho desde 1986, Khalid. Essa é a chance pela qual venho esperando há tanto tempo.

Khalid se sentou pesadamente no sofá e ficou olhando para mim.

Tentei fazê-lo entender:

— Imagine como você se sentiria se alguém tivesse levado o Duran Pequeno. Ninguém ia conseguir te impedir de procurá-lo. Eu preciso ir, sinto muito. Mas prometa que se alguma coisa me acontecer no Paquistão você vai cuidar do Duran Pequeno.

Khalid engasgou.

— Eu vou, meu amor. Eu vou.

Eu sabia que ele faria isso. Meu marido saudita não se parecia em nada com a maioria dos conterrâneos. Ele nunca mudou, sempre foi o mesmo admirador cheio de consideração, tal como era quando eu o conheci. Eu sabia que tinha sorte.

Quatro dias depois, em 25 de julho de 2003, Duran saiu de Cabul para Peshawar na companhia de cinco contrabandistas de pessoas. No dia seguinte, peguei um avião de Jeddah para Islamabad. De lá, um ônibus para Peshawar. Algumas das janelas do veículo estavam quebradas, fazia calor e o veículo estava cheio, mas nada disso me incomodou. Eu ia ver meu filho.

Quando saí de Islamabad, o sol estava se levantando, tingindo as edificações de rosa e as sombras das árvores de azul. Nuvens de poeira eram levantadas pelos carros à nossa frente. Eu sentia aquela poeira fina dentro do nariz e entre os dentes. Todas as visões e sons do mundo onde cresci me vieram à lembrança. Subitamente, fiquei consciente da minha idade, pois não vinha àquela região há mais de vinte anos, desde que meu pai e eu deixamos minha mãe numa sepultura na Índia e fomos para os Estados Unidos. Papai e eu saímos dali com o espírito fraco pela imensa dor da perda de minha mãe. Agora eu estava voltando sozinha. Se pelo menos meu pai tivesse vivido para voltar a ver Duran!

Eu realmente ia voltar a ver meu filho, por fim! Para mim, ele ainda era o garotinho bochechudo que ria para sua Mano. Era quase impossível imaginar meu filhinho desaparecido como o homem adulto que devia ser agora.

Passei toda a viagem para Peshawar sonhando acordada. Nem o rosto marcado da mãe exausta sentada ao meu lado, nem o canto incessante do motorista do ônibus me afetavam. Só via o rosto de Duran quando pequeno. Eu tinha guardado na memória o endereço onde nos encontraríamos: o quarto número 114 do Green Hotel de Peshawar.

Invadi o quarto sem bater à porta. A primeira coisa que vi foram cinco homens com longas barbas, vestidos nos trajes tradicionais afegãos, os contrabandistas de pessoas que transportaram meu filho pela fronteira. Soltei uma exclamação quando vi um jovem imberbe sentado na cama. Ele vestia roupas ocidentais esportivas. Corri para ele e contemplei seu rosto. Uma felicidade imensa, sem precedentes, tomou conta de mim. Eu o puxei para mim, chorando:

— Se isso é um sonho, Alá, por favor, não me acorde! Meu filho! Meu filho!

Eu sentia que aquele era o momento mais feliz da minha vida.

Duran não respondeu.

— Você é tão bonito, meu filho! — disse, tentando recuperar o autocontrole.

Ele ficou distante e me olhou friamente.

— Você acha que eu devo fazer uma cirurgia plástica? — perguntou, inesperadamente. — Detesto esses meus malares salientes!

Os cinco contrabandistas começaram a gargalhar. Um deles gritou, entre risadas:

— A mãe chora por ver o filho, mas o filho está preocupado com o próprio rosto!

Duran olhou para os homens e depois pareceu ficar sem graça.

— Estou feliz por você ter vindo me buscar — ele finalmente admitiu.

Fiquei ruborizada de alegria.

— Duran, meu filho, você nunca vai saber como eu esperei por esse momento.

Os contrabandistas se entreolharam e se levantaram.

— Nós vamos deixar vocês a sós — disse o líder deles. — Vocês precisam conversar em particular.

Eu sorri, pedindo-lhes para saírem rápido. Estava ansiosa por ficar sozinha com Duran. Queria fechar o abismo criado pelo tempo. Para conseguir meu objetivo, precisávamos nos conhecer e contar um ao outro os detalhes de nossa vida durante todos aqueles anos de separação.

Duran resmungou:

— Uma vez, vi uma fotografia sua com meu pai. Você estava usando um vestido branco. Eu disse a meu pai que aquilo parecia uma foto de casamento e que você parecia ser a noiva.

— E o que ele disse?

— Ah, ele disse que foi a um casamento nos Estados Unidos e que todo mundo queria tirar uma foto com ele. Ele disse que você era uma garota maluca que estava no casamento. Mas eu nunca mais tornei a ver aquela fotografia. Meu pai deve ter escondido.

Concordei, sentindo que Duran estava abrindo uma porta para falarmos sobre o pai dele e sobre as mentiras que criaram um fosso entre nós. Contudo, evitei dizer qualquer coisa negativa sobre Kaiss. Talvez aquele momento fosse um teste. Eu pensei que Duran podia estar procurando um motivo para se afastar de mim.

Naquele dia, eu me concentrei nas coisas positivas.

Sorri, olhando para meu filho. Nunca me cansava de ver seu rosto, seus cabelos e suas mãos.

— Por favor, continue a falar — pedi. — Quero ouvir sua voz.

Ele grunhiu.

Mordi os lábios, me sentindo à beira de um abismo. Qualquer passo em falso colocaria tudo a perder.

— Como era sua madrasta, Duran? Ela era legal com você?

Ele deu de ombros.

— Ela era legal. Era uma idiota. Às vezes era bondosa, mas também podia ser má. Quando meu pai me batia, às vezes ela tentava me proteger.

— Oh! — coloquei a cabeça entre as mãos. Eu deveria estar presente para proteger meu filhinho. Engolindo em seco, perguntei: — Seu pai era mau com você, Duran?

— Só quando eu não fazia o que ele mandava. Então ele me batia.

Aquilo era a cara do Kaiss. Sua resposta para qualquer perda de controle sempre foi usar os punhos. Soltei um profundo suspiro.

— Conte-me tudo, Duran, as coisas boas e as más.

Então, o muro de silêncio caiu e meu filho começou a falar.

Ele contou que quando tinha mais ou menos 6 anos, estava olhando por uma janela do segundo andar da casa do pai e alguém o empurrou. Ele caiu da janela e teria morrido se não tivesse sido aparado por uns arbustos altos. Ele nunca descobriu se foi empurrado pelo pai ou pela madrasta.

Ele contou que num dia de frio em que não tinha feito o dever de casa, o pai perdeu a paciência e bateu muitas vezes na cabeça dele. Depois abriu a porta da frente e jogou a criança para fora, na neve. Enquanto meu filho estava lá, caído e tremendo de frio, o pai gritou que ele teria que passar a noite lá fora, no meio da neve. Talvez aquilo lhe servisse de lição.

Fiquei sabendo que meu pobre filhinho, completamente só, de alguma maneira conseguiu caminhar a longa distância até a casa do tio, onde foi finalmente recebido para se aquecer. Vi meu filhinho lutar contra os bancos de neve, vestindo apenas um pijama leve.

Fiquei sabendo que depois de Kaiss trabalhar para os russos, meu filho muitas vezes viu o pai bêbado; que Kaiss comprou um belo piano e fez o filho aprender a tocar; e que depois da retirada soviética, quando o Talibã assumiu o poder, as bebidas alcoólicas foram proibidas e o piano foi destruído.

Duran contou que, para os talibãs, Kaiss fingiu ser um homem religioso. Ele contratou clérigos para ensinar meu filho a memorizar o Alcorão.

Soube que um líder talibã procurou Kaiss e lhe disse que o movimento tinha muita gente capaz de recitar o Alcorão, mas precisava de um estudante que falasse inglês, como meu filho, para aprender tudo sobre computadores. Dessa forma, Duran virou um especialista em tecnologia de informação para o Talibã.

Soube que meu filho logo começou a detestar o regime. Ele amava o piano, as canções, as danças e os filmes. Quando o Talibã assumiu o poder, todos esses prazeres desapareceram ou foram proibidos.

Soube que meu filho odiava tanto o Talibã que passou a detestar o Islã. Ele estava até mesmo pensando em se tornar cristão, o que fez sangrar meu coração muçulmano.

À medida que contava suas histórias, Duran foi ficando suado e parecendo se sentir muito mal.

Para mudar um assunto que parecia tão perturbador, pedi que ele cantasse para mim. Meu coração cresceu no peito quanto ele abriu a boca e ouvi sua linda voz.

Naquela noite, dormi o sono mais tranquilo de minha vida desde que meu filho foi roubado de mim.

No entanto, no dia seguinte um dos contrabandistas me chamou de lado e tentou me prevenir contra meu filho, dizendo baixinho:

— Sabe, é possível que o pai tenha mandado seu filho se encontrar com a senhora só para conseguir um passaporte americano. Talvez seu filho não esteja dizendo a verdade.

Eu olhei para Duran, que estava envolvido numa conversa animada com dois outros contrabandistas.

— Talvez isso seja verdade, mas é um risco que preciso correr.

Tive o impulso de mudar de assunto e comentei com aquele homem bondoso:

— Não sei se seria capaz de reconhecer meu país agora. Eu me pergunto se os edifícios que eram famosos no meu tempo ainda estão de pé.

O contrabandista ergueu uma sobrancelha.

— Muito poucos. Todos os nossos tesouros desapareceram. O Talibã destruiu tudo o que era bonito.

Senti-me imensamente triste por meu país, que tinha atravessado um surto de prosperidade na minha infância. Porém aqueles tempos eram passado e tempos piores vieram na conturbada história do Afeganistão. Agora tudo estava perdido. Pela primeira vez em muitos anos pensei no que teria acontecido aos tesouros de minha família, como a coleção de selos do avô Hassen e minha preciosa coleção de moedas. Parecia ter passado um tempo infinito desde que guardei cuidadosamente aquelas preciosidades em meu quarto. Alguma criança as teria encontrado?

No dia seguinte fomos para Islamabad para que Duran e eu pudéssemos fazer nossos testes de DNA e ele adquirisse o passaporte americano. Apesar de saber que talvez Kaiss tivesse preparado uma armadilha e que aquele jovem fosse um dos milhares de órfãos deixados para trás pela guerra, meu coração me dizia que ele era realmente meu filho. Contudo, eu sabia que os americanos não aceitariam o instinto materno como substituto para uma prova científica.

A embaixada americana tinha sido notificada de nossa missão. Com uma atitude profissional eles colheram amostras de nós dois e nos informaram de que seria preciso esperar de duas a seis semanas pelos resultados.

Fiquei perplexa.

— Duas a seis semanas? Onde vamos ficar? Não podemos ficar onde estamos, num hotel barato com contrabandistas. — Olhei ao redor. — Não podemos ficar aqui?

O pessoal diplomático não se preocupou com nossa situação. Eles não tinham interesse em se envolver pessoalmente.

Não havia nada a fazer se não voltar para os coiotes. Aqueles homens aceitaram cuidar de nós e de nossa segurança durante toda a nossa estadia forçada.

Duran me tratava com reserva. Seu humor continuava imprevisível. Num momento ele abria o coração e no momento seguinte se afastava de mim com raiva e suspeita.

Um dia, ele protestou:

— E daí se ele batia em você? Isso não era motivo para pedir o divórcio. Ele era seu marido e o marido tem direito de bater na mulher.

Tive um calafrio. O que o Kaiss ensinou a meu filho?

— Não, um bom marido não bate na mulher, Duran — respondi cautelosamente.

— Está escrito no Alcorão que o marido pode bater na mulher. Isso é permitido.

— Bem, não é permitido nos Estados Unidos — gaguejei.

Ele desviou os olhos, evitando olhar diretamente para mim.

— Meu pai diz que toda mulher precisa apanhar, para conhecer seu lugar.

— Seu pai batia na sua madrasta?

Duran assentiu devagar.

— Sim, e eu detestava ouvir os gritos e o choro dela. Ele não deixava ela ver a família, ela não podia ir às festas para mulheres nos casamentos. Tinha que ficar em casa o tempo todo. Eu me lembro de um dia em que ele estava batendo nela e aí ela ameaçou me pegar e desaparecer. Ela disse que ele nunca mais ia me ver.

Minha garganta ficou apertada. Meus piores temores eram reais. Duran realmente foi espancado. Ele viu a madrasta ser espancada. Kaiss ainda era um sádico e meu filho foi prisioneiro do mundo sádico do pai.

— Depois dessa ameaça, minha madrasta ficou grávida e meu pai a manteve presa o tempo todo para ela não poder fugir. Eu tenho sete irmãos e irmãs.

— Duran, eu sinto muito.

Ele soltou uma risada sarcástica.

— Não faz mal, isso me transformou num homem.

Senti um frio na espinha.

Durante aquelas semanas, diversas vezes surpreendi Duran pegando meu telefone celular e telefonando para o Afeganistão. Lembrei-me dos avisos de Farid.

Calmamente, perguntei a ele:

— Duran, você está telefonando para seu pai?

— Eu não digo nada para ele — respondeu meu filho secamente. — Só quero ouvir a voz dele e que ele ouça a minha.

— Duran, nós arriscamos nossas vidas para nos encontrarmos. Se seu pai descobrir onde estamos, ele pode vir aqui e matar nós dois.

Meu filho riu friamente.

— Ele não vai me matar, só vai matar você.

Concordei, paralisada.

Eu rezava pelo resultado dos testes, dizendo a mim mesma que tudo ficaria bem se eu pudesse tirar Duran daquela região e levá-lo para os Estados Unidos, para longe da influência do pai.

Três semanas depois, vieram os resultados dos testes de DNA. Eles confirmavam que Duran era meu filho.

Depois disso, tudo começou a acontecer muito depressa. A embaixada americana entregou seu passaporte americano e nós reservamos passagens de avião para a Virgínia. Duran tinha decidido que queria viver com Nadia e Suzie e estudar por lá. Eu ia levar meu filho para a casa de minha irmã e passaria as férias com ele todos os anos, como fazia quando meu pai estava vivo. Eu veria meu filho pelo menos durante seis meses, todo ano.

Estava no céu!

Nadia e Suzie esperavam por nós no aeroporto. Todo mundo estava em êxtase... exceto Duran. Meu filho parecia muito pouco emocionado por rever a família da mãe. Quando chegamos à casa de Nadia, mostrei todos os brinquedos e jogos que eu tinha comprado para ele ao longo dos anos. Eu tinha guardado tudo.

Duran ficou insensível.

— Por que você não dá tudo isso para seu outro filho? — perguntou com indiferença.

Então ele anunciou para Nadia:

— Preciso de um computador e um endereço eletrônico. Preciso ficar em contato com meus amigos de Cabul.

Nadia ficou nervosa. Ela tinha sido avisada pelo departamento de estado que era preciso ter cuidado. Depois de dezessete anos lutando para manter o filho longe da minha família, Kaiss não ia entregar os pontos sem brigar. Ela respondeu com firmeza:

— Sim, Duran, você pode ter um computador e pode mandar e-mails para os amigos, mas não pode dizer onde está. Você não pode dar a eles nosso telefone e endereço. É perigoso. Assim como nós vamos protegê-lo, você precisa nos proteger.

Duran não respondeu, mas ficou vermelho. Então insistiu em ter uma caixa postal dos correios só para ele.

Meu filho tinha completado um ano de estudos na Universidade de Cabul, onde manteve média A. Então eu o matriculei na Nova, a faculdade comunitária do norte da Virgínia, uma instituição de ensino com muitos estudantes estrangeiros. Pensamos que Duran se sentiria em casa naquela faculdade e talvez pudesse se transferir mais tarde para uma universidade maior. Ele insistiu em trabalhar enquanto estudava. O escritório de Nadia o contratou para trabalhar dois dias por semana e ele pegou um segundo emprego no McDonald's. Fiquei aliviada por ver que ele ia ficar muito ocupado com a faculdade e os empregos.

Eu não queria deixar meu filho, mas meu marido e meu filhinho menor me esperavam na Arábia Saudita. Como ele parecia estar bem instalado, fiquei à vontade para deixá-lo por alguns meses. Voltei para Jeddah dizendo a Duran que logo estaria de volta aos Estados Unidos, em férias.

Duas semanas depois que eu cheguei a Jeddah, Khalid e eu ficamos chocados com um telefonema surpreendente de Nadia. Ela me disse que meu filho não podia continuar a morar com ela.

— Maryam, quero o seu filho fora da minha casa imediatamente.

Khalid e eu pensamos que a crise iria passar e Duran poderia ter estabilidade para continuar a estudar, mas para ficar do lado seguro, meu marido pediu um visto de entrada para Duran vir para Jeddah.

Como tínhamos esperado, Nadia e Duran entraram num acordo e ele ficou nos Estados Unidos por mais três meses. Então eles tornaram a brigar porque Duran queria cair na noite e Nádia achava que ele era jovem demais para isso. Duran saiu da casa dela e foi para a casa da tia Shagul até obter o visto para a Arábia Saudita.

Uma noite, Khalid e eu estávamos jantando fora com amigos e nosso telefone fixo tocou. Quando a empregada atendeu, uma voz masculina começou a gritar com ela em inglês, perguntando onde eu estava. Ao ser informado de que eu tinha saído, o homem pediu para falar com Duran Pequeno. Quando meu filhinho atendeu, a voz gritou:

— Vou matar sua mãe, Duran. E vou matar você também!

Meu filho ficou traumatizado. Todos nós achamos que deveria ter sido Kaiss, embora não pudéssemos imaginar como ele teria conseguido nosso telefone, que não estava na lista.

Duran Grande chegou a Jeddah algumas semanas depois. Duran Pequeno estava muito excitado por finalmente conhecer o irmão mais velho de quem tanto ouvira falar.

Quando eu vi a cena comovente de meus dois filhos caminhando lado a lado, meu coração ficou cheio de alegria. Como eu podia ter suspeitado de que o irmão mais velho tivesse sido o autor daquele telefonema de ameaça que aterrorizou o mais novo?

Capítulo 26

Eu não conseguia resistir a Duran Grande, mas ele conseguia facilmente resistir a mim e àqueles que eu amava. Mesmo naquela primeira noite, o momento de maior alegria para sua mãe, meu filho mais velho era frio e hostil. Ele até mesmo deixava de dar atenção ao irmãozinho, que estava fazendo de tudo para desfrutar de um relacionamento caloroso com o irmão há tanto tempo desaparecido.

Quase imediatamente, comecei a ficar inquieta, mas Khalid disse para não me preocupar porque meu filho estava precisando assimilar muitas mudanças. Ele ia precisar de tempo para se adaptar, era só isso.

Durante o jantar, Khalid disse a meu filho:

— Seja bem-vindo à sua nova família. Espero que você se sinta em casa aqui.

— Pelo que me diz respeito, daqui para frente você pode ser meu pai. Eu odeio o Kaiss, aquele pai filho da puta.

Khalid ficou chocado, porque é muito raro um saudita criticar o pai, por pior que ele seja. Meu marido respondeu suavemente:

— Você nunca deve falar mal de seu pai. Ele ainda é seu pai e eu não quero que você use esse tipo de linguagem em minha casa, na frente do seu irmão mais novo. Agora você está aqui. Está em segurança. Deixe sua raiva se esvair.

— Então essa casa tem regras? — perguntou Duran Grande, provocando Khalid.

Ele não conhecia meu marido, cujo temperamento eu costumava qualificar como o mais moderado da Arábia Saudita. Khalid só balançou a cabeça.

— É claro que tem. Toda casa tem regras.

Duran começou a negociar com ele.

— Como seria se durante apenas duas semanas não houvesse regras? Deixe-me ter alguma liberdade, sem ninguém me dizer o que fazer. Depois disso, vou obedecer às suas regras.

Khalid e eu olhamos um para o outro. Segui o exemplo de meu marido e nós dois rimos para tirar o peso do momento. Sabíamos que Duran Grande não ia conseguir criar muitos problemas em Jeddah. A Arábia Saudita é flagrantemente desprovida de casas noturnas, bares e cinemas. A vida social do país está centrada quase exclusivamente na vida familiar.

Durante duas semanas, tudo correu bem. Levei meus dois filhos à praia. Nós nadamos, jogamos vôlei, fomos ao shopping, parecíamos normais em todos os aspectos. Todos nós, menos Duran Grande.

Fiquei perturbada quando meu filho adolescente olhou para mim e disse que eu me vestia de forma muito sedutora. Meu coração ficou apertado. Eu me lembrei de que Kaiss dizia essas palavras antes de me espancar.

Então me lembrei de que aquele era um jovem que tinha sido criado por um bruto e não sabia nada sobre gentileza e boas maneiras. Portanto, em vez de repreendê-lo, eu o abracei e respondi:

— Obrigada, meu filho.

Então Duran Grande decidiu que não gostava da Arábia Saudita.

— Precisamos mudar para a Virgínia — disse ele. — Posso estudar lá. Eu deixo vocês levarem seu outro filho.

— Mas você não gostou da Virgínia. — lembrei. — Você preferiu vir para cá.

— Não, eu não gosto daqui. Não tem nada para fazer. Precisamos voltar para os Estados Unidos.

— Meu marido está aqui. Meu filho mais novo está aqui. Vamos fazer o que sempre fizemos. Vamos passar seis meses na Arábia Saudita e outros seis meses nos Estados Unidos.

Ele não respondeu, mas ficou de cara feia. A partir daquele momento, ficou cada dia mais hostil, perdendo a calma pelos motivos mais fúteis. Eu estava tão feliz por ter meu filho de volta que fiz muitas fotos dele. Quando levei o filme para revelar, todas as fotos estavam veladas. O empregado de estúdio de revelação examinou minha câmera e disse que ela estava com defeito. Eu aceitei a explicação e comprei outra câmera. Constrangida, contei a Duran Grande que aquelas fotos estavam perdidas, mas garanti que tiraríamos outras.

Porém a reação de meu filho foi violenta. Ele saltou do sofá e começou a gritar comigo:

— Sua idiota! Por que você não usou uma máquina decente?

Então Duran Grande saiu correndo pela sala, como um louco, atirando objetos contra as paredes. Ele me encarou.

— Sua mulher idiota, você não vale nada.

Fiquei em choque. Meu filho estava agindo como um lunático por uma bobagem. Pela primeira vez, percebi como ele podia se parecer com o pai e agir exatamente da mesma forma.

Duran Grande jogou a cabeça para trás e gritou a plenos pulmões. Depois foi para o quarto e bateu a porta com tanta força que as paredes tremeram.

Duran Pequeno ficou inconsolável. Ele nunca tinha visto um comportamento como aquele. Ele queria procurar o irmão para ver se ele estava bem, mas alguma coisa me disse para não permitir.

— Não vá lá — aconselhei. — Deixe seu irmão em paz.

No dia seguinte, recebemos a conta de telefone celular de Duran na Virgínia. Ele tinha telefonado tantas vezes para Cabul que a despesa de um mês totalizou 1.500 dólares. Fiquei perturbada, mas não queria provocar outra explosão de raiva. Disse-lhe suavemente:

— Você diz que tem medo de seu pai vir e levá-lo para o Afeganistão, mas telefona para ele o tempo todo.

Meu filho me olhou com ódio.

— Eu não telefono para ele o tempo todo.

— Então para quem você telefona?

— Tenho muitos amigos em Cabul.

Suspirei.

— Certo, mas nós não somos ricos. Temos um orçamento. Vou pagar esta conta, mas não posso fazer isso de novo.

O aniversário de 20 anos de Duran estava chegando, em 27 de janeiro de 2004, portanto planejei dar uma festa-surpresa para ele. Em dezessete anos, seria minha primeira chance de comemorar seu aniversário. A festa aconteceu na piscina de um condomínio de americanos onde alguns amigos meus moravam. Fui para lá mais cedo para organizar tudo. Khalid trouxe os meninos na hora da festa.

Desde o momento em que chegou, Duran Grande foi tão hostil que os convidados começaram a comentar. Meu filho ficou isolado, olhando para mim com a cara feia e rosnando quando eu falava com ele. Todos os meus convidados tentaram ser agradáveis, mas meu filho foi deliberadamente tão grosseiro que logo eles se afastaram. Ele estava de bom humor quando saí de casa mais cedo, portanto perguntei a Khalid:

— Alguma coisa aconteceu enquanto eu estava fora?

Meu marido me deu um olhar significativo.

— Ele passou duas horas ao telefone quando você saiu. Estava falando pashto.

Fiquei aflita. Sabia que meu filho estava mantendo uma forte ligação com o pai. O que eles estavam tramando?

Na manhã seguinte, uma prima muito querida que vivia na Austrália telefonou, querendo dar a Duran as boas-vindas na volta à nossa família. Escutei a conversa e ouvi meu filho dizer que queria emigrar para a Austrália.

Ela ficou perceptivelmente surpresa e deve ter perguntado por que ele queria se mudar para a Austrália.

— Eu quero ir aí e fazer meu doutorado.

Imaginei que minha prima o tenha aconselhado a terminar a graduação antes.

A caminho da cozinha para tomar um copo de suco, passei por ele. Quando estava ao seu lado, ele pegou o fone do aparelho e, sem nenhum aviso, bateu com ele em minha cabeça com toda força. Gemi de susto e de dor. Ele olhou para mim e saiu.

Peguei o telefone e perguntei a minha prima o que poderia ter deixado meu filho tão zangado. Ela repetiu a conversa. Pela voz dela, pude perceber sua preocupação com minha situação.

Fui até o quarto de Duran Grande.

— Por que você quer se mudar para a Austrália? — perguntei. — E porque você bateu em sua mãe?

— Não quero falar sobre isso — resmungou.

Eu devia tê-lo castigado, mas estava cheia de medo de puni-lo e voltar a perdê-lo. Eu deveria ter sabido que ignorar o problema só causaria problemas maiores.

Certa manhã, fui a uma reunião das Senhoras Americanas de Jeddah e deixei meus dois filhos em casa com a empregada, Rahma. Quando voltei, a casa estava um caos. Encontrei o pequeno Duran muito perturbado. Meu filho mais velho estava trancado no quarto e se recusou a falar comigo. Na cozinha, Rahma também parecia muito perturbada.

— O que aconteceu? — perguntei, com o coração cheio de medo.

— Quando fui limpar a sala de TV, vi seus dois filhos — respondeu Rahma. — Madame, seu filho mais velho estava apertando o pescoço do irmão! Quando me viu, ele largou o pequeno, que veio correndo para mim gritando que estava sendo estrangulado. Seu filho mais velho disse que só estava brincando.

Rahma balançou a cabeça e saiu.

O Duran Pequeno ouviu minha voz e veio correndo para mim.

— Mamãe, o Duran tentou me estrangular! — disse ele, com um choro sentido.

Aparentemente, o Duran Grande estava escutando. Ele apareceu, rindo.

— Não fiz nada disso — negou, com ar irônico. — Nós só estávamos brincando, não foi nada.

Eu não queria acreditar que meu filho mais velho tivesse realmente tentado ferir o irmão e censurei Duran Pequeno.

— Querido, essa é uma acusação muito séria. É claro que seu irmão não tentou estrangulá-lo. Você precisa pedir desculpas a ele pelo que disse.

Duran Grande olhou para o irmão e depois para mim, sorrindo deliciado.

Quando contei o incidente para Khalid, ele não ficou tão seguro.

— Maryam, ele é instável. É claro que ele tem um problema de autocontrole. — Ao ver meu ar de desalento, Khalid garantiu que não estava acusando Duran Grande. — Não estou culpando o garoto. Ele foi agredido e espancado pelo pai. Não admira que seja instável, mas acho que ele precisa de cuidados médicos. Acho que você deve levá-lo para Virgínia. Encontre um médico lá e consiga ajuda para seu filho.

Quando não respondi, Khalid insistiu:

— Não podemos correr riscos com a vida de nosso filho, Maryam.

— Vou levá-lo para os Estados Unidos em junho, como planejamos. Vou levar meus dois filhos e fazer uma longa visita, exatamente como planejamos.

— Não, Maryam. Faltam cinco meses até junho. Tudo pode acontecer. Além disso, não quero meu filho por lá nessas circunstâncias. Maryam, não confio em Duran Grande perto de nosso filho. Não posso correr esse risco.

Mordi os lábios. Não queria aceitar que meu filho mais velho sofria de problemas psicológicos e era perigoso. Não queria repreendê-lo. Tinha passado muitos anos sozinha, procurando por ele e não queria agir de modo a virá-lo contra mim.

Khalid foi enfático.

— Ouça o que digo, Maryam. Seu filho bateu em você. Ele quebrou coisas. Ele é instável. Acho que pode se tornar extremamente violento, tal como o pai. Se alguma coisa acontecer com nosso filho, você nunca vai se perdoar.

Estava muito claro que a paciência de Khalid tinha chegado ao limite. E quem podia censurá-lo? Apesar de eu não aceitar a ideia de que Duran Grande tinha tentado estrangular o irmão, era evidente que a opinião de Khalid era diferente. No entanto, eu não podia deixar meu filho mais novo por um período tão longo, abandonar um filho para cuidar do outro.

— Deixe-me pensar, Khalid. Vamos conversar sobre isso de novo em outra ocasião.

Enquanto pensava sobre o que fazer, contratei um professor para ajudar Duran a se preparar para o exame vestibular.

— Não, ainda não — protestou meu filho. — Quero esperar minhas férias terminarem.

— Suas férias já terminaram há muito tempo, Duran! — exclamei. — Está na hora de você começar a estudar.

— Você não é uma mãe — disse ele com desprezo. — Você é mandona demais para ser mãe. Você acha que é meu pai. Pois bem, você não é meu pai!

Eu não sabia como responder a essa acusação, portanto fiquei calada.

Mais tarde, no mesmo dia, ele estava novamente telefonando. Dessa vez, não tive vergonha de ouvir o telefonema de meu filho. Na ponta dos pés, fui até a porta do quarto. Duran estava falando pashto. Meu coração me dizia que ele estava conversando com o pai e que eles estavam armando alguma coisa. O lado de cá da conversa não me deixava tranquila.

— Não, ainda não. Não quero fazer isso agora. Não. Não. Ela me prometeu que vai me dar a certidão de nascimento americana. Sim. Ela disse que vai. Não se preocupe. Depois de conseguir meus papéis, vou fazer isso.

Meu pulso ficou acelerado: fazer o quê? O que meu ex-marido estava tentando induzir meu filho a fazer?

A essa altura comecei a ficar seriamente preocupada. Será que Kaiss controlava o filho a ponto de convencê-lo a me ferir ou ferir meu filho mais novo?

No dia seguinte, Duran e eu estávamos sentados no jardim, quando ele disse:

— Preciso telefonar.

— Para quem, meu filho?

— Preciso telefonar — repetiu.

Ele me encarou e saiu.

Eu o segui.

Ele discou um número e começou a falar em pashto. Quando me viu, virou as costas para mim e foi para o jardim com o telefone.

Fui atrás e lhe disse:

— Se você está falando com seu pai, Duran, quero que você desligue.

Meu filho querido olhou para mim com ódio e gritou.

— Vai chegar o dia em que vou colocar uma faca em sua garganta e ver o sangue correr do seu corpo sem vida! Aí essa missão estará terminada!

Fugi do meu filho, meu Duran, a criança que amei com todo o meu coração. Para onde tinha ido meu filhinho adorável? Quem era esse homem odioso que se dizia meu filho?

Quando terminou a conversa, Duran voltou para dentro de casa como se não tivesse uma preocupação na vida, como se não tivesse ameaçado de morte a própria mãe.

Contudo, o amor materno é difícil de destruir. Eu me aproximei dele, desesperada por ajudá-lo. Sabia que ele tinha crescido no pior ambiente desde que foi levado de meus braços. Como deve ter sofrido! Meu filhinho tinha suportado espancamentos brutais, um ambiente de insegurança, violência e guerra e depois foi convencido de que a mãe o trocara por dinheiro. Tudo isso deve ter contribuído para seu comportamento violento.

Eu precisava salvar meu filho! Eu tinha que fazer isso! Tentei argumentar com ele, mostrar-lhe que nunca tinha deixado de amá-lo e que não o abandonei.

— Por que, meu filho, por quê? — perguntei, desesperada. — Como você pode odiar sua mãe a ponto de dizer o que disse? Lembre-se de que seu pai o tirou de mim quando você era uma criancinha. Foi seu pai quem bateu em você. Foi ele quem mentiu para você. Enquanto tudo isso estava acontecendo, seu avô e eu estávamos gastando todo o nosso dinheiro e nosso tempo tentando encontrar você e trazê-lo para casa.

Meu filho não respondeu.

— Agora que você está aqui, Duran, o que você quer? O que vai fazê-lo feliz, meu filho?

Ele olhou para mim com puro ódio, ódio que o pai dele transportou do Afeganistão para Jeddah.

— Eu vim atrás de dinheiro. Eu queria muito dinheiro. — Ele deu de ombros. — Eu achava que todo mundo na Arábia Saudita era muito rico. Eu me enganei. Vejo que você e seu marido não têm nada para mim. Não quero ficar se vocês não têm dinheiro.

— Sou sua mãe. Eu te amo. Eu faço muitos sacrifícios por você, quero que você estude. Como você pode não amar uma mãe que te ama infinitamente?

Ele riu um riso detestável.

— Não. Você só é minha mãe biológica. Eu nem mesmo gosto de você. Você é nova demais para ser minha mãe. Eu detesto sua maneira sensual de se vestir. Você não parece uma mãe. Você é um objeto sexual que vira a cabeça dos homens. — Ele se afastou, gritando: — Quero uma mãe religiosa, que use o véu. Quero uma mãe que fique em casa e não jogue tênis, não faça ioga e não vá à praia. Eu...

Meu filho estava tão zangado que gaguejava.

— ... quero ser igual a meu pai.

Eu fiquei calma, guardando o horror dentro de mim e reconhecendo o que temia: meu filho era gravemente perturbado.

— Duran, você disse que odiava seu pai. Você quer ser igual a alguém que bate na mulher? Que bate no filho?

— Talvez eu o odeie, mas quero ser igual a ele. — Ele andava pelo quarto como um animal enjaulado. — Decidi que vou embora, viver na Alemanha.

— Na Alemanha? — eu estava muda de espanto.

— Vou viver na casa do irmão de meu pai.

— Mas nós planejamos ir para Virgínia em junho. Eu...

— Eu mudei de planos. Meu pai quer que eu volte. Quero voltar para meu pai.

— Mas o que vai ser dos seus sonhos, Duran? Você disse que seu sonho era se formar e viver na Virgínia e...

— Meu sonho? — Ele riu de forma ameaçadora, e chegou muito perto de mim. — Meu único sonho é matar você.

Meu coração parou.

— Duran, o que eu fiz a você senão te amar?

Ele se afastou com indiferença.

Freneticamente, procurei algo para dizer que pudesse mantê-lo comigo para que eu providenciasse ajuda psicológica. Se ele fosse embora agora, estaria perdido para sempre, eu tinha certeza.

— Duran?

— Eu já tenho o que quero, meu passaporte americano. Você não tem dinheiro. Você não tem nada que eu queira. Vou para a Alemanha. Quando chegar lá, vou me casar com uma prima. Então, vou voltar para ficar em Cabul e viver como meu pai vive. Ele prometeu me dar tudo o que eu quiser.

— Duran, você disse que detestava tanto seu pai que queria mudar de nome — lembrei.

Ele deu seu sorriso ameaçador.

— Ah, sim, eu o detesto, mas ele me ensinou a ser um bom jogador.

Meu coração estava partido, mas eu não podia segurá-lo. Ele era adulto e tinha decidido o que queria. Quando Khalid soube das ameaças que ele me fez, ficou horrorizado e disse que tínhamos que deixar Duran ir embora.

Imediatamente, meu marido reservou uma passagem para meu filho em um avião para Frankfurt, Alemanha. Ele estava voltando para o pai. Khalid e eu fomos com ele ao aeroporto, ainda fingindo que estava tudo bem.

Apesar de tudo, eu ainda amava meu pobre filho doente com o amor infinito de uma mãe. Eu chorava no portão de embarque e Duran caminhava para partir; ele olhou para mim com seus olhos mortos e seu sorriso vazio.

— Você é tão tola — disse impiedosamente. — Veja com que facilidade nós te enganamos.

Com isso, meu filho finalmente se foi para sempre.

Epílogo

Pouco depois de meu filho mais velho pegar um avião e sair da Arábia Saudita para sempre, meu inocente Duran mais novo me contou que o irmão tentou convencê-lo a fazer uma coisa realmente má. O ato era tão terrível, segundo ele, que ele não nos contou os detalhes por mais que pedíssemos. Por mais feliz que tenha ficado quando o irmão entrou na vida dele, agora o pequeno Duran estava aliviado por Duran Grande ter ido embora. O irmão mais velho virou o bicho-papão. Tentou estrangulá-lo e fez planos sombrios para prejudicar a mãe. Depois que Duran Grande saiu de nossa casa, o pequeno Duran, traumatizado, nunca mais mencionou o nome do irmão.

Chegaram outras más notícias. Justamente quando Farid começou a ter sucesso na reconstrução dos negócios da família no Afeganistão, a garganta dele passou a doer e não ficava boa. Ele ficou tão fraco que saiu de Cabul para Paris em busca de um diagnóstico. Fiquei arrasada quando soube que Farid, um fumante inveterado, estava com câncer de laringe. Seu sonho de ajudar o Afeganistão a se levantar das ruínas acabou. Em vez disso, ele teve que ficar em Paris para fazer quimioterapia. O prognóstico não era bom. Ao telefone, ele conversou comigo sobre o Duran Grande e me aconselhou a esquecer meu filho. Ele considerava impossível meu sonho de transformar o monstro criado por Kaiss em meu lindo e carinhoso filhinho.

Farid sabia que estava morrendo. Quando chorei, ele me mandou enxugar as lágrimas porque logo ele estaria com suas duas mães e tudo ficaria bem.

Farid fez uma viagem de despedida para ver a família e nos encontramos pela última vez na Virgínia em outubro de 2004. Ele se hospedou na casa de Nadia. Mal pude crer em meus olhos quando entrei e vi meu lindo "irmão mais velho" inchado de medicação e sem cabelos por causa da quimioterapia. Ele parecia um estranho. No entanto, seus grandes olhos eram os mesmos e eu o teria reconhecido em qualquer lugar.

— Estou tentando ser corajoso, irmãozinho — disse ele. — Estou tentando ter coragem.

Farid voltou para Paris e o câncer se espalhou, mas ele permaneceu otimista. Zeby, sua irmã, me disse que durante uma das últimas conversas que tiveram ele perguntou como ia "seu irmãozinho Maryam". Depois disso, ele ficou em silêncio, mas seus olhos expressivos ainda seguiam todos os movimentos no quarto do hospital. Ele não tardou a morrer deixando-nos desolados.

Apesar de saber que devia aceitar a morte dele com alívio, não consegui deixar de sentir falta dele todos os dias. Ele continua a ser a figura mais inspiradora em minha vida. Sua bondade e sua consideração por todos ao seu redor tinham uma qualidade de nobreza Quando Farid, meu "irmão mais velho", morreu, eu estava consciente de que não ia voltar a vê-lo. Eu rezo para que ele esteja de fato junto da mãe dele e de minha mãe

Continuei a sonhar que meu filho mais velho voltaria íntegro e sadio para a mãe, que ele aprenderia a amar e ser amado. Infelizmente, pouco depois de ir embora ele me declarou guerra.

Da última vez que me telefonou, Duran disse:

— Oi. Quem está falando é seu maior inimigo.

Respondi de forma amena, tratando suas palavras como brincadeira:

— Oi, meu maior inimigo. — Apesar da atitude dele, eu ainda amava meu filho e estava feliz por ouvir sua voz.

— Quero dizer que só me arrependo de uma coisa.

Meu coração se encheu de alegria esperando por suas próximas palavras, desejando que fossem um pedido de desculpas e a intenção de voltar e começar de novo.

— De que você se arrepende, meu amor?

— Eu me arrependo de não ter te estuprado. Eu me masturbo toda noite pensando em você.

Fiquei muda e depois gritei, atirando o telefone para longe, descrente e horrorizada. Corri para o quarto, arranquei as roupas e entrei no chuveiro, onde esfreguei o rosto e o corpo, tentando remover a sujeira que sentia incrustada em mim. Será que algum dia existiu um filho tão anormal? O que Kaiss fez para criar tamanho monstro? Ele levou o garotinho mais angelical e o transformou num psicopata que não só queria violentar e assassinar a mãe, mas também assassinar seu inocente irmãozinho.

Caída no chão do banheiro, chorei lágrimas amargas querendo voltar ao momento em que Duran nasceu. Gritei

— Alá, por que essa criança não podia ter sido uma menina? Uma menina, meu Deus!

Kaiss ameaçou matar nosso filho se fosse uma menina, mas eu teria escapado e meu ex-marido nunca teria sequestrado uma filha. Tudo teria ficado bem se pelo menos eu tivesse tido uma garotinha.

— Uma filha, Alá! Por que você não me deu uma filha?

Com o passar do tempo, muitas vezes revejo minha vida e me lembro com tristeza de todas as filhas e mães de minha família. Uma dúvida me persegue: por que nós não fomos mais fortes? Por que não fomos capazes de nos defender de nossos homens? Minha avó; Amina; minha mãe; Sarah; eu. Todas nós. Todas nós lutamos, mas fomos fracas e nos resignamos. As forças que enfrentamos não eram semelhantes a nadar contra a corrente... eram mais como nadar contra um tsunami. Estávamos nadando contra uma cultura milenar que exige a submissão das mulheres. Exige que as mulheres permaneçam fracas. Portanto, eu termino por onde comecei... por um sonho que nunca pôde se realizar, porque onde quer que eu esteja no mundo, na minha mente ainda estou no Afeganistão e naquele país só os sonhos dos meninos se realizam.

Onde eles estão agora?

Informações recentes sobre os familiares e amigos de Maryam

Maryam, Khalid e Duran Pequeno ainda vivem na Arábia Saudita, apesar de irem com frequência aos Estados Unidos para visitar Nadia, Suzie e outros parentes.

Duran Grande: Duran voltou a viver no Afeganistão. Maryam nunca mais tornou a ver o filho, mas ele ainda se comunica com a mãe por e-mail. Ocasionalmente essas mensagens ainda são agressivas e ameaçadoras. Maryam ainda ama o filho e se preocupa com os riscos a que está sujeito num país em guerra.

Tio Hakim: o pai de Farid, Zarmina e Zeby morreu de Alzheimer em março de 1994, em Paris.

Primo Farid: Farid morreu de câncer de laringe no dia 5 de abril de 2005, em Paris. Apesar de ter casado várias vezes, ele nunca teve filhos. Farid foi sepultado ao lado do pai, em um cemitério parisiense.

Prima Zeby: a irmã de Farid é casada com um famoso cantor afegão. O filho do casal é tecladista, acompanha o pai e também trabalha como modelo na Alemanha.

Prima Zarmina: a irmã mais velha de Zeby vive com o marido e os quatro filhos na Califórnia. Ela é uma dona de casa feliz.

A irmã, Nadia: Nadia vive feliz na Virgínia e ainda exerce a medicina.

A sobrinha, Suzie: a filha de Nadia vive na Virgínia com a mãe. Em maio de 2009 ela se formou na Universidade George Washington e começou o curso de medicina.

Tia Shagul: Shagul, a tia de Maryam, morreu de velhice em 2007, em Fairfax, na Virgínia, onde foi sepultada. Ela tinha 86 anos.

Prima Amina: a filha de Shair morreu há poucos anos. Maryam não tem informação sobre a causa da morte prematura da prima, mas teme que tenha relação com a atitude violenta do marido.

Cronologia

Guerras Anglo-Afegãs

No espaço de 77 anos, ocorreram as três principais guerras anglo-afegãs (entre o território da Índia Britânica e as tribos afegãs): 1839-42, 1878-80 e 1919. Apesar de terem assumido o controle sobre a política externa do Afeganistão, os britânicos jamais conseguiram transformar o país numa colônia. A Grã-Bretanha perdeu o controle sobre os negócios externos do território afegão em 19 de agosto de 1919.

Cronologia Contemporânea do Afeganistão 1919-2010

Um calendário dos acontecimentos mais importantes

1919: Amanullah torna-se rei.

1919: Depois da terceira guerra com a Grã-Bretanha, o Afeganistão recupera a independência plena.

1926: O rei Amanullah promove reformas sociais.

1929: O rei Amanullah é obrigado a fugir diante da forte oposição das forças conservadoras.

1929: Nadir é declarado rei por uma assembleia de chefes tribais.

1933: O rei Nadir é assassinado numa competição escolar.

1933: O filho de Nadir, Zahir, é declarado rei aos 19 anos.

1953: O general Mohammed Daoud, um membro da família real, assume o cargo de primeiro-ministro por indicação do rei Zahir.

1963: Daoud é obrigado a renunciar ao cargo de primeiro-ministro depois de buscar a ajuda econômica e militar da União Soviética.

1973: Daoud toma o poder durante de um golpe de estado contra o rei Zahir, que é obrigado a exilar-se.

1973: O presidente Daoud proclama a república e declara que a época dos reis terminou.

1978: A União Soviética busca maior proximidade com o Afeganistão, exigindo uma participação mais ampla no governo afegão.

1978: O presidente Daoud é morto em um golpe liderado pelo Partido Democrático Popular, apoiado pelo regime soviético. Os líderes do partido são Hafizullah Amim e Nur Muhammad Taraki.

1979: Amim e Taraki disputam o poder e Amim sai vitorioso. As tribos afegãs se revoltam e as forças armadas entram em colapso. A União Soviética envia tropas ao país para destituir Amim, que é executado.

1980: Babrak Karmal assume o poder, com apoio da União Soviética. Diversos grupos de Mujahedins que combatem as forças soviéticas intensificam a resistência com o apoio financeiro e as armas fornecidas por

Estados Unidos, Arábia Saudita, Paquistão, China e Irã.

1985: A resistência contra os soviéticos e o governo apoiado pela União Soviética é intensificada. Estima-se que cinquenta por cento da população afegã tenha fugido da guerra, refugiando-se no Paquistão e no Irã.

1986: Os Estados Unidos fornecem aos Mujahedins afegãos e estrangeiros mísseis *stinger* que permitem aos combatentes destruir helicópteros soviéticos.

1986: Babrak Karmal é substituído por Mohammed Najibbulah na posição de líder do governo afegão apoiado pelos soviéticos.

1988: A União Soviética inicia a retirada de suas tropas depois que o Afeganistão, os Estados Unidos e o Paquistão assinam tratados de paz com os soviéticos, embora Najibbulah seja mantido no poder, causando a continuidade das disputas entre as facções afegãs.

1991: Os Estados Unidos e a União Soviética entram num acordo para encerrar suas associações com todas as facções em luta no Afeganistão. Esse acordo deixa o presidente Mohammed Najibbulah exposto à ação de diversas facções que se opõem a qualquer associação com o comunismo.

1992: O presidente Najibbulah perde o poder quando Cabul é capturada pelos Mujahedins. Milícias rivais começam a disputar o controle do país.

1993: Burhanuddin Rabbani é proclamado presidente depois que as facções em combate chegam a um consenso para formar um governo.

1994: As lutas entre as facções continuam e o Talibã, facção dominada pelos pashtuns, emerge como principal opositor ao governo do presidente Rabbani.

1996: O Talibã, liderado pelo Mulá Omar, assume o controle de Cabul. Pouco depois de ascender ao poder, o novo governo introduz uma versão mais conservadora do islamismo. Eles adotam as punições islâmicas mais severas, inclusive apedrejamento e amputações. As mulheres são proibidas de participar da vida pública e do mercado de trabalho. Muitas viúvas e crianças passam por dificuldades imensas por não contarem com a provisão e a proteção de um homem.

1997: A Arábia Saudita e o Paquistão reconhecem o Talibã, enquanto o resto do mundo continua a reconhecer o presidente Rabbani como chefe de estado.

1998: Grande parte do mundo ocidental toma conhecimento da existência da al Qaeda e de Osama Bin Laden quando este é acusado de organizar um atentado a embaixadas norte-americanas na África.

1998: O presidente Bill Clinton ordena o bombardeio aéreo de supostas bases da al Qaeda no Afeganistão.

1999: A Organização das Nações Unidas impõe sanções financeiras e um embargo aéreo contra o governo e o povo afegão, na tentativa de obrigar o Mulá Omar e o Talibã a entregarem Osama Bin Laden para ser julgado pelos atentados a bomba contra as embaixadas americanas na África. O Mulá Omar recusa.

2001: O Talibã destrói estátuas famosas de Buda, apesar dos esforços internacionais para salvá-las.

2001: O Talibã amplia as restrições quando obriga as minorias religiosas a usar um distintivo que as identifique como não muçulmanas. As organizações humanitárias de todo o mundo protestam, mas os protestos são desprezados.

2001: O famoso combatente afegão Ahmed Massoud, o principal opositor ao Talibã, é assassinado por homens disfarçados como jornalistas. Muitos acusam a al Qaeda ou o Talibã.

2001: 11 de Setembro; quatro aviões comerciais americanos são sequestrados. Dois deles são atirados contra o World Trade Center. Um é atirado contra o Pentágono. O quarto avião cai na Pensilvânia. No total, 2.986 inocentes morrem nesses ataques a alvos civis. A al Qaeda é considerada a organizadora dos ataques. O governo dos Estados Unidos pede que o Mulá Omar entregue Osama Bin Laden, o saudita considerado responsável pelos ataques ao território americano. O Mulá Omar se recusa a entregar Bin Laden.

2001: Em seguida aos ataques terroristas em Nova York e Washington no dia 11 de setembro de 2001, o Reino Unido se alia aos americanos e passa a participar das ações no Afeganistão, juntamente com as forças da Coalizão.

2001: Em outubro, com a liderança dos Estados Unidos na operação denominada Enduring Freedom ("liberdade permanente"), os Estados Unidos e a Grã-Bretanha lançam ataques aéreos contra o Afeganistão. Submarinos da marinha britânica lançam mísseis *Tomahawk* e aviões da RAF realizam operações de reconhecimento e reabastecimento no ar.

2001: Em novembro, as tropas britânicas desembarcam. Os fuzileiros britânicos do 40º Comando ajudam a controlar o aeroporto Bagram enquanto 1.600 fuzileiros do 45º. Comando constituem a força-tarefa Jacana. Graças aos esforços combinados dos Estados Unidos e da Grã-Bretanha, menos de um mês depois dos primeiros bombardeios as forças de oposição marcham sobre Cabul e outras cidades importantes do Afeganistão.

2001: Em dezembro, Osama Bin Laden e seus seguidores da al Qaeda são obrigados a fugir do Afeganistão. No mesmo mês, o Mulá Omar e os talibãs abandonam Kandahar; o paradeiro do Mulá é ignorado.

2001: No dia 22 de dezembro, o monarquista pashtun Hamid Karzai se torna líder de um governo de transição composto por trinta membros.

2002: O primeiro contingente da força de paz estrangeira chega ao Afeganistão.

2003: As forças aliadas continuam as operações para remover os talibãs e a al Qaeda do sudeste do Afeganistão.

2004: A assembleia geral do Afeganistão adota uma nova constituição.

2004: O presidente Karzai é reeleito com 55% do voto popular.

2005: Pela primeira vez em trinta anos são realizadas eleições parlamentares e distritais, sendo algumas mulheres eleitas para cargos públicos.

2005-6: Atentados suicidas atribuídos ao Talibã e à al Qaeda matam quase duzentas pessoas.

2006: A Otan assume o controle da segurança no Afeganistão. (Durante os anos de apoio internacional à segurança afegã, muitas nações enviaram tropas, entre elas: Estados Unidos, Grã-Bretanha, Canadá, Turquia, Itália, França, Alemanha, Holanda, Bélgica, Espanha, Polônia e outros membros da União Europeia e da Otan, além da Austrália, Nova Zelândia, Azerbaijão e Cingapura.)

2007: Com ataques da resistência talibã e da al Qaeda, a Otan e as forças afegãs lançam em conjunto a operação Aquiles, uma grande ofensiva contra o Talibã no sul do país.

2008: Os governos do Afeganistão e do Paquistão entram em acordo para combater militantes na região da fronteira entre os dois países.

2009: Barack Obama, o presidente recém-eleito dos Estados Unidos, declara que seu país vai ampliar sua presença no Afeganistão, enviando mais 17 mil soldados. Vinte países membros da Otan prometem aumentar a participação militar no Afeganistão.

2009: O presidente Barack Obama anuncia uma nova estratégia norte-americana para treinamento do exército e da polícia afegãos por pessoal norte-americano.

2009: Os militares americanos lançam uma nova ofensiva contra o Talibã na província de Helmand.

2009: São realizadas eleições presidenciais e distritais no Afeganistão, em meio a acusações de fraude.

2009: Hamid Karzai é declarado vencedor da eleição presidencial contra o oponente Abdullah. Por conta de acusações de fraudes na votação, é convocado um segundo turno, mas Abdullah desiste de concorrer antes que possa ser realizada a nova eleição.

2009: O presidente Hamid Karzai é empossado para um segundo mandato.

2009: O primeiro-ministro britânico Gordon Brown anuncia que o número de militares britânicos no Afeganistão será mantido em 9 mil, podendo aumentar para 9.500 em determinadas condições, inclusive o fornecimento pelo exército nacional afegão e pelo governo afegão de soldados suficientes para operar em conjunto com as forças britânicas na região de Helmand.

2009: O presidente Barack Obama envia mais 30 mil militares americanos para o Afeganistão, totalizando 100 mil soldados, mas ao mesmo tempo anuncia que os EUA iniciarão a retirada das tropas durante o ano de 2011.

2009: Sete agentes da CIA morrem numa base militar americana em Khost quando um agente duplo da al Qaeda realizou com sucesso um atentado suicida.

No momento em que escrevo, em janeiro de 2010, soldados e civis continuam a morrer na região. Mais informações sobre as forças britânicas podem ser encontradas na página do Ministério da Defesa da Grã-Bretanha.

Este livro foi composto na tipologia Minion Pro,
em corpo 11,5/15,6, impresso em papel off-white
no Sistema Cameron da Divisão Gráfica
da Distribuidora Record.